U0931032

中职中专教育部示范专业项目式规划教材·计算机类

计算机网络技术基础与应用

李勤俭　主编

刘长起　葛志凯　赵来源　副主编

科学出版社

北京

内 容 简 介

本书采用“项目导向、任务引领”的教学模式。主要内容包括组建家庭网络、组建办公网络、搭建网络服务器、网络信息浏览与搜索、收发与管理电子邮件、网络资源下载、网络信息交流与网络生活、网络安全管理等。

本书可作为中等职业学校计算机及应用专业、计算机网络专业等网络课程教材，也可作为各类计算机网络培训教材和计算机爱好者的参考书。

图书在版编目（CIP）数据

计算机网络技术基础与应用/李勤俭主编. —北京：科学出版社，2010
（中职中专教育部示范专业项目式规划教材・计算机类）
ISBN 978-7-03-027797-8

Ⅰ.①计… Ⅱ. ①李… Ⅲ. ①计算机网络-专业学校-教材 Ⅳ. TP393

中国版本图书馆 CIP 数据核字（2010）第 099879 号

责任编辑：陈砺川 / 责任校对：王万红
责任印制：吕春珉 / 封面设计：胡文航

科学出版社 出版
北京东黄城根北街 16 号
邮政编码：100717
http://www.sciencep.com

北京中科印刷有限公司 印刷
科学出版社发行　各地新华书店经销
*
2010 年 6 月第　一　版　开本：787×1092 1/16
2019 年 12 月第十二次印刷　印张：13 3/4
字数：290 000

定价：36.00 元

（如有印装质量问题，我社负责调换〈中科〉）
销售部电话 010-62134988　编辑部电话 010-62148322

前　言

在当今网络信息化的时代，Internet 已逐渐深入到人们生活和工作的各个方面。随着政府上网、企业上网以及家庭上网工程等一系列信息高速公路项目的建设，计算机网络技术和 Internet 应用已成为大家需要掌握的一项基本技能。

本教材坚持“以就业为导向，以能力为本位”为编写宗旨，采用项目导向和任务引领的方式编写，力求做到“学做合一”。书中的项目均为网络应用中的实际工作任务，“知识探究”部分是对本任务相关知识的讲解和拓展，完成任务后还有对本任务的思考与练习，部分项目后有任务的拓展模块，介绍一些项目的拓展知识，开拓学生视野。

本教材包括组建家庭网络、组建办公网络、搭建网络服务器、网络信息浏览与搜索、收发与管理电子邮件、网络资源下载、网络信息交流与网络生活、网络安全管理八个项目，每个项目中又分为几个具体的任务来完成。编写过程中力求做到简明实用、图文并茂、深入浅出，使学生在学习和训练中既掌握基础理论知识，又能理论联系实际，提高实际动手能力，有利于培养学生分析问题和解决问题的能力。

本书由李勤俭主编，项目一、项目二、项目六由李勤俭编写，项目三由葛志凯编写，项目四由赵来源编写，项目五、项目七、项目八由刘长起编写。在本书编写过程中，很多老师提出了大量宝贵的意见和建议，在此一并表示感谢。

由于时间仓促和编者水平所限，加上计算机网络技术的快速发展，书中难免存在一些不足之处，欢迎广大读者批评指正。

编　者

目 录

连接 宽带连接
用户名(U):
100005984241
密码(P):
****
为下面用户保存用户名和密码(S):
只是我(N)
任何使用此计算机的人(A)
连接(C)
取消
属性(O)
帮助(H)

系统 属性
常规
设备管理器
硬件配置文件
性能
按类型查看设备(T)
按连接查看设备(C)
端口 (COM & LPT)
监视器
键盘
软盘控制器
声音、视频和游戏控制器
鼠标
通用串行总线控制器
网络适配器
NE2000 Compatible
拨号适配器
系统设备
属性(R)
刷新(F)
删除(E)
打印(N)...
确定
取消

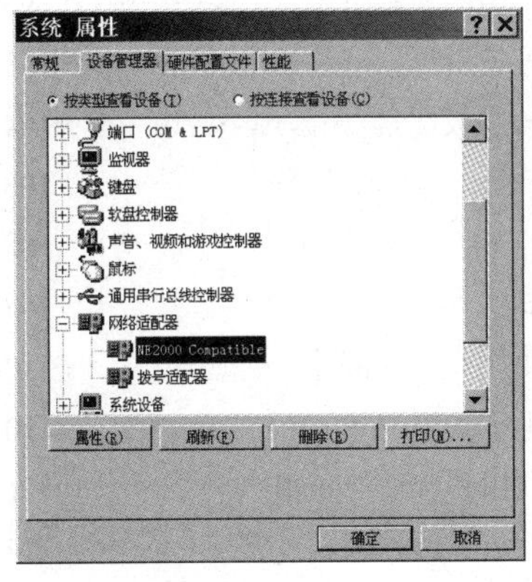

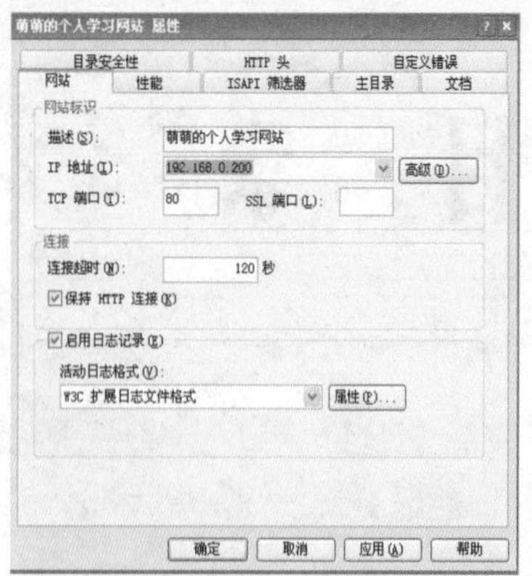

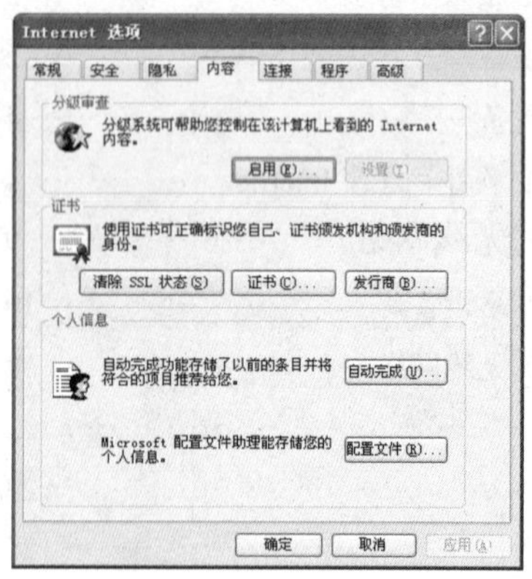

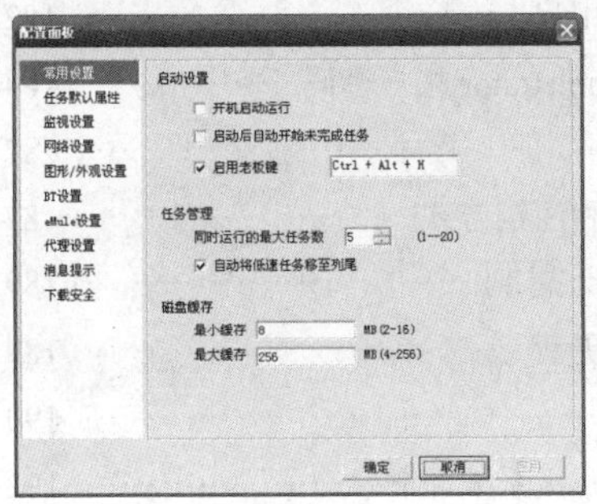

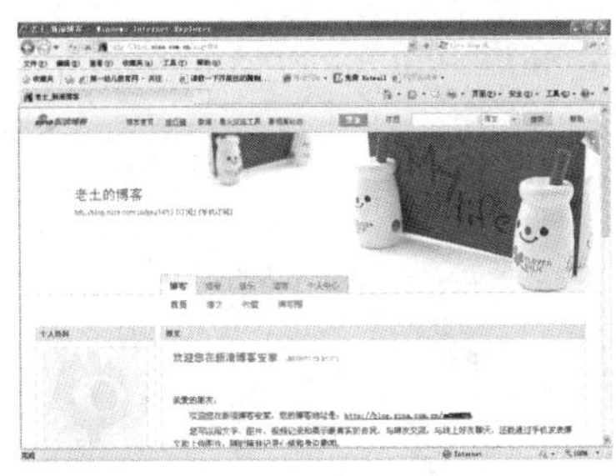

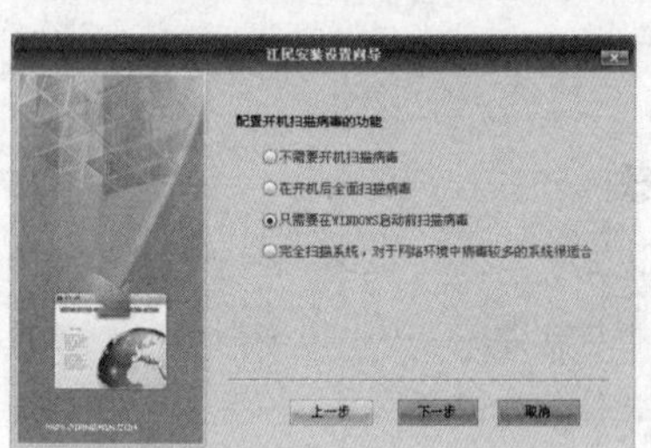
江民安装设置向导
配置开机扫描病毒的功能
不需要开机扫描病毒
在开机后全面扫描病毒
只需要在WINDOWS启动前扫描病毒
完全扫描系统，对于网络环境中病毒较多的系统很适合
上一步
下一步
取消

项目一

组建家庭网络

1

知识目标：

1. 熟悉 Internet 的功能。
2. 了解 Internet 的常见接入方式。
3. 了解 ADSL 的相关知识。
4. 熟悉无线网络技术的相关知识。
5. 了解迅驰技术的概念。
6. 了解无线网络的组网模式。

技能目标：

1. 掌握 ADSL 宽带设备的连接方式。
2. 学会 ADSL 宽带接入的设置方法。
3. 学会无线路由器的连接和基本配置方法。
4. 掌握 WLAN 无线上网的方法。

任务一　家庭 ADSL 宽带接入

计算机只有接入 Internet 才能发挥作用，使用户更充分地享受网络中无穷无尽的资源。ADSL 宽带接入技术目前已经成为我国中小客户最流行、应用最广泛的一种联网方式，越来越多想要上网冲浪、享受高速带宽的网友们选择 ADSL 作为家庭上网接入的首选。

采用 ADSL 虚拟拨号方式是现在单机接入因特网最常用和方便的方法之一。操作方法简便易行：首先到 Internet 服务供应商（ISP）那里去申请开通 ADSL 业务，得到 ADSL 宽带帐户名和密码；准备好 ADSL Modem 和若干附件；最后进行硬件设备的连接和软件的安装，计算机就能够正常接入 Internet 了。

对于 ADSL 上网，第一次使用时基本上都是由 Internet 服务提供商派人来上门安装。如果以后由于各种原因需要用户自己安装时怎么办呢？其实 ADSL 的安装并不复杂，下面我们来学习其安装过程。

一、申请 ADSL 接入服务

小提示

由于受到传输高频信号的限制，ADSL 需要服务提供商端接入设备和用户终端之间的距离不能超过 5 千米，也就是说用户的电话线连到电话局的距离不能超过 5 千米。

要通过 ADSL 方式接入因特网，首先应到当地的 ISP 营业厅申请办理，只要用户的居住地在 ADSL 支持范围内，便可填写申请表并提供相关证明材料，然后交费。ADSL 服务类型有虚拟拨号和专线两种方式。虚拟拨号具有费用较低和安全等优点，一般家庭或小型单位用户可选择虚拟拨号 PPPoE 方式。办理完申请手续后，用户将获得使用 ADSL 的用户名和密码（务必妥善安全地保存）。

二、准备硬件设备

为了能够正确地连接和使用 ADSL 宽带上网，除了计算机之外还需准备以下硬件设备。

1）网卡。这是 ADSL 上网所必需的设备，在保证网卡安装正确的前提下，还要确

定 TPC/IP 协议安装正确，并使用 TCP/IP 的默认配置，不要设置固定的 IP 地址。

2）ADSL Modem。即 ADSL 调制解调器，如图 1-1 所示。它是计算机与电话线之间进行信号转换的装置，能将计算机的数字信号转换成模拟信号在电话线上传送，又能将电话线上传来的模拟信号转换成计算机能接收的数字信号，是通过 ADSL 方式上网的必选设备。

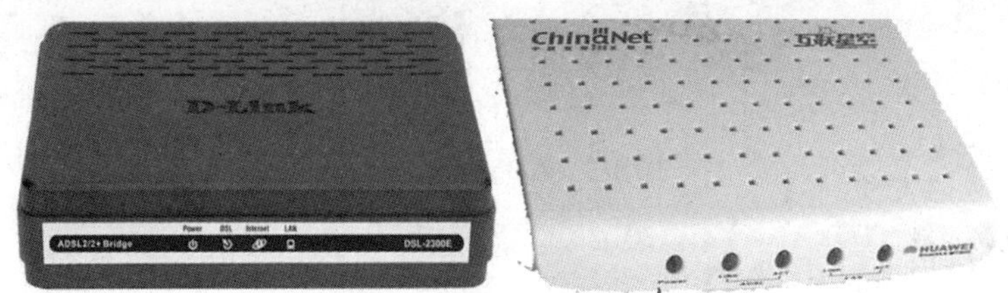

图 1-1　ADSL Modem

ADSL Modem 前面板上一般有 Power（电源指示）、ADSL（ADSL 连接状态和数据流量指示）、LAN（局域网连接状态和数据流量指示）等几个 LED 指示灯用来标明设备运行的状态。后面主要有 ADSL（接入户的电话线）、Ethernet（接电脑网卡或路由器）电源接口以及电源开关。此外，一般还会有一个用于设备复位的 Reset 按钮，图 1-2 所示为目前使用较多的外置式 ADSL Modem 上的接口。

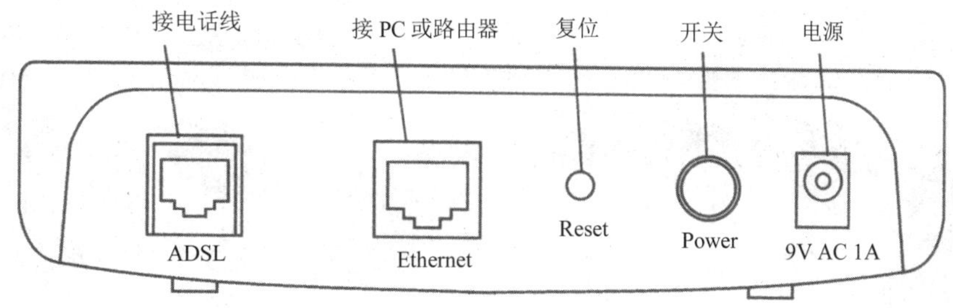

图 1-2　ADSL Modem 上的接口

购买 ADSL Modem 时要注意：在产品包装中除了说明书、电源线等附件以外，还应包括两根做好 RJ-11 接头的电话线和一根用于连接计算机网卡的两端做好 RJ-45 接头的网线，这几根线在安装时是必需的。

3）滤波器。又称信号分离器，如图 1-3 所示。滤波器的作用是分离电话线路上的高频数字信号和低频语音信号。一共有 3 个接口，其中一个标示为 Line，用于连接入户的电话线；一个接口标示为 Phone，输出低频语音信号，用于连接电话机来传输普通的语音信息；还有一个标示为 Modem 的接口，输出高频数字信号，用于连接 Modem 来传输上网信息数据。这样就不会因为信号的干扰而影响通话质量和上网的速度，能在上网的同时接听和拨打电话了。现在大多数 ADSL 调制解调器都内置了信号分离器，就不需要另外购买这个设备了。

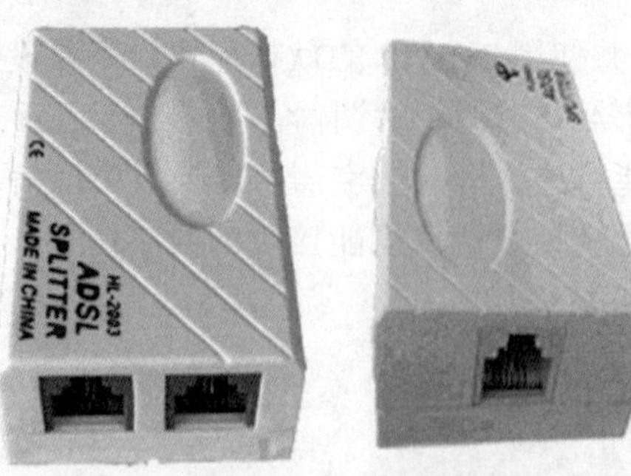

图 1-3　ADSL 滤波器

三、连接硬件设备

在我们办理好相关手续后，ISP 在其机房中将用户原有的电话线串接入 ADSL 局端设备，只需 2～3 分钟即可完成。余下的工作就是用户端的 ADSL 安装了，操作也非常简便。只需将电话线连上滤波器、滤波器与 ADSL Modem 之间用一条两芯电话线连上、ADSL Modem 与计算机的网卡之间用网线连通，便可完成硬件安装工作。

图 1-4 所示分别为不带滤波器和带滤波器的 ADSL Modem 连接示意图。

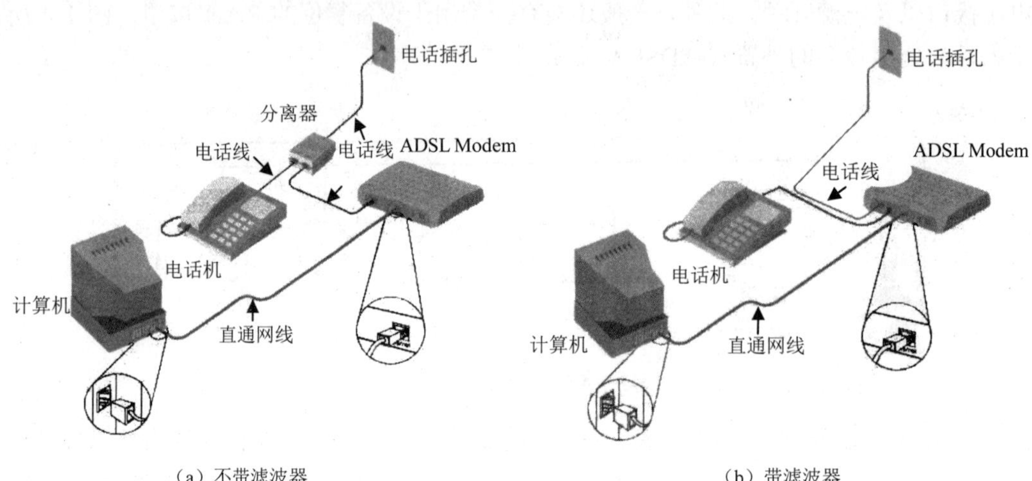

（a）不带滤波器　　（b）带滤波器

图 1-4　ADSL 连接示意图

当连接完成后，打开计算机和 ADSL Modem 的电源开关。如果连通正常，网卡和 ADSL Modem 前面板上的信号灯会正常闪亮。ADSL LINK 灯亮表示外网已经连通；ADSL ACT 灯亮表示和外网有数据交换；LAN LINK 灯亮表示内网已经连通；LAN ACT 灯亮表示和内网有数据交换。

四、安装 ADSL 软件、连接 Internet

在连接好以上硬件后，要接入 Internet，还需有相应软件的支持。Windows XP 及其

后的版本一般都集成了对 PPPoE 协议的支持，所以使用 Windows XP 系统的 ADSL 用户不需要再安装其他 PPPoE 软件，直接使用 XP 本身的连接向导就可以建立 ADSL 虚拟拨号上网程序，具体过程如下。

小提示

在 Windows 2000、Windows Server 20003 等常见操作系统无内置拨号程序，这就需要借助第三方拨号软件，较常用的如 RasPPPOE、ADSL 拨号王等。一般情况下，ISP 会提供给用户拨号软件，这些软件简单直观，也很稳定，具体用法可以参看相关配置说明书。

1）单击“开始”→“所有程序”→“附件”→“通讯”→“新建连接向导”命令，打开如图 1-5 所示对话框。

2）单击“下一步”，弹出“网络连接类型”对话框，选择“连接到 Internet”，如图 1-6 所示。

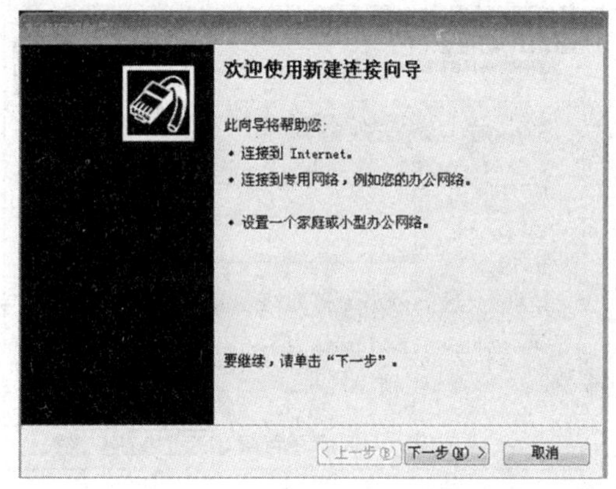

图 1-5　新建连接向导

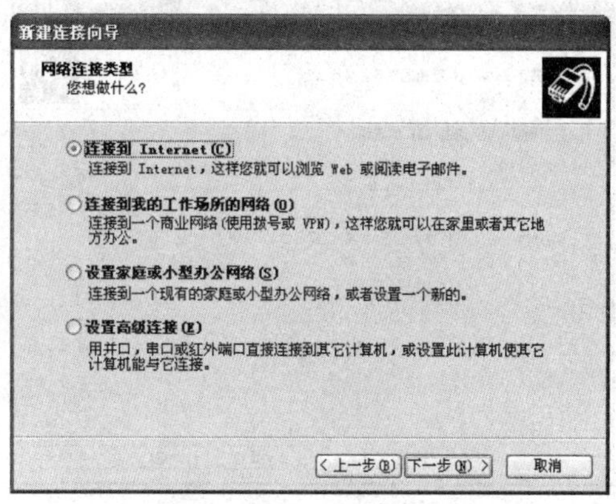

图 1-6　选择连接类型

3）单击“下一步”，弹出“准备好”对话框，这里可选择连接到 Internet 的方式，我们选择“手动设置我的连接”，如图 1-7 所示。

4）单击“下一步”，弹出如图 1-8“Internet 连接”所示对话框，列出了连接到 Internet 的三个选项。第一个选项用于建立 56Kbps Modem 和 ISDN 的连接，第二个选项用于 ADSL 和 Cable 虚拟拨号，第三个选项用于建立 ADSL 和 Cable 专线接入（固定 IP 一直在线，无需拨号）。我们选择第二项“用要求用户名和密码的宽带连接来连接”。

5）单击“下一步”，弹出“连接名”对话框，在“ISP 名称”文本框中输入创建的连接的名字，如 adsl，如图 1-9 所示。

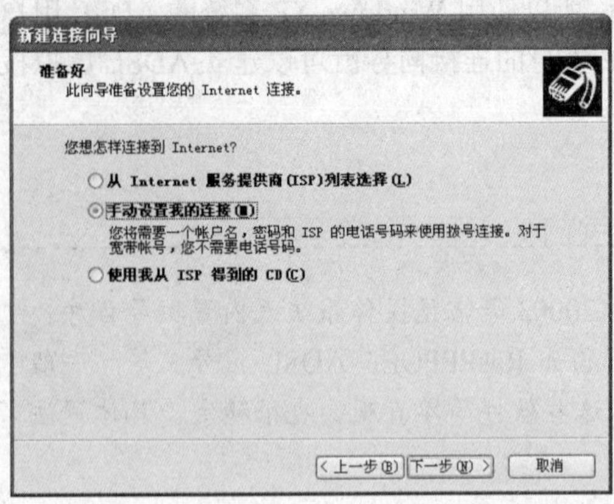

图 1-7　选择怎样连接到 Internet

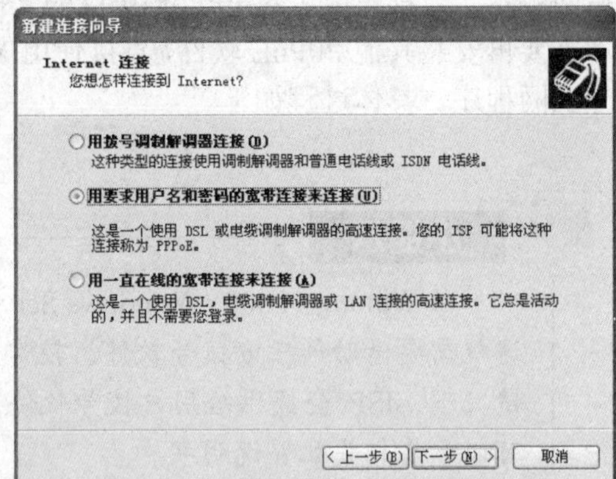

图 1-8　“Internet 连接”对话框

6）单击“下一步”，弹出“要拨的电话号码”对话框，这里不需输入，直接单击“下一步”，弹出“Internet 帐户信息”对话框，如图 1-10 所示。按提示输入申请业务时 ISP 提供的用户名和密码，然后勾选相应的复选框。

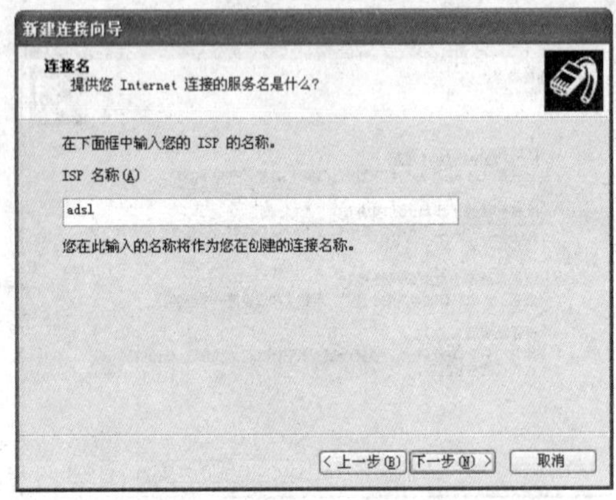

图 1-9　输入连接名

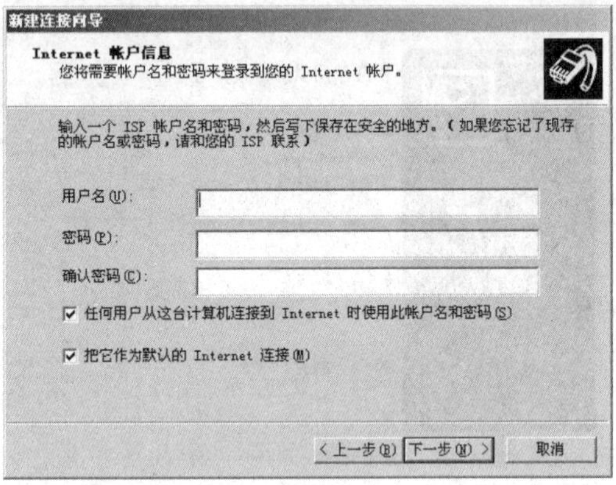

图 1-10　输入 ADSL 用户名和密码

7）单击“下一步”，弹出“正在完成新建连接向导”对话框，勾选“在我的桌面上添加一个到此连接的快捷方式”复选框，如图 1-11 所示。然后单击“完成”按钮，结束新建连接的创建。

8）打开桌面或“网络连接”中刚刚新建的“ADSL”快捷图标，弹出“宽带连接”对话框，如图 1-12 所示。

9）在弹出的连接对话框中单击“连接”按钮，经过如图 1-13 所示的连接过程，成功后在桌面右下角任务栏将出现两个显示器连在一起的图标，即 ADSL 连接图标。

双击桌面上的 IE 图标，就可以启动网页浏览器打开指定的主页，查看或搜索网络资源。

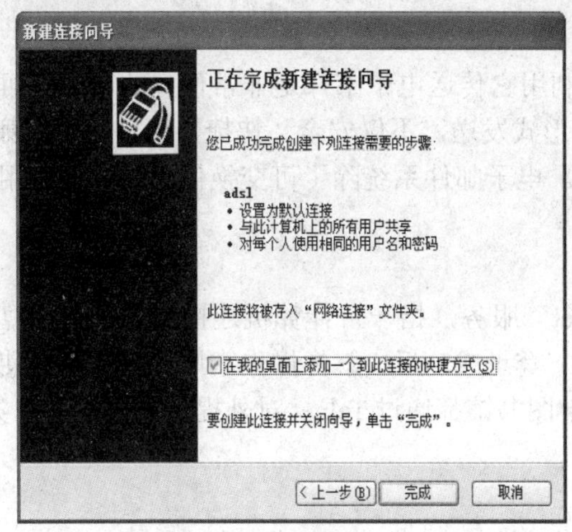

图 1-11　完成新建连接

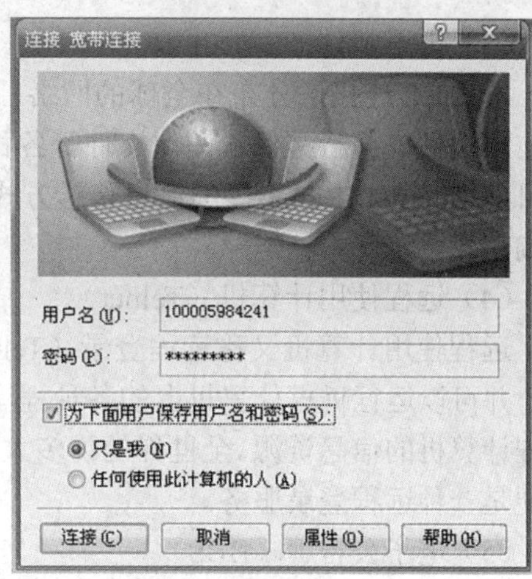

图 1-12　启动 ADSL

图 1-13　ADSL 拨叫过程

1. Internet 的功能

目前通过 Internet，人们不仅可以进行全球电子邮件通信，还可以查询和检索各种信息，其应用领域包括教育、科研、旅游、娱乐、购物、报刊、通信、可视电话、各类信息讨论小组、广告、公司及项目的跨国管理等。同时，电子银行、电子国际贸易等电子商务功能也都已在网上实现。下面介绍一下 Internet 的几项服务。

（1）万维网（WWW）

WWW（World Wide Web）是Internet提供的最主要的服务项目，可以说是目前Internet上最热门的信息源。WWW 除了可浏览文本信息外，还可以显示与文本内容相配合的图像和声音乃至动画等各种不同形式的信息。

（2）文件传送（FTP）

它允许用户的计算机连接到提供文件传输的服务器上，查看存储于其上的各种文件资源，也可以将文件传送到自己的计算机上（下载，Download）。此外，还可以向远程服务器传送文件（上传，Upload）。使用 FTP 几乎可以传送任何类型的文件，包括文本文件、二进制可执行程序文件、图像文件、声音文件、数据压缩文件等。

（3）电子邮件（E-mail）

Internet 连接了分布在全球的网络，利用它传送电子邮件是非常便宜的。邮件可以以文本文件、声音文件、图像文件等各种形式发送，不仅安全、快捷，而且费用低廉，是目前 Internet 上最主要的信息传送方式。电子邮件系统除了可交换信息外，还可用来查询信息。

（4）远程使用计算机（Telnet）

远程使用计算机又称远程登录（Telnet）服务，指一台计算机连接到另一台计算机上，并可以运行远程计算机上的各种程序。登录成功后，就像操作本地计算机一样使用远程计算机的信息资源。全世界的许多大学图书馆都通过 Telnet 对外提供联机检索服务，这便是一种远程登录服务。

（5）电子公告牌（BBS）

这种服务是用电子通信手段发布各种公告或消息，如常见的网上论坛、留言板等。

（6）网络新闻组（USENET）

这是一种利用 Internet 提供“专题讨论”的服务，世界上任何接入 Internet 的用户都可以参与讨论。通过网络新闻组，用户可以发布世界上最新的消息，也可以表达自己的意见和看法，同时，还可以结交兴趣和爱好一致的网友。

（7）游戏和交谈

通过 Internet，用户可以和世界各地的人实时对话，也可以和一人或多人玩游戏，或加入模拟的政治事件或战争等。

（8）电子商务

电子商务是目前迅速发展的一项新业务，它是指在 Internet 上利用电子货币进行结算的一种商业行为，如网上书城、网上超市、网上拍卖等。电子商务不但改变着人们的购物方式，也改变着商家的经营理念，更由于其广阔的发展前景，成为了 Internet 吸引商业用户的一个重要方面。

当然，Internet 应用还远不止这些，其他各种新应用层出不穷，如网络电话、远程教育等。

2. Internet 的接入方式

目前，Internet 无疑是发展最快也是最大的一个网络，不论在哪里，只要有接入 Internet 的网络节点，就可以通过该节点访问 Internet。但要接入 Internet，首先需要向 ISP 提出接入申请。

ISP（Internet Service Provider）是指 Internet 服务提供商，即向广大用户综合提供互联网接入业务、信息业务和增值业务的电信运营商。ISP 是经国家主管部门批准的正式运营企业，受国家法律保护。ISP 是用户接入 Internet 的服务代理和用户访问 Internet 的入口点，包括一般意义上所说的网络接入服务商（Internet Access Provider，IAP），网络平台服务商（Internet Platform Provider，IPP）和目录服务提供商（Internet Directory

Provider，IDP）。各个国家和地区都有自己的ISP。在我国，电信重组后的几大基础运营商分别是中国电信、中国移动、中国联通等。

ISP 与互联网络相连的网络被称为接入网络，其管理单位称为接入单位。ISP 是用户和 Internet 之间的桥梁，位于 Internet 的边缘，用户通过某种通信线路连接到 ISP，借助于 ISP 与 Internet 的连接通道便可以接入 Internet。

普通用户接入 Internet 的方式，除了传统的拨号上网外，目前使用最广的有 ADSL、专线接入、代理接入等方式。无线上网已经逐渐兴起，为用户提供了更加便捷的上网方式。

3. 什么是 ADSL

ADSL（Asymmetrical Digital Subscriber Loop）全称为非对称数字用户环路，是目前最主流的宽带接入方式，它是运行在原有普通电话线上的一种新的高速、宽带技术。所谓非对称，主要体现在上行速率（可达 512Kbps）和下行速率（可达 8Mbps 或更高）的非对称性上，只要在线路两端加装 ADSL 设备即可享用 ADSL 提供的宽带服务。

小提示

速率 bps 是 bit per second（位每秒）的简写，它是网络传输速率的单位，表示 1 秒钟内有多少二进制位被传输。计算机中 1K 表示 1024 字节，而不是物理中的 1000，1M=1024K，1G=1024M。

ADSL 的另一个优点在于它可以与普通电话共用一条电话线，使上网与接听、拨打电话互不影响。通过一条电话线，便可以比普通 Modem 快 100 倍的速度浏览网页，通过网络进行学习、工作、娱乐及网上购物，享受网上视频会议、视频点播、网上音乐的乐趣，还可以较高的速率下载文件。

任务二　组建家庭无线网络

网络的普及使上网聊天、看新闻、玩网络游戏、收发邮件等成为电脑的主要功能。现在一个家庭拥有两台甚至多台电脑已司空见惯，如果多台电脑需要同时上网、各电脑之间还要能够连线游戏、传递文件，这就需要建立家庭局域网。随着无线网络技术的成熟和设备价格的下降，无线局域网成为在家庭中架设网络的更好解决方案。

本任务要求我们以一台台式机和两台笔记本电脑为例来学习家庭组建局域网的方法。为了方便应用，我们以无线路由器为中间接入点，将 3 台计算机组成局域网，实现互相访问，同时还能连接 Internet。

任务实施

一、选购无线网络设备

1. 无线路由器

无线局域网络（WLAN，Wireless Local Area Networks）需要有一个信号的交换处理中心，这个所谓的中心其实就是无线路由器或者无线 AP（Access Point）。无线 AP 称为“无线访问节点”，相当于一个无线交换机，负责多台电脑间信号的传递，无法提供桥接、防火墙等高级功能。AP 不能直接与 ADSL Modem 相连，如果使用 ADSL 上网，连接无线 AP 集线器是无法让在其上连接的所有设备同时上网的，使用时必须再添加一台交换机或者集线器。

无线路由器相当于 AP、路由功能和交换机的集合体，支持有线与无线组成同一子网，在负责无线信号传送的同时，还可将家庭无线网络与 Internet 连接，可以提供桥接、防火墙、DHCP 等高级功能。

目前市场上的无线路由器一般都内置交换机，在端口方面至少包括 1 个 WAN 端口以及 4 个 LAN 端口。WAN 端口用于和 Cable Modem、ADSL、以太网等连接，LAN 端口是支持 10/100Mbps 自适应的 RJ-45 端口，用于和其他电脑连接，如图 1-14 所示。

图 1-14　无线路由器

在选择无线路由器之前，大家一定要认准 IEEE 802.11b 标志。一般而言，只要无线路由器具备 IEEE 802.11b 认证，那么我们完全可以对其兼容性放心，毕竟这是 Wi-Fi 组织带给我们的承诺。

小提示

Wi-Fi（Wireless Fidelity，“无线保真”的缩写）实质上是一种商业认证，具有 Wi-Fi 认证的产品符合 IEEE 802.11b 无线网络规范，它是当前应用最为广泛的 WLAN 标准，采用的波段是 2.4GHz。

出于安全考虑，无线路由器至少应支持 64/128 位 WEP 加密。另外，还需要注意无线路由器的管理功能，最好支持 Web 浏览器的管理方式。目前 D-LINK、TP-Link、NETGEAR、华硕等品牌有很多符合条件的无线路由器产品可供选择。

对于家庭用户、小型企业而言，一个无线路由器就能搞定家庭无线局域网。而对于中型以及大型企业来说，无线 AP 配合路由器才是解决大型无线网络的首选。

2. 无线网卡

家庭无线网络要求每台电脑都要有用来发射和接收无线信号的装置，即无线网卡，其功能相当于普通电脑的网卡。

无线网卡主要有 PCMCIA、USB 和 PCI 三种接口类型卡，如图 1-15 所示。PCMCIA 接口卡主要用在笔记本电脑上，要求笔记本电脑具有 PCMCIA 接口；PCI 接口卡用于台式机，固定安装在电脑主板上，需要拆开电脑机箱，并安装驱动程序；USB 接口卡也主要用于台式机，也可用在没有 PCMCIA 接口的笔记本电脑上，安装方便，直接插在电脑的 USB 接口上即可。

（a）PCI 总线无线网卡 （b）神州数码 DCWL-390C

（c）USB 总线无线网卡 （d）笔记本专用无线网卡

图 1-15 无线网卡

目前的笔记本电脑大部分都支持迅驰技术，内置无线模块，支持各种无线标准，完全能够满足无线组网的需要。

只要选择了适合自己使用的设备，并相应地设计好网络组建方案，便捷、安全、流畅的无线家庭网络组建起来是非常简单的。这里，我们选择的是 TP-Link TL-WR841N 无线路由器。它符合 IEEE 802.11b 无线标准，无线传输速率高达 300Mbps，可满足更多的无线客户端接入，在无线客户端数量相同时能够为每个客户端提供更高的无线带宽，

使在线影视、网络游戏、视频聊天等高带宽要求的网络应用更加流畅，也使局域网内的数据传输更加高效。同时，TL-WR841N 和 11N、11G 产品及 3945ABG、4965AGN、5100/5300/5150/5350 等迅驰笔记本网卡具有良好的兼容性，通过 IP 带宽控制，自由分配上网带宽，实施家长控制和上网控制功能，灵活控制小孩或员工的上网行为。

二、连接与配置无线网络

1. 连接路由器

现在的路由器，多是通过 Web 界面进行设置。在没有正确设置前，路由器的无线功能可能无法使用，因此我们首先应通过网线将计算机与路由器连接，然后再通过这台管理计算机登录到路由器，并进行相关的设置。连接配置的方式如图 1-16 所示，无线路由器的 WAN 口接 ADSL Modem 的 Ethernet 接口，LAN 口用直通网线接计算机网卡的 RJ-45 接口即可。

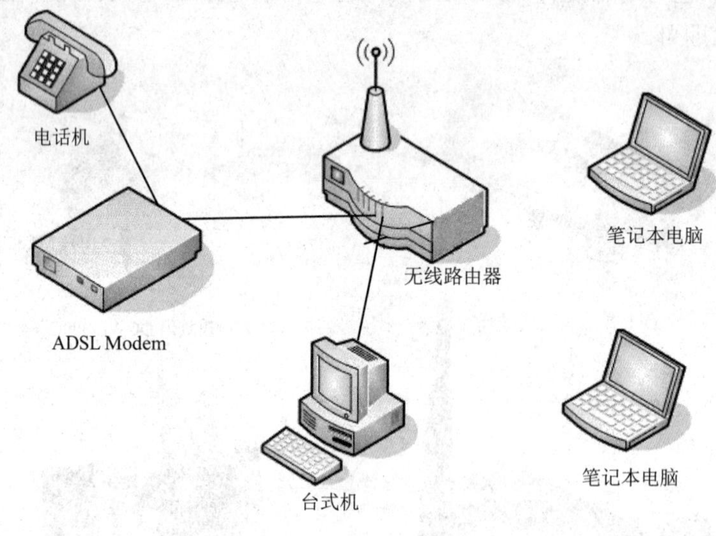

图 1-16　无线设备连接

2. 登录路由器

（1）设置管理计算机的网络属性

在用于管理路由器的计算机桌面上右击“网上邻居”，选择“属性”，打开“网络连接”窗口，右击窗口中的“本地连接”，选择“属性”，如图 1-17 所示。

在打开的“本地连接属性”对话框中选择“Internet 协议（TCP/IP）”，如图 1-18 所示，然后单击“属性”按钮。

在打开的“Internet 协议（TCP/IP）属性”对话框中，选择“自动获得 IP 地址”及“自动获得 DNS 服务器地址”，再单击“确定”按钮，如图 1-19 所示。

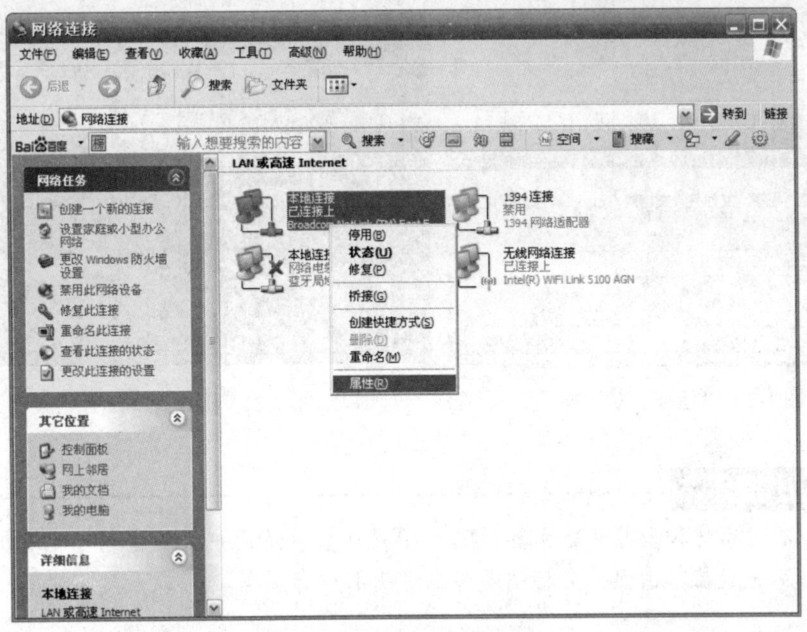

图 1-17　选择本地连接属性

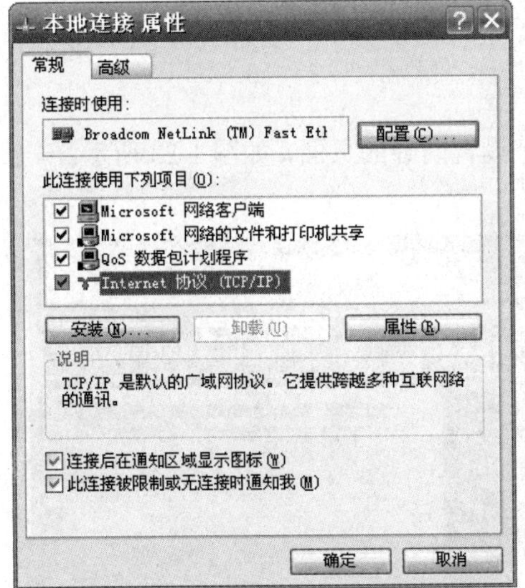

图 1-18　网络属性对话框

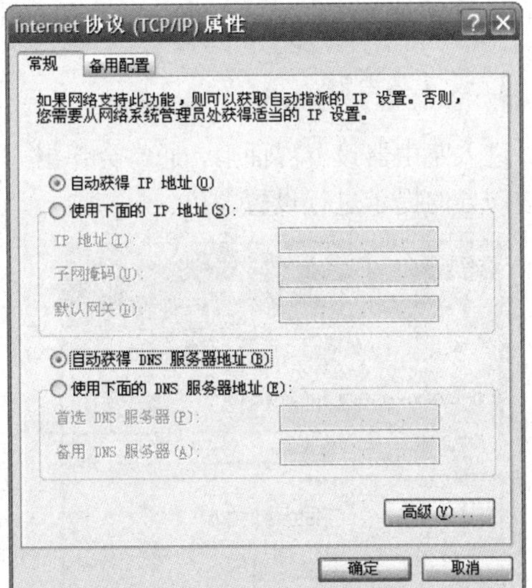

图 1-19　设置 TCP/IP 属性

设置完成后，通过“开始”菜单打开“运行”对话框，输入“ping 192.168.1.1”，如图 1-20 所示。如得到图 1-21 所示结果，则表明以上设置是正确的。

（2）登录路由器

在计算机浏览器地址栏中输入路由器默认的 IP 地址：http://192.168.1.1，确定后即弹出路由器的登录对话框，如图 1-22 所示。

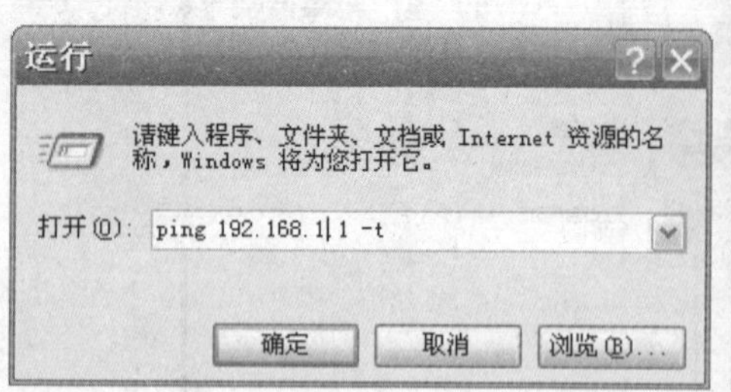

图 1-20 “运行”对话框

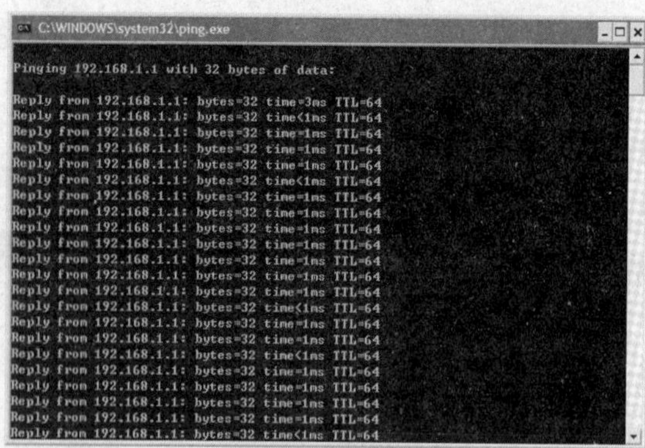

图 1-21 ping 命令运行结果

小提示

不同品牌和型号的路由器，默认 IP 地址、登录用户名和密码可能不相同，这些信息一般在路由器上会标明或者在说明书中有说明。

我们所用路由器的用户名和密码均为 admin，输入后按“确定”按钮即可进入其 Web 设置界面。

3. 设置路由器

进入路由器设置界面后，通常会弹出一个设置向导的页面，如图 1-23 所示，一般用户按向导的提示进行设置即可。

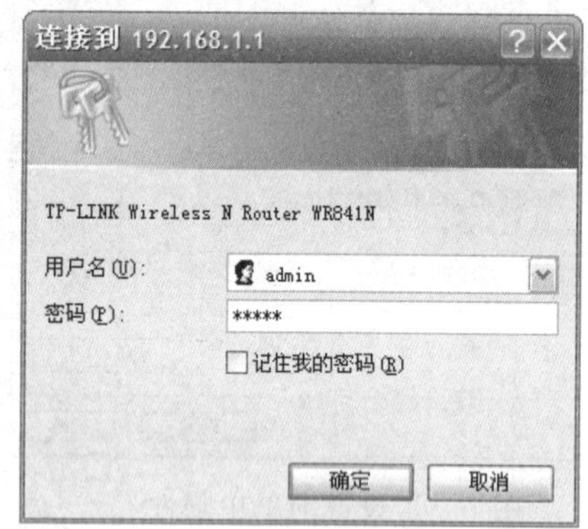

图 1-22 登录路由器

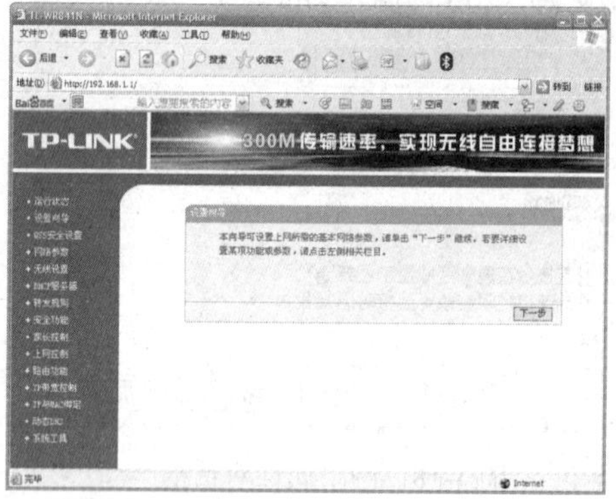

图 1-23 设置向导

1）单击“下一步”，弹出如图 1-24 所示选择上网方式窗口，选择 PPPoE（ADSL 虚拟拨号）。

2）单击“下一步”，弹出 ADSL 拨号上网的帐号和口令输入界面，输入网络服务商提供的帐户名和密码，如图 1-25 所示。

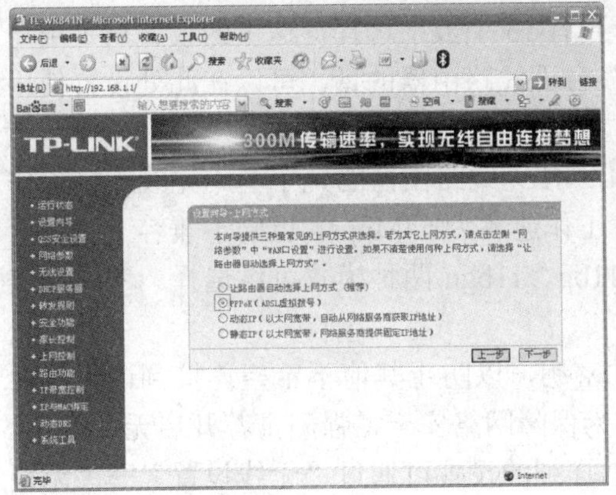

图 1-24　选择上网方式

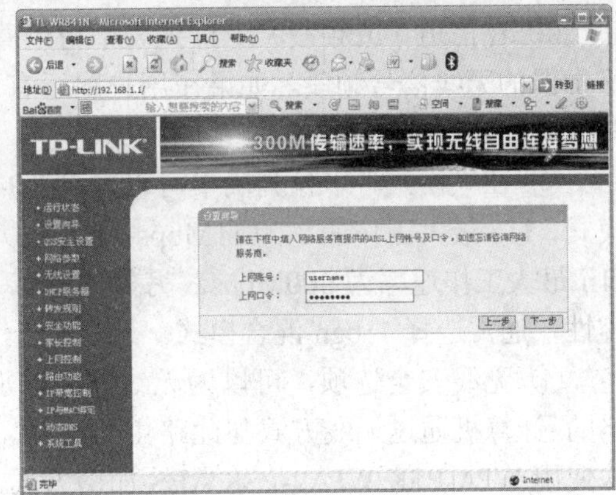

图 1-25　输入帐号和口令

3）单击“下一步”，进入无线设置界面，如图 1-26 所示。TP-LINK 默认为无线打开，如果此设置界面的无线功能没有打开，从下拉列表中选择打开即可，其他项目使用默认值即可，单击“下一步”，即完成路由器的设置。

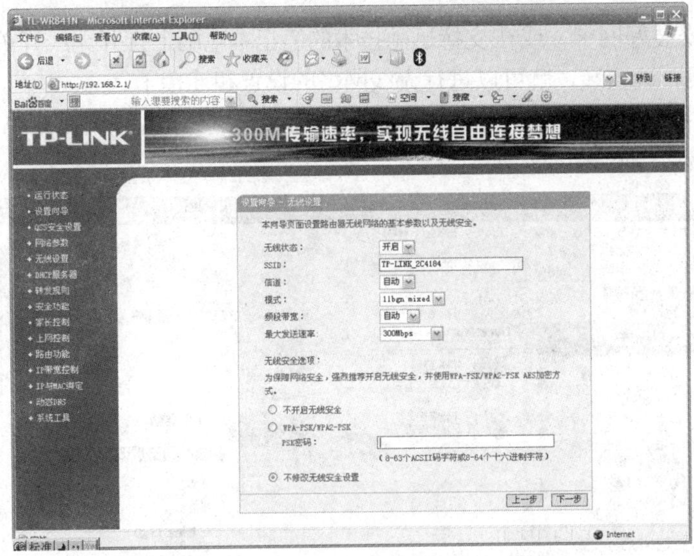

图 1-26　无线设置

此处需说明以下几点。

① SSID（Service Set Identifier）也可以写为 ESSID，意为服务集标识，用来区分不同的网络，最多可以有 32 个字符，无线网卡设置了不同的 SSID 就可以进入不同网络。SSID 通常由 AP 广播出来，通过 XP 自带的扫描功能可以查看当前区域内的 SSID。出于安全考虑，可以不广播 SSID，但用户要手工设置 SSID 才能进入相应的网络。简单地说，SSID 就是一个局域网的名称，只有设置为相同 SSID 的值的电脑才能互相通信。此处的 SSID 即为本无线路由器设置的无线网络名称。

② 在信道（或频段）下拉列表中可以看到有 13 个数字选择，这里的设置只是用户路由器的无线信号频段，如果在用户附近有多台无线路由器的话，可以在此处设置使用其他频段来避免一些无线连接的冲突。

③ 在“模式”下拉列表中可以看到 TP-LINK 无线路由器的几个基本无线连接工作模式，11b 最大工作速率为 11Mbps；11g 最大工作速率为 54Mbps，也向下兼容 11Mbps；11n 最大工作速率为 300Mbps。另外，还有 11bg、11bgn 两种模式可供选择。考虑到兼容性，通常选择 11bgn 混合模式。

④ 无线安全选项，可以为无线网络添加密钥，以防止其他不希望连接到该无线网络的 计算机通过无线方式与此路由器连接。为保障网络安全，强烈推荐开启无线安全，并使用 WPA-PSK/WPA2-PSK AES 加密方式，详细的设置可通过“无线设置”→“无线安全设置”来完成。

由于新设置了路由器，路由器将会重新激活。如果正常启动，WAN、WLAN 状态指示灯正常显示；如果有错误，应重新设置。

4. 无线客户端设置与连接

在电脑上安装好网卡，或在支持迅驰技术的笔记本电脑上打开无线开关，并保证无线网卡驱动程序已正确安装，就可以进行无线网络的设置和连接了。

1）在“网络连接”窗口，右击“无线网络连接”，在弹出的快捷菜单中选择“查看可用的无线连接”，如图 1-27 所示。

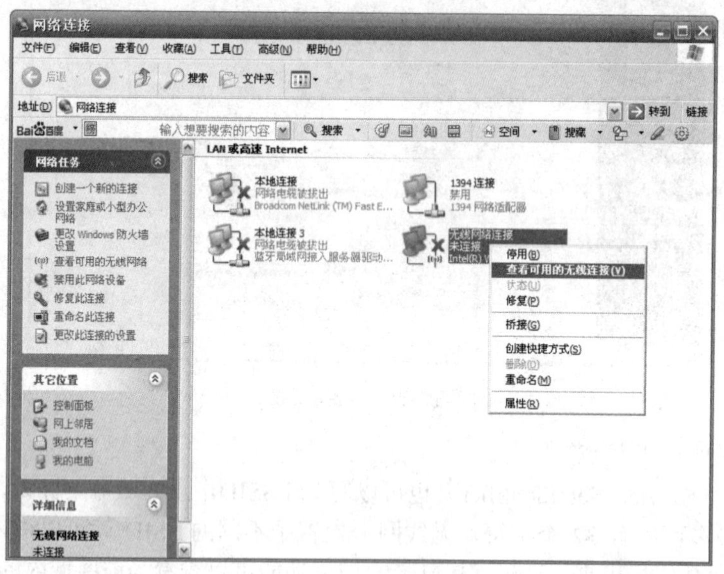

图 1-27　网络连接窗口

2）在弹出的“无线网络连接”对话框中，单击“刷新网络列表”，当找到可用的无线连接时（该无线连接名称即为无线路由器中所设置的无线网络 ID），结果如图 1-28 所示，单击

"连接"按钮。

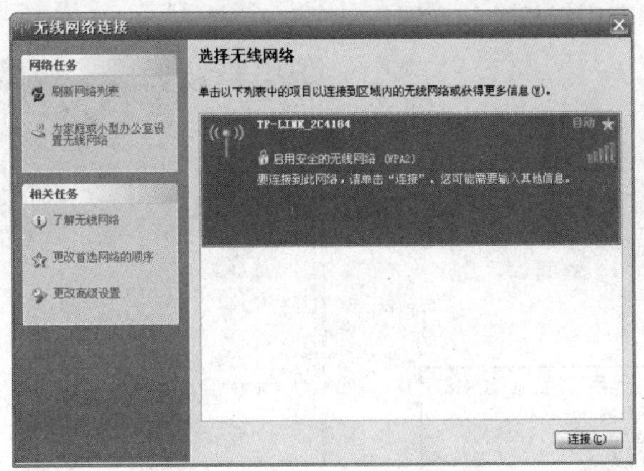

图 1-28　无线网络连接

3）在弹出的对话框中输入前面设置的网络密钥，如图 1-29 所示，单击"连接"，经过查找和连接过程后（见图 1-30），即显示无线网络"已连接上"，如图 1-31 所示。

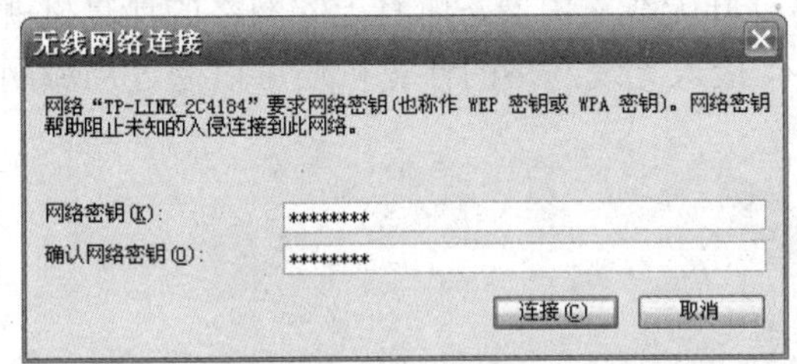

图 1-29　输入连接密钥

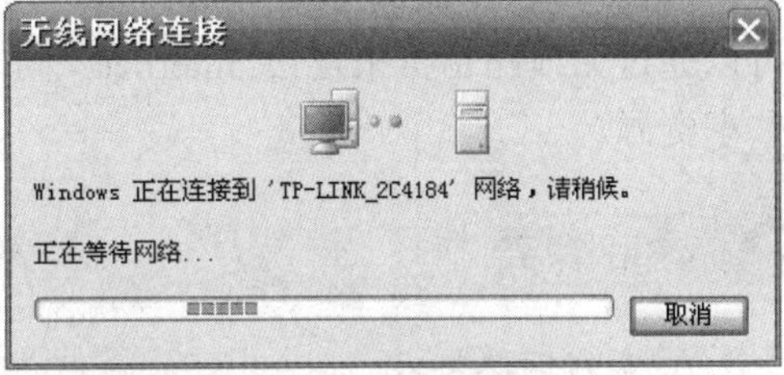

图 1-30　无线连接

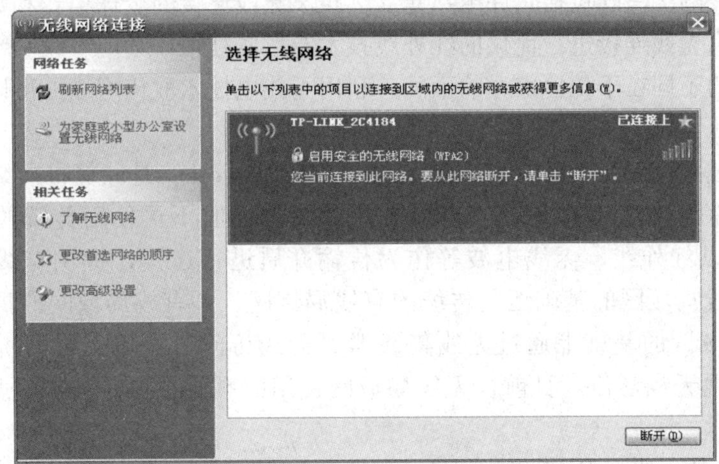

图 1-31　无线连接成功

4）此时，将鼠标指向任务栏右下角的无线连接图标可显示如图 1-32 所示信息，双

击该图标，可在打开的“无线网络连接状态”属性对话框中得到更加详细的状态信息，如图 1-33 所示，并可进行相关的设置。

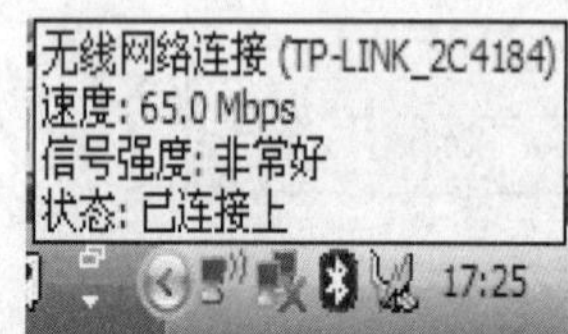

图 1-32　无线网络连接状态信息

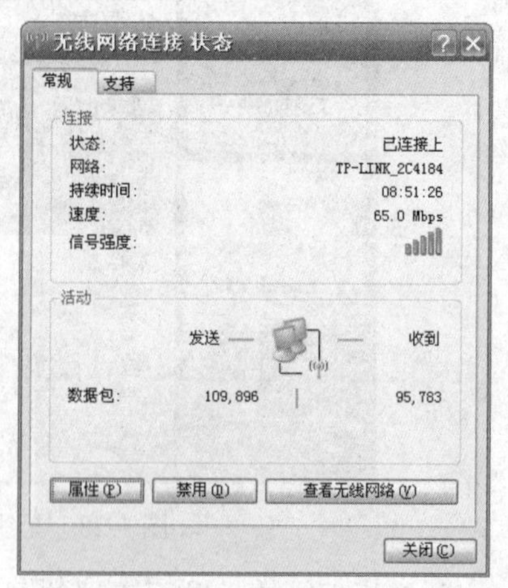

图 1-33　无线网络连接属性对话框

这样，无线网络就设置完成。以后只需打开无线路由器，所有无线网络的计算机就可以通过无线路由器来连接 Internet。同时，接入无线网络的计算机还可以通过局域网共享资源。

知识探究

1. 无线网络技术

所谓无线网络，既包括允许用户建立远距离无线连接的全球语音和数据网络，也包括为近距离无线连接进行优化的红外线技术及射频技术。其与有线网络的用途十分类似，最大的不同在于传输媒介的不同，利用无线电技术取代网线，可以和有线网络互为备份。

无线局域网（WLAN：Wireless Local Area Network）是计算机网络和无线通信技术相结合的产物。具体而言，就是在组建局域网时不再使用传统的电缆线而通过无线方式以红外线、无线电波等作为传输介质进行连接，提供有线局域网的所有功能。无线局域网的基础还是传统的有线局域网，是有线局域网的扩展和替换，是在有线局域网的基础上通过无线集线器、无线访问节点、无线网桥、无线网卡等设备来实现无线通信。目前，无线局域网使用的频段主要是 S 频段（2.4GHz～2.4835GHz）。

目前常见的无线网络标准有以下几种：

IEEE 802.11a：使用 5GHz 频段，传输速度 54Mbps，与 802.11b 不兼容。

IEEE 802.11b：使用 2.4GHz 频段，传输速度 11Mbps。

IEEE 802.11g：使用 2.4GHz 频段，传输速度主要有 54Mbps、108Mbps，可向下兼容 802.11b。

IEEE 802.11n（Draft 2.0）：用于 Intel 新的迅驰 2 笔记本和高端路由器上，可向下兼容，传输速度 300Mbps。

其中，IEEE 802.11b 最常用，但 IEEE 802.11g 更具下一代标准的实力，802.11n 也在快速发展中。

在传输速度上，除了原有的 11Mbps 和 54Mbps 之外，最近市场上还出现了 108Mbps 速率的新产品。在这三种产品中，11Mbps 产品足以满足多数家庭两、三台电脑无线联网的基本要求了。但是对于一些对通信速度要求较高，或者接入电脑数量较多的用户，采用 802.11g 标准的 54Mbps 产品才可以满足要求。54Mbps 产品已具有统一的产品标准，各品牌之间产品可以互相兼容，108Mbps、150Mbps 和 300Mbps 的产品也已经大量出现。

目前，国内常见产品为无线 BG 兼容双模式。802.11g+无线路由器逐渐开始普及，市场上还涌现了大量的 BGN 模式的产品。

2. 迅驰技术

迅驰技术是 Intel 公司于 2003 年 3 月 12 日，面向笔记本电脑推出的一种无线移动计算技术。迅驰（Centrino）是 Center（中心）与 Neutrino（中微子）两个单词的缩写，由三部分组成：移动式处理器（CPU）、相关芯片组以及 802.11 无线网络功能模块。迅驰品牌，是 Intel 公司首次将一系列技术用一个名字来命名，Intel 公司“迅驰”移动计算技术是新一代笔记本电脑使用的创新技术。装备此项技术的笔记本电脑，将使用户脱离缆线的约束，真正做到在移动中工作、学习、休闲、上网。此外，在延长电池寿命的同时，笔记本也变得又轻又薄。这种创新的技术不仅为笔记本系统带来崭新的性能和低功耗，而且把无线通信和安全功能集成在本机芯片中。

总体而言，迅驰技术的主要特点是：①集成对无线局域网 Wi－Fi 的直接支持；②降低能耗并延长电池的寿命；③优良的运算性能。而这三点也正符合当今笔记本电脑最重要的发展趋势。

3. 无线组网模式

无线局域网的组网模式大致可以分为两种：一种是 Ad-hoc 模式，即点对点无线网络；另一种是 Infrastructure 模式，即集中控制式网络。

（1）Ad-hoc 模式

Ad-hoc 网络是一种点对点的对等式移动网络，没有有线基础设施的支持，网络中的节点均由移动主机构成。网络中不存在无线 AP，通过多张无线网卡自由地组网实现通信。基本结构如图 1-34 所示。

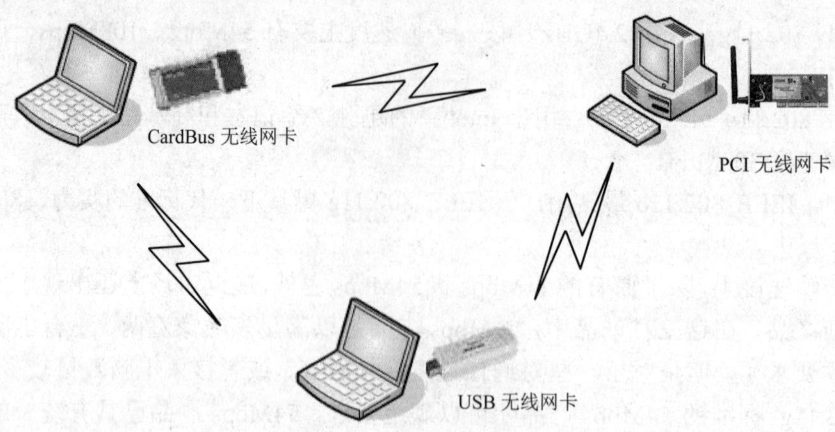

图 1-34　点对点无线模式

建立对等式无线网络需要完成以下几个步骤。

1）首先为电脑安装好无线网卡，并为无线网卡配置好 IP 地址等网络参数。要实现互连的主机的 IP 必须在同一网段，对等网络不存在网关，因此可以不用填写网关。

2）设定无线网卡的工作模式为 Ad-hoc 模式，并给需要互连的网卡配置相同的 SSID、频段、加密方式、密钥和连接速率。

注：TP-LINK 全系列无线网卡产品都支持此应用模式。

（2）Infrastructure 模式

Infrastructure 是集中控制模式的网络，是一种整合有线与无线局域网架构的应用模式。在这种模式中，无线网卡与无线 AP 进行无线连接，再通过无线 AP 与有线网络建立连接。实际上 Infrastructure 模式网络还可以分为两种模式：一种是无线路由器＋无线网卡建立连接的模式，另一种是无线 AP 与无线网卡建立连接的模式。

“无线路由器＋无线网卡”模式是目前很多家庭都使用的模式。这种模式下无线路由器相当于一个无线 AP 集合了路由功能，用来实现有线网络与无线网络的连接。例如我们上例中提到的无线路由器，不仅集合了无线 AP 功能和路由功能，同时还集成了一个有线的四口交换机，可以实现有线网络与无线网络的混合连接，如图 1-35 所示。

“无线 AP＋无线网卡”模式下，无线 AP 应该如何设置，应该如何与无线网卡或者有线网卡建立连接，主要取决于用户所要实现的具体功能以及预定要用到的设备。因为无线 AP 有多种工作模式，不同的工作模式下所连接的设备及连接的方式不一定相同。

4. 无线上网

为满足网民可以随时随地使用笔记本电脑或者掌上电脑的需求，中国移动、中国联通及中国电信等几大运营商推出了无线上网业务，使用户的这一梦想成为现实，就好像手机“甩”掉了电话线一样，只要在运营商信号覆盖范围内，手中有一部电脑、安装了网卡并办理了移动运营商的相关业务，用户就可以不受时间和地点的限制，上网浏览新

闻、收发邮件和下载数据等。

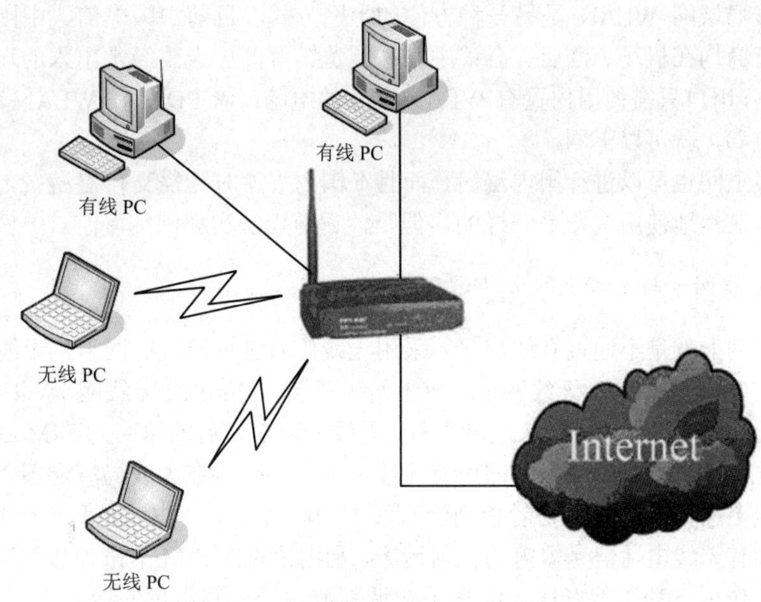

图 1-35　集中控制无线模式

目前无线上网的实现方式有很多种，这些方式各有不同的特点，用户可以根据自己的实际需要和条件进行选择。各大移动运营商均推出了相应的无线上网服务，通过一张小小的网卡，无论身处何方都可以通过网络和世界连在一起。

目前，无线上网有以下三种常见方案。

（1）手机＋电脑

这种互联网接入方式，是利用手机内置的 Modem，通过数据传输线、红外线等方式将手机同笔记本电脑连接起来。用户只要购买了支持无线上网功能的手机（带有 USB 或红外线接口），将配套的数据线与电脑连接就可以使用了。这种方式既适用于笔记本电脑，也可用于台式电脑，同时手机打电话时也不需要将手机卡重复插入和取出。除了使用手机和数据线外，使用手机的红外线接入功能也可以上网。

（2）无线上网卡＋电脑

采用这种方式时，需要额外购买一种 PC 上网卡，将其直接插在笔记本或者台式计算机的 PCMCIA 槽或 USB 接口，实现无线上网。

目前，无线上网卡有三种主要类型：一是机卡一体，上网卡的号码已经固化在 PC 上网卡上，直接插入笔记本电脑的 PCMCIA 插槽内，就可以使用；二是机卡分离，记录上网卡号码的“手机卡”可以和卡体分离，把两者插在一起，插入 PCMCIA 插槽内就可以上网；三是 USB 无线 Modem，即通过 USB 连接插入台式或笔记本电脑的 USB 接口内上网，而手机卡也可以插入到无线 Modem 中。

（3）无线局域网 WLAN

无线局域网 WLAN 是另一种方便的上网方式，目前中国电信、中国移动和中国网通等运营商均在机场、酒店、会议中心和展览馆等商旅人士经常出入的场所，铺设了无线局域网，用户只需使用内置有 WLAN 网卡的电脑或者 PDA，在 WLAN 覆盖的地方（俗称“热点”），就可以上网。

无线上网也可以进行国内漫游，而且在国内漫游时无需支付漫游费，也就是说在外地使用和在本地使用资费是一样的。但是，目前无法实现国际漫游。

5. 无线网卡与无线上网卡的区别

无线网卡就是不通过有线连接，采用无线信号进行连接的网卡。无线网卡根据接口不同，主要有 PCMCIA 无线网卡、PCI 无线网卡、MiniPCI 无线网卡、USB 无线网卡、CF/SD 无线网卡几类产品。从速度来看，无线卡现在主流的速率为 54Mbps 和 108Mbps，其性能与环境有很大的关系，即所有无线网卡只能局限在无线局域网覆盖的范围内。

无线上网卡的作用、功能相当于有线的调制解调器，也就是我们俗称的“猫”。它可以在拥有无线电话信号覆盖的任何地方，利用手机的 SIM 卡来连接到互联网上。无线上网卡的作用、功能就好比无线化了的调制解调器。其常见的接口类型有 PCMCIA、USB、CF/SD 等种类。从速度来看，无线上网卡主要分为 GPRS 和 CDMA 两种。其速度也会受到墙壁等各种障碍物、其他无线信号如手机、微波炉等的干扰。GPRS 的实际速度基本与 56Kbps 的 Modem 速度持平。CDMA 的实际速度可达到 153.6Kbps，是家里电话线上网的四倍左右。

无线网卡和无线上网卡外观很像，但作用大不相同。二者虽然都可以实现无线上网功能，但其实现的方式和途径却大相径庭。如果要在无线局域网覆盖的范围以外，也就是通过无线广域网实现无线上网功能，电脑就要在拥有无线网卡的基础上，同时配置无线上网卡。

由于手机信号覆盖的区域远远超过无线局域网的环境，所以，无线上网卡大大减少了对地域的依赖，对个人用户而言更加方便适用。

无线网卡主要应用在无线局域网内，用于局域网的连接，必须具备无线路由器或无线 AP 这样的接入设备才可以使用；而无线上网卡就像普通的 MODEM 一样，只要在手机信号可以覆盖的任何地方都可以接入 Internet。

项 目 小 结

随着计算机技术的普及，家庭上网已经成为流行趋势。ADSL 虚拟拨号仍是目前家庭上网的主要方式之一，无线技术的成熟，使家庭无线组网成为可能。本项目学习了 ADSL 上网方式的连接配置，以及通过无线路由器实现无线上网的方法，对于使用和维护家庭小型网络将会有很大的帮助。

思考与练习

一、填空题

1. 我国的四大骨干网络是____________、____________、____________、____________。

2. Internet 的前身是____________。

3. Internet 提供的服务主要有____________、____________、____________、____________、____________等。

二、选择题

1. 以下列举的因特网的功能中，错误的是（　　）。

A. 程序编译　B. 电子邮件传送　C. 数据库检索　D. 信息查询

2.（　　）是目前最主流的宽带接入方式，它是运行在原有普通电话线上的一种新的高速宽带技术。

A. ISDN　B. ADSL　C. 光纤接入　D. 卫星

3.（　　）接入方式适用于企事业单位、高档写字楼、网吧等。

A. ISDN　B. ADSL　C. 光纤接入　D. 卫星

4. WLAN 的标准是 IEEE 802.11 系列。1997 年制定的 802.11 规格的无线传输速度为 2Mbps；1999 年通过并后来广为应用的 802.11b 的传输速度最高可达为（　　）Mbps。

A. 2　B. 11　C. 54　D. 108

5. Wi-Fi 技术，即无线保真，通常指 802.11b 技术，一般传输距离可达（　　）。

A. 10 米左右　B. 100 米左右　C. 1000 米左右　D. 数十公里

6. 要想组建一个无线局域网，以下（　　）设备是必需的。

A. 交换机　B. 路由器　C. AP　D. 笔记本

7. 某家庭有一台台式机和一台笔记本想同时上网，组建一个家庭 ADSL 无线局域网，以下最佳方案是（　　）。

A. ADSL Modem 连接无线宽带路由器 WAN 口，台式机通过线缆连接到路由器 LAN 口，笔记本通过无线网卡与路由器相连

B. ADSL Modem 连接无线宽带路由器 LAN 口，台式机通过线缆连接到路由器 WAN 口，笔记本通过无线网卡与路由器相连

C. ADSL Modem 连接无线宽带路由器 WAN 口，台式机装双网卡，一个网卡连接到路由器 LAN 口，另一个与笔记本相连

D. ADSL 猫连接无线宽带路由器 LAN 口，台式机装双网卡，一个网卡连接到路由器 LAN 口，另一个与笔记本相连

8. 某无线局域网，有台式机和笔记本各若干台，最近经常发现某台式机经常会发生

重启后提示“IP 地址冲突”，但并不是每次都出现。最可能的原因是（　　）。

A. 局域网内两台电脑 IP 地址设置相同

B. 系统重启没有清除 IP 地址，结果路由器以为这个 IP 地址还存在

C. 重启动期间有其他电脑设置了这个 IP

D. 无线路由器启用了 DHCP，这台台式机的 IP 正好未设置在 DHCP“地址池”中

9. 下列（　　）措施对 WLAN 最安全无效。

A. 修改或关闭 SSID 广播　　B. 禁用 DHCP 服务

C. 严格监管无线网卡　　D. 无线闲置时切断电源

三、实践题

1. 请大家自己尝试，通过 ADSL 接入方式来连接 Internet。

2. 练习无线路由器的设置及对等无线网络的使用。

3. 位于学校大门口的招生就业处与办公楼二楼的网络中心相距 60 多米，但中间是草坪绿地，不便于架设网线。试尝试通过两台无线路由器桥接，使招生就业处的办公电脑与网络中心连接并接入 Internet。

项目二

组建办公网络

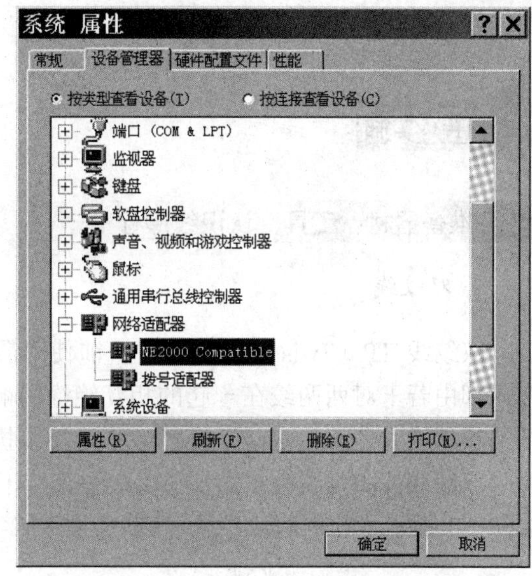

知识目标：

1. 了解局域网的组成。
2. 熟悉双绞线及其制作设备。
3. 了解信息插座和信息模块的相关知识。
4. 熟悉网卡的选择及分类。
5. 熟悉交换机的相关知识。

技能目标：

1. 学会双绞线的制作方法。
2. 掌握利用线缆测试仪测试双绞线的方法。
3. 学会信息模块的安装方法。

任务一　制作双绞线

现在的局域网布线中，双绞线是应用最广泛的传输介质。一般现成的成品双绞线成本较高，长度在 5 米以内，通常作为跳线使用。所以布线时需要自己来制作双绞线。因此，掌握双绞线的制作是组建以太网的必要技术之一，同时也是我们日常网络维护的主要内容之一。

一、准备器材、工具，认识线序标准

1. 双绞线

双绞线 TP（Twisted Pair）是目前使用最广泛、价格最低廉的一种有线传输介质。在内部由若干对两两绞在一起的相互绝缘的铜导线组成，采用两两相绞的绞线技术可以抵消相邻线对之间的电磁干扰和减少近端串扰。

双绞线按照是否有屏蔽层（以增强其抗干扰能力）又可以分为非屏蔽双绞线（UTP，如图 2-1 所示）和屏蔽双绞线（STP，如图 2-2 所示）。

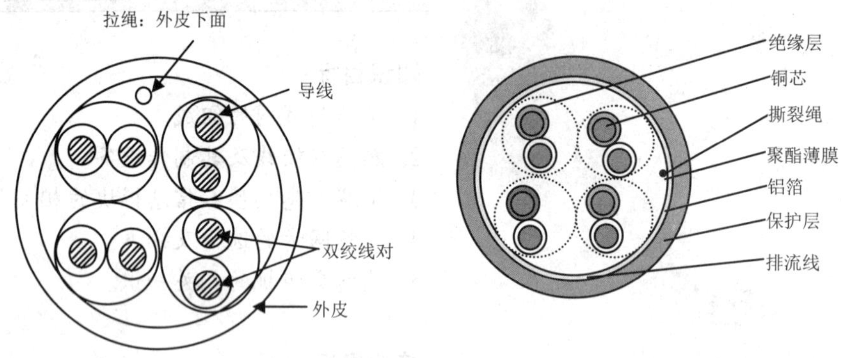

图 2-1　非屏蔽双绞线　　　　图 2-2　屏蔽双绞线

非屏蔽双绞线以其成本低、便于施工的优点，在布线中应用较多。其外皮一般具有防火及防鼠咬性能。外皮下面一般都有一根白色的尼龙拉绳（又称抗拉线或撕裂绳），主要是为了增强双绞线的抗拉性能，同时在制作接头时，外皮剥除太短时，可向下撕裂外皮，以得到较长的裸露线对。

到目前为止，EIA / TIA 已颁布了以下 7 类（Category，简写为 Cat）线缆标准。

Cat1：适用于电话和低速数据通信。

Cat2：适用于 ISDN 及 T1/E1，支持高达 16MHz 的数据通信。

Cat3：适用于 10Base-T 或 100Mbps 的 100Base-T4，支持高达 20MHz 的数据通信。

Cat5：适用于 100Mbps 的 100Base-TX 和 100Base-T4，支持高达 100MHz 的数据通信。

Cat5e：既适用于 100Mbps 的 100Base-TX 、100Base-T4，支持高达 100MHz 的数据通信，又适用于 1000Mbps 的 1000Base-TX，支持高达 1000MHz 的数据通信。

Cat6：适用于 1000Mbps 的 1000Base-TX，支持高达 1000MHz 的数据通信。

Cat7：适用于 1000Mbps 的 1000Base-TX，支持高达 1000MHz 的数据通信。

5 类非屏蔽双绞线主要用于 100Base-T 和 10Base-T 网络，没有金属屏蔽层，易弯曲、易安装、阻燃性好、可以将串扰减至最小或完全消除，适用于结构化综合布线，是常用的以太网电缆。

2. 水晶头

双绞线的两端必须都安装 RJ-45 插头（俗称水晶头），以便插在以太网卡、电缆配线架、信息插座、集线器或交换机的 RJ-45 接口上，使电缆和连接件组成一个完整的信息传输通道。常用的有 RJ-45 插头，如图 2-3 所示。

使用双绞线作为传输介质的优越性在于其技术和标准非常成熟，价格低廉，而且安装也相对容易；其缺点是双绞线对电磁干扰比较敏感，容易被窃听。目前，双绞线主要用于室内。

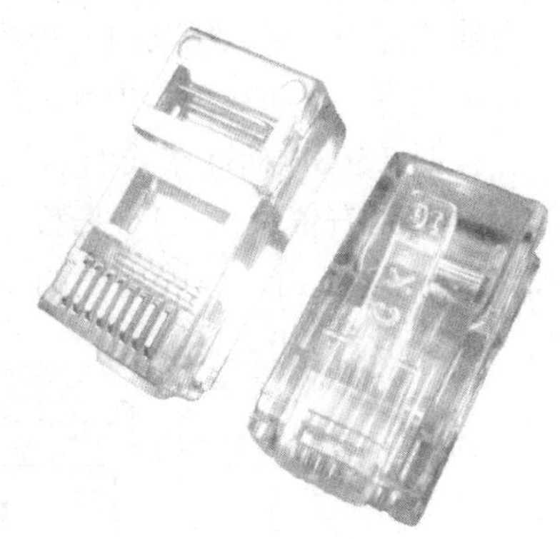

图 2-3　水晶头

3. 压线钳

制作双绞线网络线缆时，必需的工具是一把网线压线钳，它可以完成剪线、剥线和压线等操作，图 2-4 是几款常见的 RJ-45 压线钳。压线钳有两个刃口，靠近把手的切线口用于剪断双绞线，剥线口用于剥掉双绞线外面的塑料护套（也有如图 2-4 中所示的专门用于剥除线外皮的剥线器），压线口用于把水晶头的铜片压入已经按线序插入的双绞线，使铜片和双绞线紧密接触，这样做出的网线才是通的，这也是双绞线制作的关键步骤。有些压线钳有两个不同的压线口，分别用于压制 RJ-45 网线接头和 RJ-11 电话线接头。

4. 制作标准与跳线类型

每条双绞线中都有 8 根导线，导线的排列顺序必须遵循一定的规律，否则将会导致

线路的连通性故障，或影响网络传输速率。

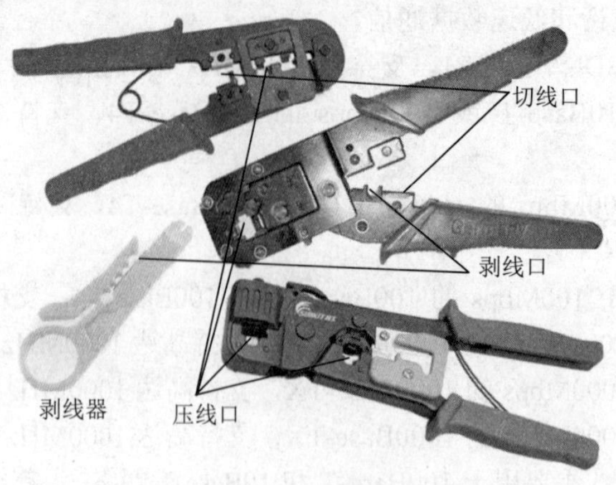

图 2-4　压线钳

（1）T568A 与 T568B 标准

目前，最常用的布线标准有 EIA/TIA T568A 和 EIA/TIA T568B 两项标准。在一个综合布线工程中，可采用任何一种标准，但所有布线设备及布线施工必须采用同一标准。一般情况下，在布线工程中常采用 EIA/TIA T568B 标准。

按照 T568B 标准布线的水晶头的 8 针（也称插针）与线对的分配如图 2-5 所示。线序从左到右依次为：1—白橙、2—橙、3—白绿、4—蓝、5—白蓝、6—绿、7—白棕、8—棕。4 对双绞线电缆的线对 2 插入水晶头的 1、2 针，线对 3 插入水晶头的 3、6 针。

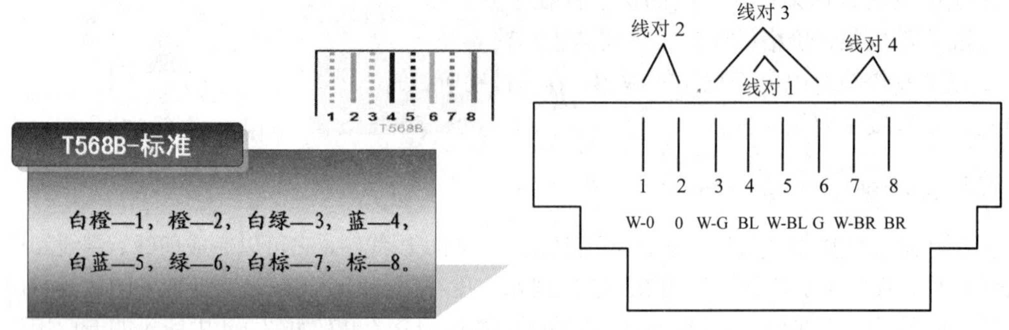

图 2-5　T568B 标准

按照 T568A 标准布线水晶头的 8 针与线对的分配如图 2-6 所示。线序从左到右依次为：1—白绿、2—绿、3—白橙、4—蓝、5—白蓝、6—橙、7—白棕、8—棕。4 对双绞线对称电缆的线对 2 接信息插座的 3、6 针，线对 3 接信息插座的 1、2 针。

（2）判断跳线线序

只有搞清楚水晶头针脚的顺序，才能正确判断跳线的线序。将水晶头有塑料弹簧片

的一面朝下，有针脚的一方向上，使有针脚的一端指向远离自己的方向，有方型孔的一端对着自己，此时，最左边的是第 1 脚，最右边的是第 8 脚，其余依次顺序排列，如图 2-7 所示。

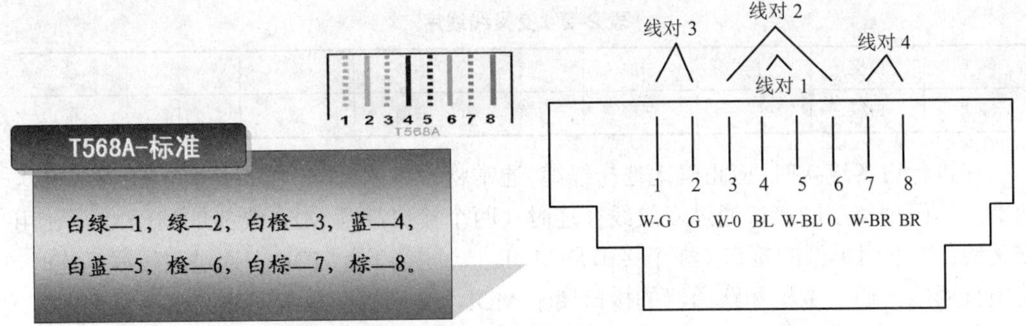

图 2-6　568A 标准

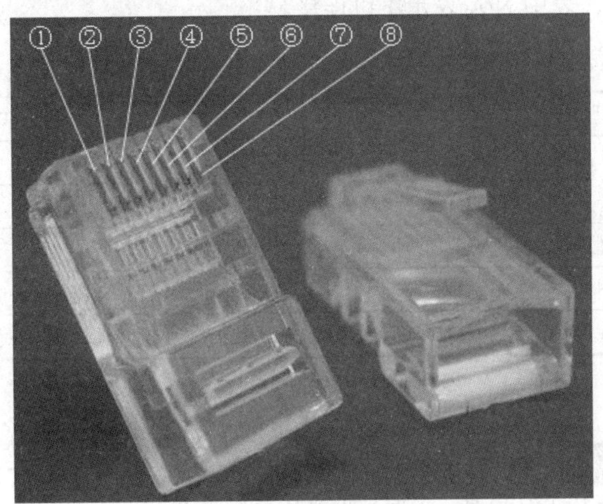

图 2-7　水晶头线序

（3）跳线的类型

按照双绞线两端线序的不同，通常可分直通线和交叉线两类。

1）直通线。根据 EIA/TIA 568B 标准，两端不改变线的排列，线序排列一致，称为直通线。直通线线序如表 2-1 所示。当然也可以按照 EIA/TIA 568-A 标准制做直通线，此时跳线两端的线序依次为：1—白绿、2—绿、3—白橙、4—蓝、5—白蓝、6—橙、7—白棕、8—棕。

表 2–1　直通线线序（EIA/TIA 568B 标准）

端 1	白橙	橙	白绿	蓝	白蓝	绿	白棕	棕
端 2	白橙	橙	白绿	蓝	白蓝	绿	白棕	棕

2）交叉线。根据 EIA/TIA 568B 标准，在线的两端改变线的排列顺序，采用“1-3，2-6”的交叉原则排列，称为交叉网线（其实就是一头按 T568B 标准，另一头按 T568A 标准），线序如表 2-2 所示。

表 2-2　交叉线线序

端 1	白橙	橙	白绿	蓝	白蓝	绿	白棕	棕
端 2	白绿	绿	白橙	蓝	白蓝	橙	白棕	棕

在进行设备连接时，应正确地选择线缆。通常将设备的 RJ-45 接口分为 MDI 和 MDIX 两类。当同种类型的接口通过双绞线互连时（两个接口都是 MDI 或都是 MDIX），使用交叉线；当不同类型的接口（一个接口是 MDI，一个接口是 MDIX）通过双绞线互连时，使用直通线。通常主机和路由器的接口属于 MDI，交换机和集线器的接口属于 MDIX。例如交换机与主机相连采用直通线，路由器和主机相连则采用交叉线。表 2-3 列出了设备间连线使用情况，表中 N/A 表示不可连接。

表 2-3　设备间连线

	主机	路由器	交换机 MDIX	交换机 MDI	集线器
主机	交叉	交叉	直通	N/A	直通
路由器	交叉	交叉	直通	N/A	直通
交换机 MDIX	直通	直通	交叉	直通	交叉
交换机 MDI	N/A	N/A	直通	交叉	直通
集线器	直通	直通	交叉	直通	交叉

小提示

随着网络技术的发展，目前一些新的网络设备可以自动识别连接的网线类型，用户不管采用直通网线或者交叉网线均可以正确连接设备。

二、制作双绞线

每条网线的两端各需要一个水晶头，水晶头质量的优劣不仅是网线能否制作成功的关键之一，也在很大程度上影响着网络的传输速率，推荐选用真的 AMP 水晶头。假的水晶头的铜片容易生锈，对网络传输速率影响特别大。

双绞线的制作过程可简单归纳为“截”、“剥”、“齐”、“插”、“压”五步，具体如下。

1. 截

在制作双绞线前一定要计算好所需的长度，并预留一定的冗余量。否则，一旦剪断

将不能再接长。根据双绞线的特性和实际需要，用压线钳的切线刀口截取适当长度的双绞线，最少 0.6m，最多不超过 100m。

2. 剥

用压线钳的剥线刀口将双绞线的外保护套管划开（小心不要将里面的双绞线的绝缘层划破），刀口距线的端头至少 2cm 以上。然后将划开的外保护套管进行旋转、向外抽并剥去，露出 5 类线电缆中的 4 对双绞线，如图 2-8 所示。

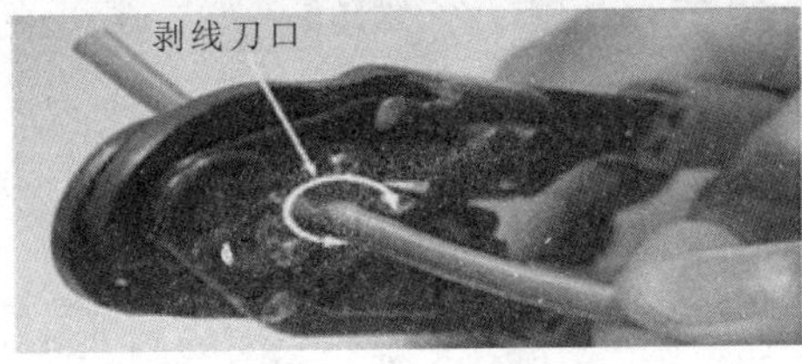

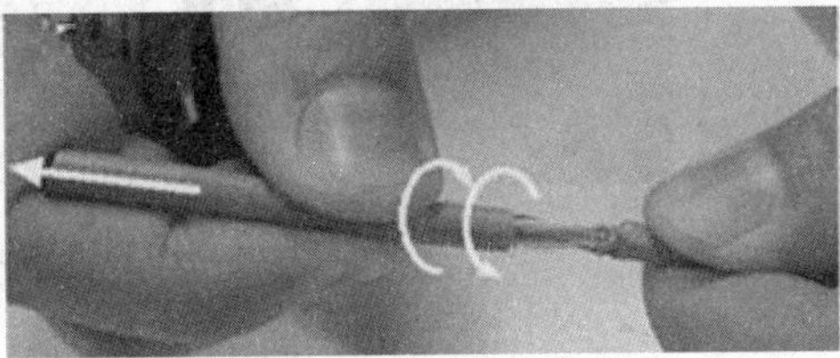

图 2-8 剥除外皮

3. 齐

1）按照 EIA/TIA-568B 标准（橙白、橙、绿白、蓝、蓝白、绿、棕白、棕）和导线颜色将导线按规定的序号排好。

先按橙、蓝、绿、棕的顺序将 4 对线排好，小心地剥开每一对线，白色混线朝前，因为我们是遵循 EIA / TIA 568B 的标准来制作接头，所以线对颜色是有一定顺序的。需要特别注意的是，绿色条线应该跨越蓝色对线。正确的操作应将绿色线放在第 6 只脚的位置，因为在 100BaseT 网络中，第 3 只脚与第 6 只脚是同一对的，所以需要使用同一对线。

2）将 8 根导线捋直并整齐地平行排列，导线间不留空隙。

3）用压线钳切线口或斜口钳剪下只剩约 14mm 的长度（之所以留下这个长度是为了符合 EIA / TIA 的标准，可以参考有关 RJ-45 接头和双绞线制作标准的介绍）。注意切口要整齐，拇指和食指应捏紧线对，以免错位或松散，如图 2-9 所示。

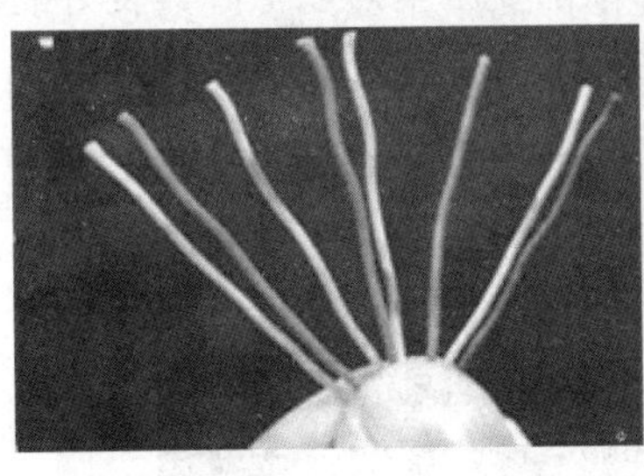
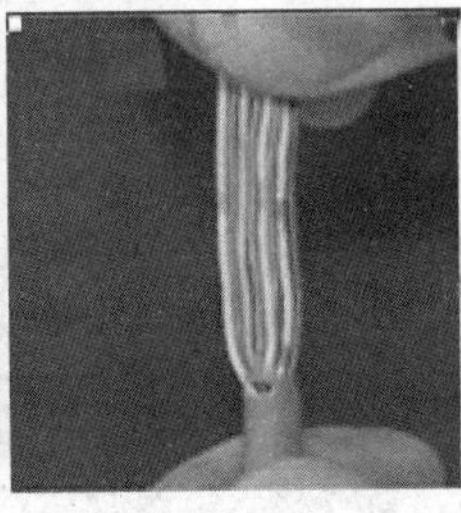
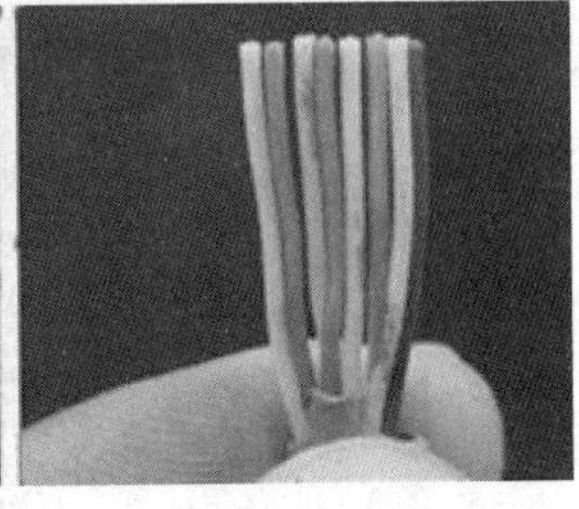

图 2-9 排齐线芯

4. 插

一只手捏平双绞线不要松开，另一只手捏住水晶头，使有卡扣的一面向下，稍微用

力将排列好的 8 根线平行插入水晶头的 8 个线槽内，第一只引脚内应放白橙色的线，其余类推，8 根线的顶端应插入到线槽的顶端（可从水晶头的顶部观察一下 8 根线的铜芯是否已全部顶住水晶头的顶部，如图 2-10 所示。

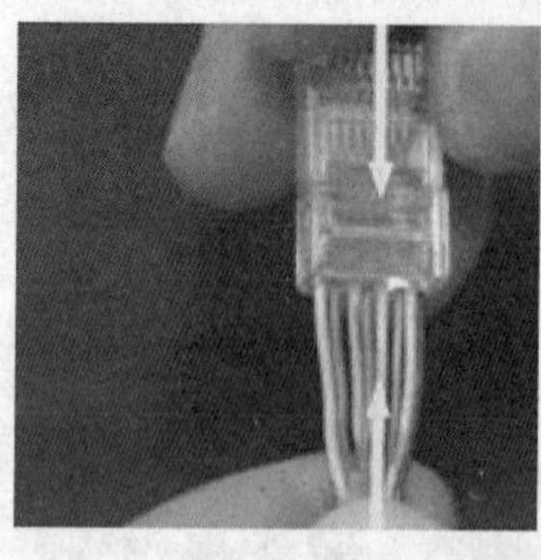
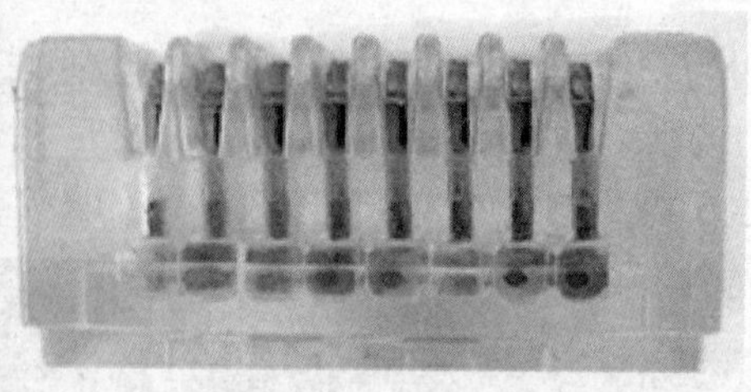

图 2-10　将线芯插入水晶头

5. 压

在确认所有导线到位、线序无误后，一手固定水晶头与刚送入的线缆位置，将水晶头放入压线钳的压线槽中，双手紧握压线钳的手柄，用力压紧。在这一步骤完成后，插头的 8 个针脚接触点就穿过导线的绝缘外层，分别和 8 根导线紧紧地压接在一起，如图 2-11 所示。

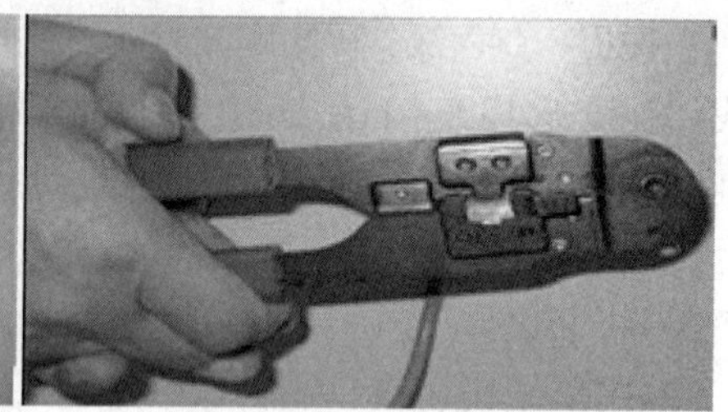

图 2-11　压制水晶头

制作完成的接头应如图 2-12 所示，三个触点部位都要压紧，以保障其良好的性能。

现在已经完成了线缆一端的水晶头的制作，重复上面的步骤来制作双绞线另一端的水晶头即可。

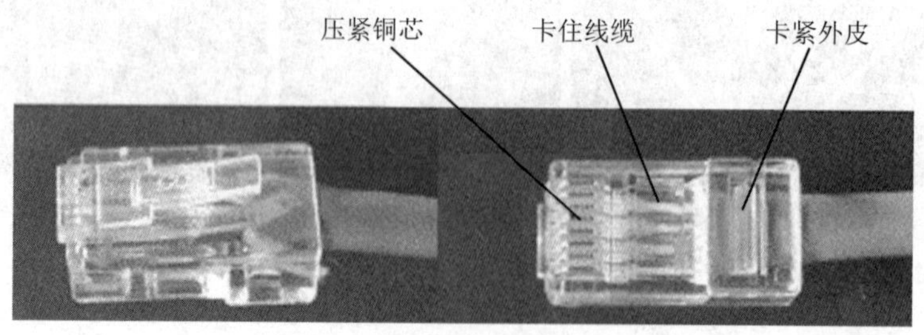

图 2-12　制作好的水晶头

小提示

市面上还有一种 RJ-45 接头保护套，可以防止接头在拉扯时造成接触不良。使用这种保护套时，需要在压接 RJ-45 接头之前就将这种胶套插在双绞线电缆上。

三、测试跳线

制作完成双绞线后，下一步需要检测它的连通性，通常使用电缆测试仪进行检测，以确定是否存在连接故障。建议使用专门的测试工具（如 Fluke DSP4000 等）进行测试，也可以购买便宜的网线测试仪，如图 2-13 所示为常用的上海三北的“能手”网络电缆测试仪。测试时将双绞线两端的水晶头分别插入主测试仪和远程测试端的 RJ-45 端口，将开关开至“ON”（S 为慢速挡），主机指示灯从 1 至 8 逐个顺序闪亮，如图 2-13 所示。

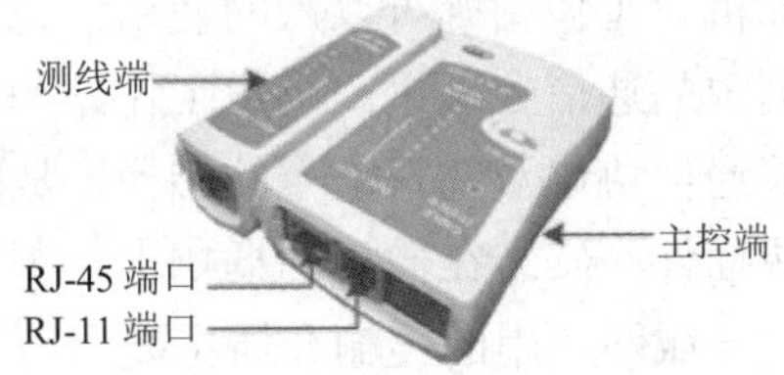

图 2-13　能手网络电缆测试仪

若连接不正常，试根据以下说明来判断问题：

1）当有一根导线断路，则主测试仪和远程测试端对应线号的灯都不亮。

2）当有几条导线断路，则相对应的几条线都不亮；当导线少于 2 根线联通时，灯都不亮。

3）当两头网线乱序，则与主测试仪端连通的远程测试端的线号的灯亮。

4）当导线有 2 根短路时，则主测试器显示不变，而远程测试端显示短路的两根线灯都亮；若有 3 根以上（含 3 根）线短路时，则所有短路的几条线对应的灯都不亮。

5）如果出现红灯或黄灯，就说明存在接触不良等现象，此时最好先用压线钳压制两端水晶头一次；再测，如果故障依旧存在，就必须检查一下芯线的排列顺序是否正确；如果芯线顺序错误，应重新进行制作。

小提示

如果测试的线缆为直通线缆的话，测试仪上的 8 个指示灯应该依次闪烁。如果线缆为交叉线缆的话，其中一侧同样是依次闪烁，而另一侧则会按 3、6、1、4、5、2、7、8 这样的顺序闪烁。如果芯线顺序一样，但测试仪仍显示红色灯或黄色灯，则表明其中肯定存在对应芯线接触不好的情况，此时就需要重做水晶头了。

1. 局域网的组成

计算机局域网的组成主要包括网络服务器、工作站、网络适配器、传输介质及附属设备以及网络软件。

网络服务器用来管理网络系统中的共享资源，如高速打印机-数据库文件等。一个局域网可以有不止一个服务器。局域网的许多功能是通过服务器实现的，网络操作系统的核心部分也驻留在服务器上。因此，网络服务器的性能直接影响到局域网的性能，用作服务器的机器应该是网络中性能最高的机器。

工作站是用户直接使用的计算机，用户通过它访问服务器，共享网络资源。局域网的工作站一般采用微型计算机。工作站既可以入网使用，也可以单机操作。

网络适配器，是局域网中的通信处理机。用户工作站和服务器通过它连接到网上，网络适配器实现数据链路层通信协议及物理信号的转换，是网络中的关键部件。局域网的网络适配器通常做成一块插件，安装在微机的插槽上，因而又称为网卡。

传输介质及附属设备，局域网使用的传输介质主要有双绞线、同轴电缆和光纤。双绞线和同轴电缆一般作为建筑物内的局域网连线，光纤则因其优良的性能，较贵的价格常用作建筑物之间的连接干线。几种传输介质在一个网络中可以混用。附属设备随局域网类型及所使用的传输介质而定，一般包括插头、中继器等。

前面是一些构成局域网的硬件设备。但网络要想真正运转起来，还必须要有网络软件。网络软件通常包括网络操作系统、网络协议软件和通信软件等。其中，网络操作系统是为了使计算机具备正常运行和连接上网的能力；网络协议软件是为了各台计算机能够使用统一的协议；而运用协议进行实际的通信工作则是由通信软件完成的。网络软件功能的强弱直接影响到网络的性能，因为网络中的资源共享、相互通信、访问控制和文件管理等功能都是通过网络软件实现的。

2. 认识双绞线

双绞线既可以传输模拟信号，又能传输数字信号。用双绞线传输数字信号时，其数据传输率与电缆的长度有关。距离短时，数据传输率可以高一些。典型的数据传输率为10Mbps和100Mbps，也可高达1000Mbps。

双绞线电缆一般由多对双绞线外包缠护套组成，其护套称为电缆护套。电缆的对数可分为4对双绞线电缆、大对数双绞线电缆（包括25对、50对、100对等）。双绞线电缆中的每一根绝缘线路都用不同颜色加以区分，这些颜色构成标准的编码，因此很容易识别和正确连接每一根线路。每个线对都有两根导线。其中一根导线的颜色为线对的颜

色加一个白色条纹，另一根导线的颜色是白色底色加线对颜色的条纹，即电缆中的每一对双绞线对称电缆都是互补颜色。4 对 UTP 电缆的 4 对线具有不同的颜色标记，这四种颜色是蓝色、橙色、绿色、棕色。

对于一条双绞线，在外观上需要注意的是：每隔两英寸有一段文字。以 AMP 公司的线缆为例，该文字为：

“AMPSYSTEMSCABLEE138034010024AWG(UL)CMR/MPRORC(UL)PCCFT4VERIFIEDETLCAT5e044766FT0507”

其中：

AMP 代表公司名称；

0100 表示 100Ω；

24 表示线芯是 24 号的（线芯有 22、23、24、26 四种规格）；

AWG 表示美国线缆规格标准；

UL 表示通过认证的标记；

FT4 表示 4 对线；

CAT5 表示 5 类线；

044766 表示线缆当前所处的英尺数；

0507 表示生产年月。

小提示

100Base-T 又称快速以太网，其中 100 表示 100Mb/s 数据传输速率，Base 表示线路中传输的经过编码的数字信号，也叫基带信号；T 表示双绞线，最大传输距离为 100m。

为了减少线对间的串扰，各类双绞线电缆通常在线对间采用圆形、片形、十字星形、十字骨架等填充物，如图 2-14 所示。十字星形填充的双绞线对称电缆构造是在电缆中建一个十字交叉中心，把 4 个线对分成不同的信号区，这样就可以提高电缆的抗近端串扰性能，减少在安装过程中由于电缆连接和弯曲引起的电缆物理上的失真，十字骨架构造在保证前后位置精准方面做了更多的改进。

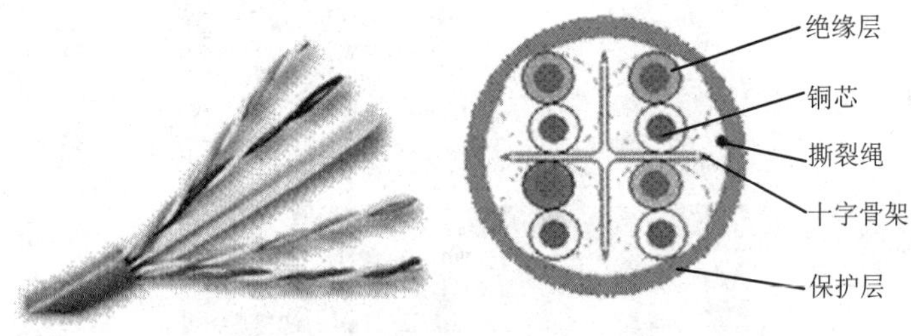

图 2-14　6 类双绞线

双绞线作为一种价格低廉、性能优良的传输介质，在综合布线系统中被广泛应用于水平布线。目前主流应用的双绞线品牌主要有美国安普（AMP）、AVAYA（亚美亚）、美国 IBM 公司、美国西蒙（SIEMON）公司、美国泛达 Panduit 综合布线系统 、加拿大丽特（NORDX / CDT）公司、法国阿尔卡特（ALCATEL）公司、大唐电信科技股份有限公司、TCL 国际电工等。

任务二　安装信息模块

任务描述

办公网络如果规模较小，可以将几台计算机通过网线直接与交换机相连；如果规模较大，则要通过标准的结构化布线将设备进行连接，以便于使用和维护。布线施工可参照综合布线施工标准去实施，同时在每个信息点都要安装信息插座，交换机等网络设备都应安装在机柜中，并在机柜中设置配线架、理线架等设备，将设备和计算机通过网线连接来达到信息传输的目的。本任务中我们主要来学习信息插座的安装。

任务实施

一、认识信息插座与模块

1. 信息插座

信息插座普遍应用于企业办公网络中，它属于一个中间连接器，可以安装在墙面或桌面上，是用户端的网络信息接口，另一端通过直通双绞网线与所连接的设备连接，非常灵活。需要使用时，用户通过一条直通网线一头连接信息插座的模块接口，一端连接计算机网卡接口就可以使用网络了。同时，也美化了整个网络布线环境。

网络信息插座一般由底盒、面板、防护罩板和模块几部分组成，如图 2-15 所示。面

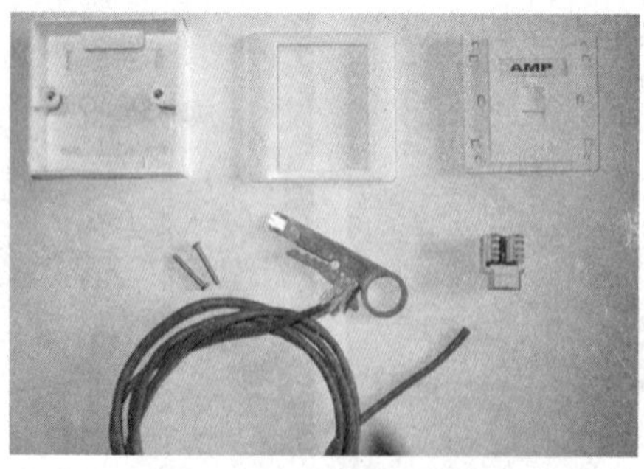

图 2-15　信息插座

板是用来固定信息模块的，有“单口”与“双口”之分，也有能同时安装 4 个模块的“4 口”面板，使用时要注意面板背面的用于放置制作好的信息模块的扣位是有方向性的，在安装过程中要特别注意。

2. 信息模块

目前有两种类型的信息模块，一种是传统的需要手工打线的，打线时需要专门的打线工具，制作起来比较麻烦；另一种是新型的，无需手工打线，无需任何模块打线工具，只需把相应双绞芯线卡入相应位置，然后用手轻轻一压即可，使用起来非常方便、快捷。

RJ-45 网络信息模块，满足 T-568A 超五类传输标准，符合 T568A 和 T568B 线序，适用于设备间与工作区的通信插座连接。信息模块的端接方式的主要区别在于 T568A 模块和 T568B 模块的内部固定联线方式的不同。两种端接方式所对应的接线顺序如表 2-4 所示。

表 2–4 T568A 和 T568B 模式的接线顺序

引脚号	1	2	3	4	5	6	7	8
T586A 模式	白绿	绿	白橙	蓝	白蓝	橙	白棕	棕
T586B 模式	白橙	橙	白绿	蓝	白蓝	绿	白棕	棕

RJ-45 信息模块前面插孔内有 8 芯线针触点分别对应着双绞线的八根线，后部两边分列各四个打线柱，外壳为聚碳酸酯材料，打线柱内嵌有连接各线针的金属夹子；有通用线序色标清晰注于模块两侧面上，分两排。A 排表示 T568A 线序模式，B 排表示 T568B 线序模式，如图 2-16 所示是最普通的常用信息模块，此种信息模块需打线工具打线制成 RJ-45 信息模块。

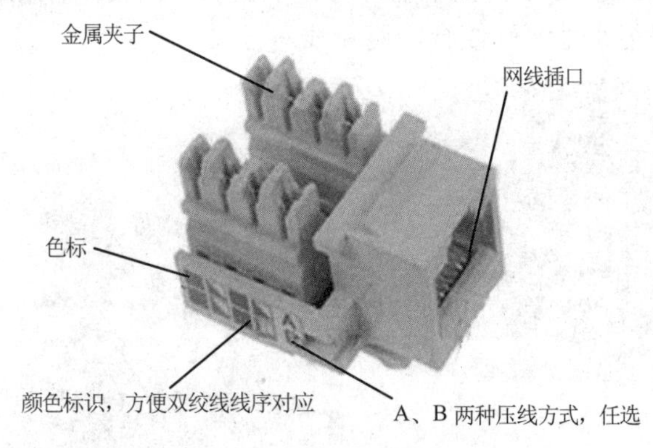

图 2-16 信息模块

3. 打线工具

图 2-17 所示为几种常用的打线工具，左侧几种都具有压线口和切线剪刀，右侧是一

款带剥线刀口的简易打线器。打线器中的压线缺口用于压住相应芯线，然后打入到信息模块卡线槽中；压线刀片可把一些未完全卡入到卡线槽底部的芯线压入到底部；线勾用于将一些已卡入的、需要重新打线的芯线勾出来。

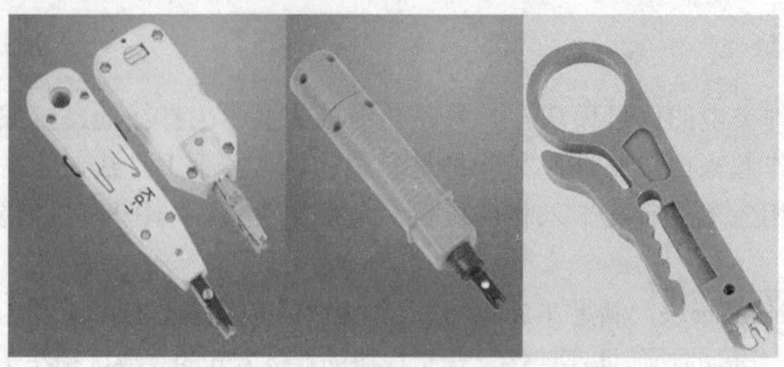

图 2-17　打线工具

二、安装信息模块

信息模块安装的关键步骤是将网线电缆安装到信息模块中，这个过程称为打线，具体步骤如下。

1）先通过综合布线把网线固定在墙面线槽中，固定好底盒，将制作模块一端的网线从底盒“穿线孔”中穿出。

2）在引出端用专用剥线工具剥除一段 3cm 左右的网线外皮，注意不要损伤内部的 8 条芯线。

3）把剥除了外包皮的网线放入到信息模块中间的空位置。

4）对照所采用的接入标准和模块上所标注的色标把 8 条芯线依次初步卡入到模块的卡线槽中，如图 2-18 所示。只需卡稳即可，不要求卡到底。端接时线对绞合松开不能大于 13mm，应尽可能小地解开绞合，避免线对分叉。

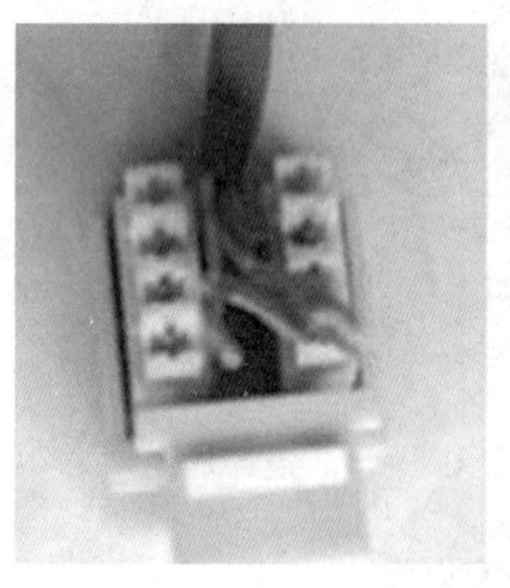
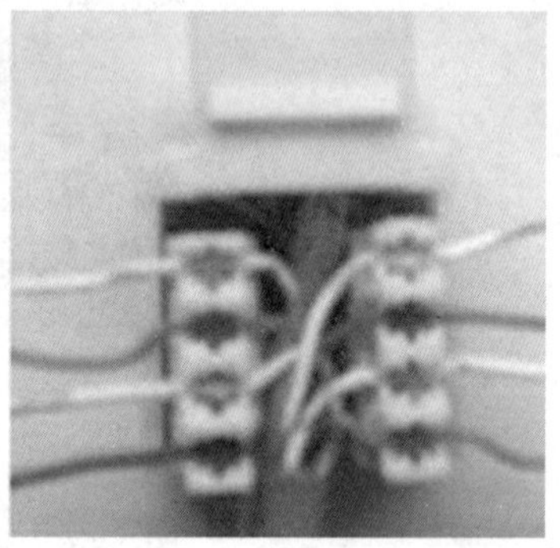

图 2-18　将网线卡入模块

5）用打线工具把已卡入到卡线槽中的芯线打入到卡线槽的底部，以使芯线与卡线槽接触良好、稳固。操作方法如图 2-19 所示，对准相应芯线，往下压，当卡到底时会有

“咔”的声响。同时，压线钳上的剪刀会将外侧多余的线头剪断。

6）全部打完线后再对照模块上的色标检查一次，对于打错位置的芯线用打线工具的线钩勾出，重新打线。对于还未打到底的芯线，可用打线工具的压线刀口重新压一次，如图 2-20 所示。

图 2-21 所示为打好的 RJ-45 模块。

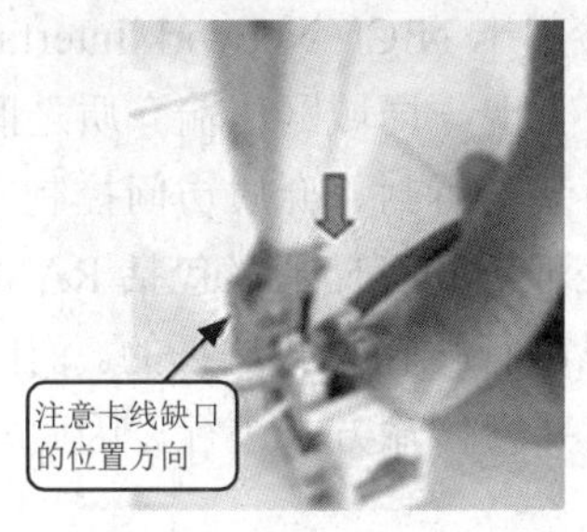

图 2-19　打线

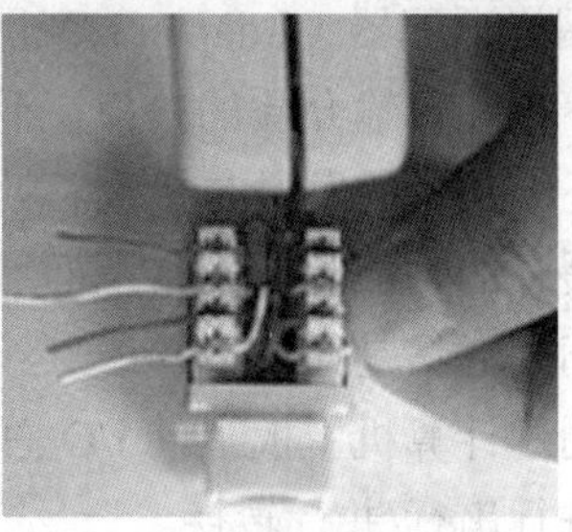

图 2-20　勾线

图 2-21　打好的 RJ-45 模块

小提示

这里千万注意以下两点：

1）刀口向外——若忘记变成向内，压入的同时也切断了本来应该连接的铜线。

2）垂直插入——打线工具与模块垂直插入槽位，垂直用力冲击，听到“卡嗒”一声，说明工具的凹槽已经将线芯压到位，已经嵌入金属夹子里，金属夹子已经切入绝缘皮咬合铜线芯形成通路；打斜了的话，将使金属夹子的口撑开，再也没有咬合的能力，并且打线柱也会歪掉，难以修复，这个模块将会报废。若新买的好刀具在冲击的同时，应能切掉多条线芯；若不行，可多冲击几次。

7）将信息模块塑料防尘片扣在打线柱上，然后扣入面板的模块卡位，将面板用螺钉固定在底盒上，扣上防护罩板即可。

知识探究

1. 网卡及其安装

网卡又称网络适配器（Adapter）或网络接口卡 NIC（Network Interface Card），是局域网中连接计算机和传输介质的接口，不仅能实现与局域网传输介质之间的物理连接和电信号匹配，还涉及帧的发送与接收、帧的封装与拆封、介质访问控制、数据的编码与解码以及数据缓存的功能等。网卡上面装有处理器和存储器（包括 RAM 和 ROM）。网卡和局域网之间的通信是通过电缆或双绞线以串行传输方式进行的。而网卡和计算机之间的通信则是通过计算机主板上的 I/O 总线以并行传输方式进行。因此，网卡的一个重要功能就是要进行串行/并行转换。

（1）网卡的选购

一般来说，在选购网卡时要考虑以下因素。

1）网络类型。现在比较流行的有以太网、令牌环网、FDDI 网等，选择时应根据网络的类型来选择相对应的网卡。

2）传输速率。应根据服务器或工作站的带宽需求并结合物理传输介质所能提供的最大传输速率来选择网卡的传输速率。以以太网为例，可选择的速率有 10Mbps、100Mbps、1000Mbps 甚至 10Gbps 等多种，但不是速率越高就越适合。例如，与计算机相连的双绞线只具备 100Mbps 的传输速率，而在这样的计算机上配置 1000Mbps 的网卡就是一种浪费，因为其至多也只能实现 100Mbps 的传输速率。

3）总线类型。计算机中常见的总线插槽类型有 ISA、EISA、VESA、PCI 和 PCMCIA 等。在台式机上一般选用 PCI 总线的网卡，笔记本电脑则用 PCMCIA 总线的网卡或采用 USB 接口的无线网卡。

4）网卡支持的电缆接口。网卡最终要与网络进行连接，所以也就必须有一个接口使网线通过它与其他计算机网络设备连接起来。不同的网络接口适用于不同的网络类型，目前常见的接口主要有以太网的 RJ-45 接口、细同轴电缆的 BNC 接口和粗同轴电 AUI 接口、FDDI 接口、ATM 接口等。有的网卡为了适用于更广泛的应用环境，提供了两种或多种类型的接口，如有的网卡会同时提供 RJ-45、BNC 接口或 AUI 接口。

5）RJ-45 接口。这是最常见、也是应用最广的一种接口类型网卡，这主要得益于双绞线以太网应用的普及。因为 RJ-45 接口类型的网卡就是应用于以双绞线为传输介质的以太网中，它的接口类似于常见的电话接口 RJ-11，但 RJ-45 是 8 芯线，而电话线的接口是 4 芯的，通常只接 2 芯线（ISDN 的电话线接 4 芯线）。

6）价格与品牌。不同速率、不同品牌的网卡价格差别较大。

（2）网卡 LED 指示灯

一般来讲，每块网卡都具有 1 个以上的 LED 指示灯，用来表示网卡的不同工作状态，以方便我们查看网卡是否工作正常。典型的 LED 指示灯有 Link/Act、Full、Power 等。Link/Act 表示连接活动状态，Full 表示是否全双工（Full Duplex），而 Power 是电源指示灯。

（3）网卡的安装

安装网卡包括网卡的硬件安装、连接网络线、网卡设备驱动程序安装。

首先，关闭主机电源，拔下电源插头，打开机箱；从防静电袋中取出网卡，根据网卡底部的总线类型，为网卡寻找一个合适的插槽。

其次，拧下机箱后部挡板上固定防尘片的螺丝，取下防尘片，露出条形窗口。再将网卡对准插槽，使有输出接口的金属接口挡板面向机箱后侧，然后适当用力，平稳地将网卡压入槽中，接着将网卡的金属挡板用螺丝固定在条形窗口顶部的螺丝孔上。这个小螺丝既固定了网卡，又能有效地防止短路和接触不良，还连通了网卡与计算机主板之间的公共地线。

最后，在网卡上连接电缆。当使用细同轴电缆时，将连接细同轴电缆的 T 型头插入网卡的 BNC 接口内；当网线采用双绞线时，采用 RJ-45 插头和插座；若连接粗同轴电缆，则要另购外接收发器，通过收发器电缆与网卡 AUI 接头连接。

在安装好网卡后必须将管理网卡的设备驱动程序安装在计算机的操作系统中。这个驱动程序就会告诉网卡，应当从存储器的什么位置上将局域网传送过来的数据块存储下来。当网卡驱动程序安装成功后，可通过如下操作来检查。

在“控制面板”窗口中，双击“系统”图标，进入“系统属性”窗口，如图 2-22 所示。

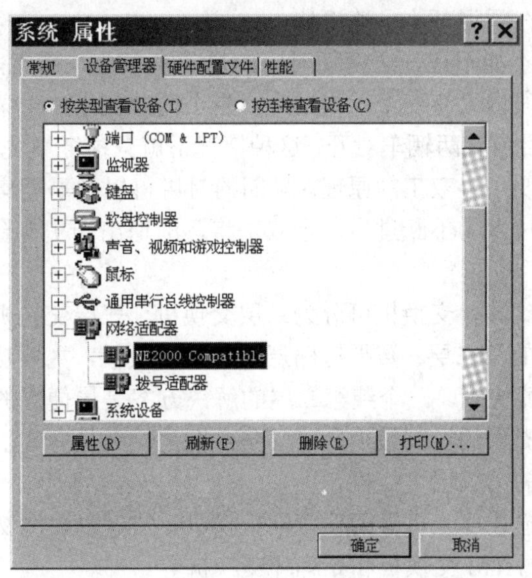

图 2-22 系统属性对话框

从图中的“设备管理器”窗口中可以看到，刚才安装的网卡（本例中使用的是NE2000兼容网卡）出现在“网络适配器”的目录下。这表明我们已成功地安装了网卡的驱动程序，可以继续进行后面的配置了

2. 交换机及其连接

作为局域网的主要连接设备，以太网交换机成为应用普及最快的网络设备之一。交换机拥有一条很高带宽的背部总线和内部交换矩阵。交换机的所有端口都挂接在这条背部总线上。控制电路收到数据包以后，处理端口会查找内存中的地址对照表以确定目的MAC（网卡的硬件地址）的NIC（网卡）挂接在哪个端口上，通过内部交换矩阵迅速将数据包传送到目的端口，目的MAC若不存在才广播到所有的端口，接收端口回应后交换机会“学习”新的地址，并把它添加入内部MAC地址表中。

使用交换机也可以把网络“分段”，通过对照MAC地址表，交换机只允许必要的网络流量通过交换机。通过交换机的过滤和转发，可以有效地隔离广播风暴，减少误包和错包的出现，避免共享冲突。

总之，交换机是一种基于MAC地址识别，能完成封装转发数据包功能的网络设备。交换机可以“学习”MAC地址，并把其存放在内部地址表中，通过在数据帧的始发者和目标接收者之间建立临时的交换路径，使数据帧直接由源地址到达目的地址。

（1）交换机的传输模式

传输模式有全双工、半双工及全双工/半双工自适应几种类型。

交换机的全双工是指交换机在发送数据的同时也能够接收数据，两者同步进行，这好像我们平时打电话一样，说话的同时也能够听到对方的声音。目前的交换机都支持全双工。全双工的优点在于迟延小，速度快。

提到全双工，就不能不提与之密切对应的另一个概念，那就是“半双工”。所谓半双工就是指一个时间段内只有一个动作发生，举个简单例子，一条窄窄的马路，同时只能有一辆车通过，当目前有两辆车对开，这种情况下就只能一辆先过，之后另一辆再开，这个例子就形象地说明了半双工的原理。早期的对讲机以及早期集线器等设备都是实行半双工的产品。随着技术的不断进步，半双工将逐渐退出历史舞台。

（2）交换机分类

根据OSI的分层结构，交换机可分为二层交换机、三层交换机等。二层交换机是指工作在OSI参考模型的第二层（数据链路层）上的交换机，主要功能包括物理编址、错误校验、帧序列以及流控制。一个纯第二层的解决方案是最便宜的方案，但它在划分子网和广播限制等方面提供的控制最少。三层交换机是一个具有3层交换功能的设备，即带有第三层路由功能的第三层交换机。

从传输介质和传输速度上可分为以太网交换机、快速以太网交换机、千兆以太网交换机、FDDI交换机、ATM交换机和令牌环交换机等。

从规模应用上又可分为企业级交换机、部门级交换机和工作组交换机等。各厂商划

分的尺度并不完全一致，一般来讲，企业级交换机都是机架式，部门级交换机可以是机架式（插槽数较少），也可以是固定配置式，而工作组级交换机为固定配置式（功能较为简单）。另一方面，从应用的规模来看，作为骨干交换机时，支持 500 个信息点以上大型企业应用的交换机为企业级交换机，支持 300 个信息点以下中型企业的交换机为部门级交换机，而支持 100 个信息点以内的交换机为工作组级交换机。

（3）交换机的连接

交换机之间的连接主要有以下几种方式。

1）通过普通端口级联。所谓普通端口就是交换机中任一个常用端口，可用 RJ-45 跳线从一台交换机的任意一个普通端口连接到另一交换机的任意一个普通端口，实现两台交换机的连接，如图 2-23 所示。为了保证网络设备的性能和连接可靠性，建议大家在普通端口级联中尽量使用交叉线。

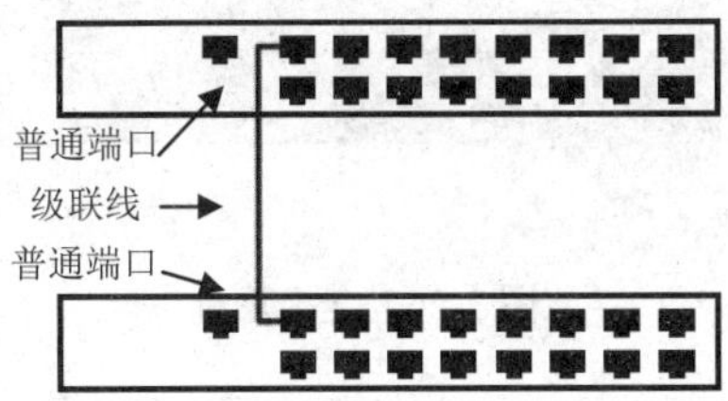

图 2-23　普通端口级联

2）通过级联端口级联。在一些交换机的端口中，都会单独有一个标有“Uplink”字样的端口，即级联端口，如图 2-24 所示。此端口是专门为上行连接提供的，使用直通双绞线将该端口连接至父级交换机上的任意普通端口即可，如图 2-25 所示。

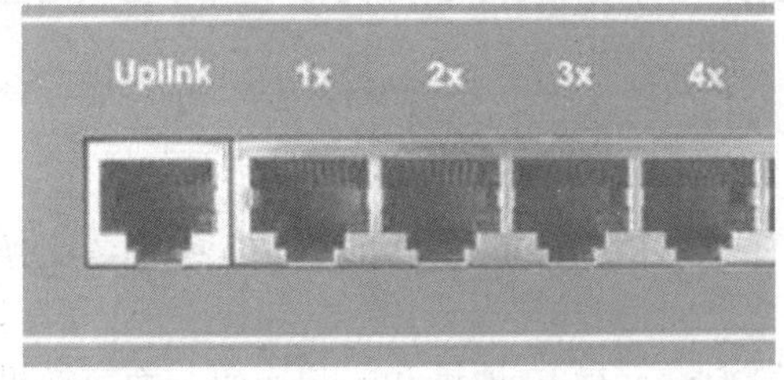

图 2-24　级联端口

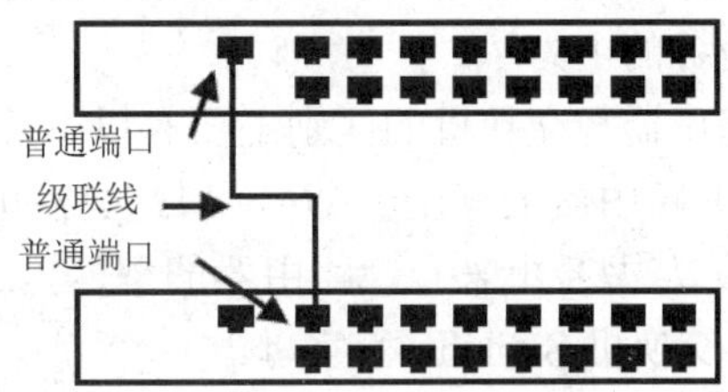

图 2-25　通过级联端口级联

小提示

不能将两台交换机的 Uplink 端口直接连接。

3）堆叠。在大中型网络中对端口的需求量比较大，这种情况下可使用堆叠的方式将几台交换机连接在一起使用，如图 2-26 所示。堆叠需通过专用端口和专用电缆，从一

台交换机的“UP”堆叠端口直接连接到另一台交换机的“DOWN”堆叠端口。堆叠后的所有交换机可视为一个整体的交换机来进行管理。交换机的堆叠是扩展端口最快捷、最便利的方式，同时堆叠后的带宽是单一交换机端口速率的几十倍。但是，并不是所有交换机都支持堆叠，这取决于交换机的品牌、型号是否支持堆叠；并且还需要使用专门的堆叠电缆和堆叠模块；还应注意的是同一堆叠中的交换机必须是同一品牌；此外，由于厂家提供的堆叠连接电缆一般都在 1m 左右甚至更短，所以只能在很近的距离内使用堆叠功能。

图 2-26　交换堆叠

3. 路由器

路由器英文名为 Router。路由器是工作在网络层的网络互连设备，连接因特网中各局域网、广域网的设备，它会根据信道的情况自动选择和设定路由，以最佳路径，按前后顺序发送信号，是互联网络的枢纽。目前路由器已经广泛应用于各行各业，各种不同档次的产品已经成为实现各种骨干网内部连接、骨干网间互连以及骨干网与互联网互连互通业务的主力军。

路由器与交换机的区别主要有以下几方面。

1）路由器上有一个 WAN 口，交换机上只有 LAN 口。

2）从型号上来看，路由器的型号里边有 R（Router 路由器的英文）字母，交换机有 S（交换机 Switcher）字母。

3）从机器上的标签来看，路由器的标签上标示有 IP 地址和帐户密码，而交换机则没有。

4）从机器的电源适配器来看，交换机的电压通常是 12V，而路由器是 9V。

项 目 小 结

本项目主要学习了双绞线水晶头的制作，信息插座的安装和信息模块的打线，以及网卡、交换机及路由器的相关知识。这是办公网络组建中需要掌握的基本知识和技能操作。

思考与练习

一、填空题

1．双绞线按结构可分为________和________两大类，其中在组建企业网时最常用的是________。

2．我们常用的 RJ-45 插头又称为________，它有________个金属接触片用于与双绞线芯线接触。在制作网线时，要把它的________面朝下，插线开口端向________，其1－8 脚的排列顺序是由________到________。

3．直通线就是________，而交叉线就是________。交叉线主要用于________和________的级联，以及________，而直通线可用于________或________与________、________等设备连接。

4．5 类或超 5 类非屏蔽双绞线的单段长度最大为________。细同轴电缆的单段最大长度为________。

5．双绞线水晶头的制作标准有________和________两种，前者的颜色顺序为________，后者的颜色顺序为________。

二、选择题

1. 将双绞线制作成交叉线，该双绞线连接的两个设备可为（　　）。

   A. 网卡与网卡　　B. 网卡与交换机

   C. 网卡与集线器　　D. 交换机的以太网口与下一级交换机的 Uplink 口

2. 将双绞线制作成直通线，该双绞线连接的两个设备可为（　　）。

   A. 网卡与网卡　　B. 网卡与交换机

   C. 交换机与集线器的普通端口　　D. 交换机与交换机的普通端口

3. 当建筑物之间的距离超过电缆的最大长度时，应（　　）。

   A. 不接电缆　　B. 用中继器　　C. 用集线器或交换机级联

4. 采用 5 类双绞线的星型以太网，理论上任意两台 PC 机的最大间隔距离是(　　)。

   A. 100m　　B. 200m　　C. 400m　　D. 500m

三、实训题

1．练习双绞线的制作和测试。

2．练习 RJ-45 信息模块的制作。

项目三

搭建网络服务器

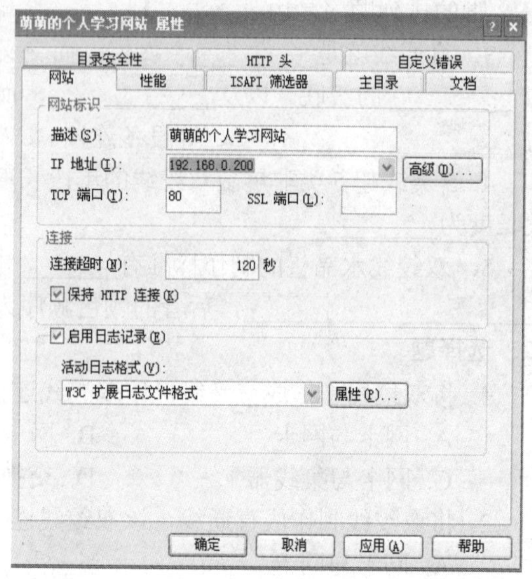

知识目标：

1. 熟悉服务器的分类。
2. 了解常用的几种网络操作系统。
3. 了解 Windows Server 2003 的特点和几个版本。
4. 熟悉 IIS 及虚拟目录的概念。
5. 熟悉 FTP 的概念。
6. 熟悉 FTP 服务器的访问方式。

技能目标：

1. 掌握 Windows Server 2003 网络操作系统的安装。
2. 学会 IIS 系统服务的安装。
3. 掌握 Web 服务器的构建和配置。
4. 掌握 FTP 服务的安装和 FTP 服务器的配置。

任务一 安装 Windows Server 2003 服务器

学校办公局域网的组建，给大家的工作带来了很多便利。为了更好地为校园网络服务提供平台，学校购置了一台服务器，计划建立学校内部的 Web 网站，同时在服务器上提供文件上传/下载等服务功能。这时，选择一种合适的网络操作系统是合理发挥服务器性能的首要任务，Windows Server 2003 系统是微软公司推出的高效、多功能的网络操作系统，也是目前单位内部网络应用最为广泛的网络操作系统。本任务中我们先来学习如何在服务器上安装 Windows Server 2003 网络操作系统。

一、准备工作

一般情况下，在安装一个新的操作系统之前要做好如下几项准备工作。

1）准备好 Windows Server 2003 Standard Edition 简体中文标准版（或企业版）安装光盘。

2）如果可能，在运行安装程序前用磁盘扫描程序扫描所有硬盘，检查硬盘错误并进行修复，否则如果安装程序运行时检查到有硬盘错误将会很麻烦。

3）记录下安装程序的产品密钥（即安装序列号）。

4）如果未安装过 Windows Server 2003 系统，而正使用 Windows Server 2000/XP 系统，建议用驱动程序备份工具（如驱动精灵等）将 Windows Server 2000/XP 系统下的所有驱动程序备份到硬盘上（如 F:\Drive）。备份的 Windows Server XP/2000 系统驱动程序可以在 Windows Server 2003 系统下使用。

5）如果想在安装过程中格式化 C 盘或 D 盘（建议此项操作用于安装 2003 系统的分区），请备份 C 盘或 D 盘有用的数据。

6）导出电子邮件帐户和通信簿。

7）将“C:\Documents and Settings\Administrator（或你的用户名）\”中的“收藏夹”目录复制到其他盘，以备份收藏夹；如果必要，可将其他应用程序的设置也导出。

8）如果是全新安装，需要启动计算机，进入 BIOS 设置，把光驱设为第一启动盘，并保存设置。

新购置的服务器可以采用全新安装的方式。准备好 Windows Server 2003 的系统安装光盘，就可以进行安装了。

二、安装 Windows Server 2003

1. 光盘启动、读取启动信息

将 Windows Server 2003 安装光盘放入光驱，重新启动计算机。光盘启动后，开始从光盘读取启动信息，将相关程序读入内存。

小提示

（1）启动时屏幕上会出现“Press any key to boot from cd…”的提示，此时应快速按下任意键，否则不能启动 Windows Server 2003 系统的安装。

（2）如果我们需要安装“SCSI”或“RAID”设备，在读取启动信息过程中屏幕下方出现“Press F6 if you need to install a third party SCSI or RAID driver…”提示时按下“F6”功能键，并将相应的驱动软盘放入软驱，以安装它们的驱动程序，如图 3-1 所示。

2. 选择安装方式并接受协议

当从光盘读取启动信息后，很快出现如图 3-2 所示界面。按回车键开始安装 Windows Server 2003 系统，显示软件授权协议界面，如图 3-3 所示。按 F8 键同意其协议后进入下一步，安装程序会自动搜索系统中已安装的操作系统，提示用户选择安装操作系统的分区，如图 3-4 所示。

图 3-1　读取启动信息

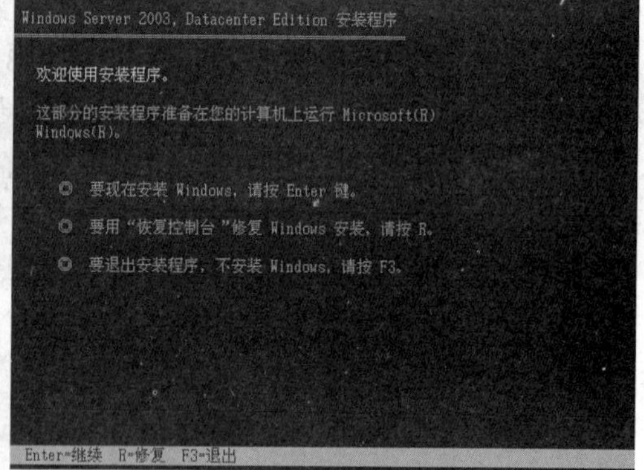

图 3-2　安装程序界面

3. 选择分区并进行格式化

如果准备用 C 盘安装 Windows Server 2003 系统，就应在下面的过程中格式化 C 盘。选择好分区后按“Enter”键，在后面的操作中选择“用 NTFS 文件系统格式化磁盘分区”

对安装分区进行格式化，如图 3-5 所示界面。

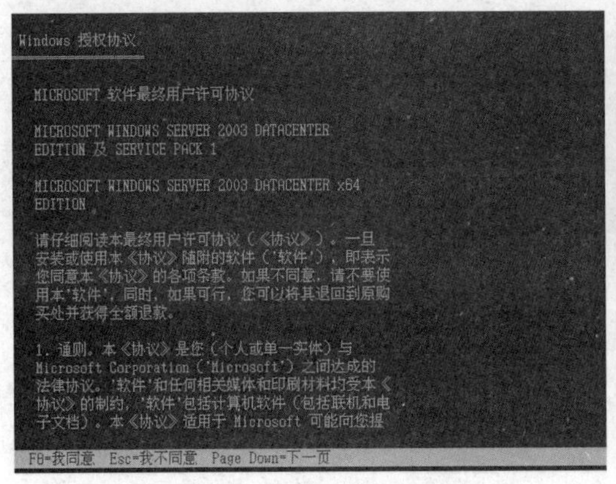

图 3-3　授权协议界面

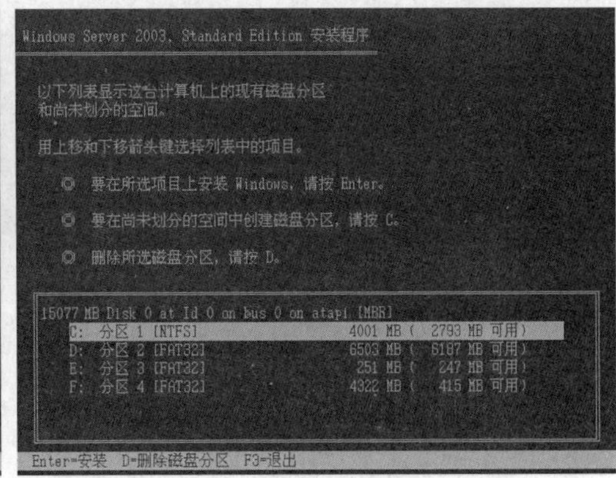

图 3-4　选择安装分区

4. 复制系统文件

格式化完成后，开始复制文件，如图 3-6 所示。

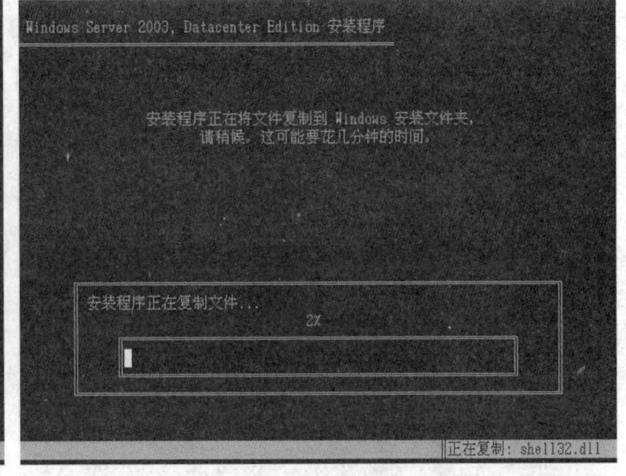

图 3-5　格式化分区　　图 3-6　复制系统文件

5. 初始化配置、重新启动计算机

文件复制完成后，安装程序开始初始化 Windows 配置，如图 3-7 所示。

初始化 Windows 配置完成后，出现如图 3-8 所示画面，提示系统将在 15 秒后重新启动。

这样，程序安装工作已经完成，系统重新启动后，将控制权从安装程序转移给 Windows 系统进行初始化配置。

6. 重新启动计算机并安装准备

重新启动后，出现如图 3-9 所示界面，开始进行收集信息、动态更新、准备安装及安装 Windows 等步骤。

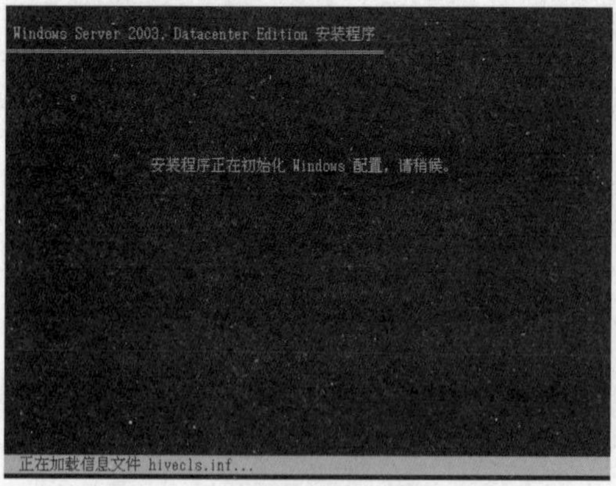

图 3-7　初始化 Windows 配置

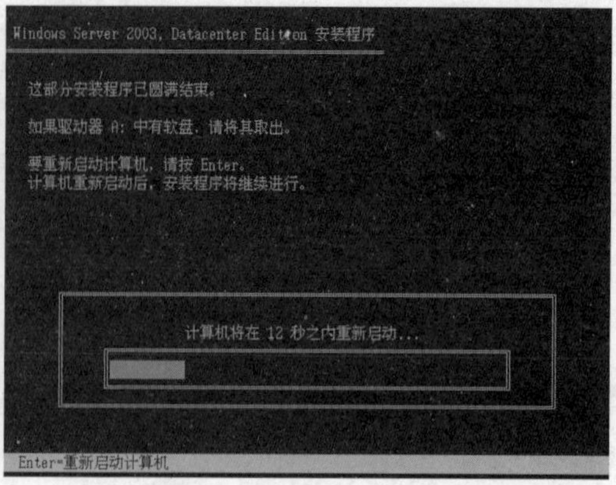

图 3-8　重新启动界面

7. 进行区域和语言设置

基本安装完成后，出现“区域和语言选项”窗口，如图 3-10 所示。根据需要设置相关内容，通常选用默认值。

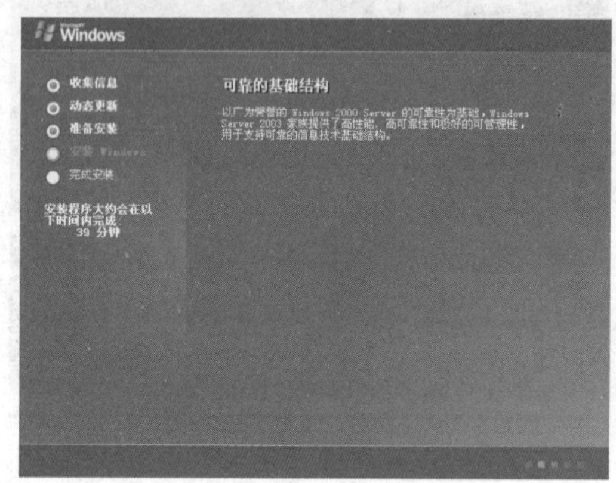

图 3-9　安装程序进行安装准备

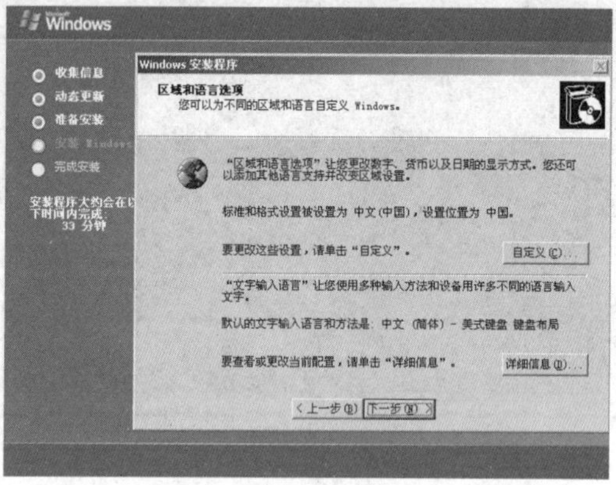

图 3-10　区域和语言选项

8. 输入姓名和单位

单击“下一步”按钮，出现如图 3-11“自定义软件”窗口，输入自己的姓名（用户名）和单位就可以了。

9. 输入产品序列号

单击“下一步”按钮，出现输入“产品密钥”窗口，如图 3-12 所示。在文本框中输入记录好的安装序列号即可。

小提示

如果没有预先记下产品密钥就会比较麻烦，将无法进行下面的安装。

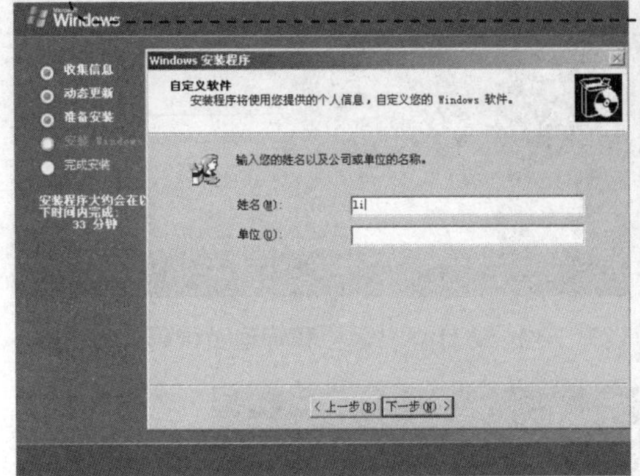

图 3-11 自定义姓名和单位

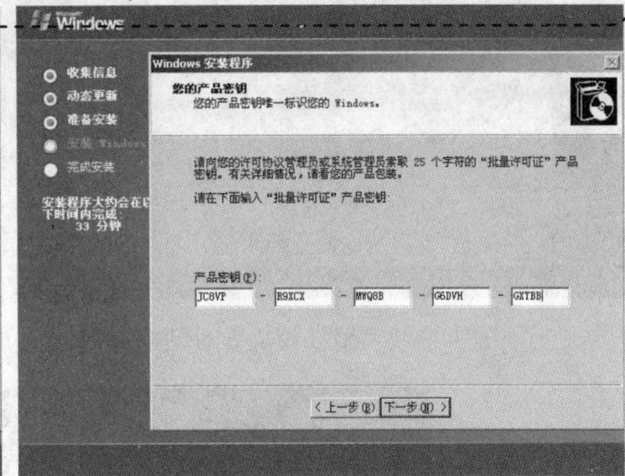

图 3-12 输入产品密钥

10. 选择授权模式

单击“下一步”按钮，出现“授权模式”窗口，如图 3-13 所示。Windows Server 2003 支持两种授权模式，即“每服务器”模式和“每用户”模式。对于服务器，可以设置允许多少客户机同时连接此服务器；而对于单机用户，选择默认设置即可。如果要将系统设置成服务器，就应选择“每服务器模式”，并根据局域网计算机台数设置设备连接数。

11. 输入计算机名称及管理员密码

单击“下一步”，出现“计算机名称和管理员密码”对话框，如图 3-14 所示。安装程序自动创建了一个又长又难记的计算机名称，最好修改成便于自己识别的名称，然后输入两次系统管理员密码，密码长度应不少于 6 个字符并具有一定的复杂程度，否则系统会给出提示。

小提示

一定要记住这个密码，因为 Administrator 系统管理员用户在系统中具有最高权限。

12. 设定系统日期和时间

单击“下一步”继续安装，出现“日期和时间设置”对话框，如图 3-15 所示。日期和时间设置按正确值来设置，“时区”应选择“（GET＋08:00）北京……”。

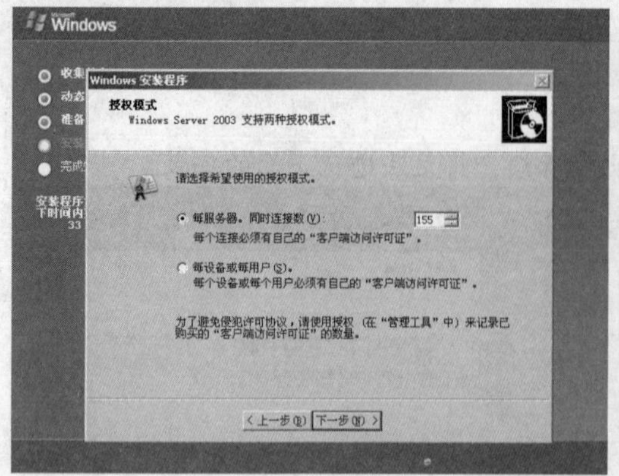

图 3-13　“授权模式”对话框

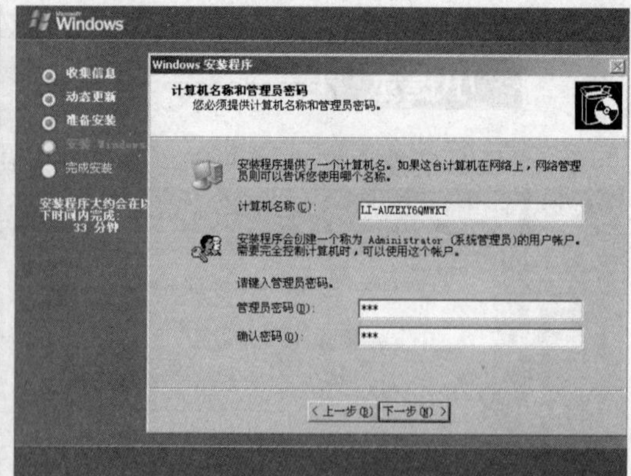

图 3-14　“计算机名称和管理员密码”对话框

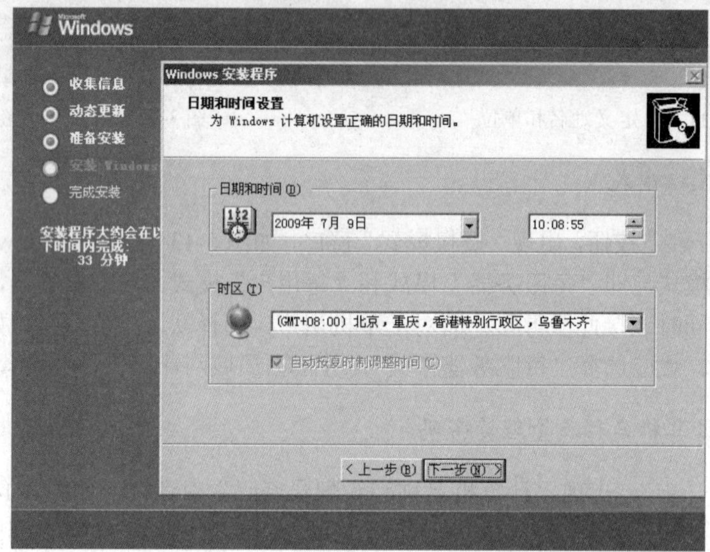

图 3-15　设定系统日期和时间

13. 安装网络组件

单击“下一步”，出现如图 3-16 所示界面，继续进行复制文件、安装网络系统等工作。

14. 网络设置

安装网络系统后，很快出现“网络设置”界面，如图 3-17 所示。一般选择“典型设置”，系统会自动安装相关的网络组件。如果希望自己设置相关网络参数，可选择“自定义设置”。

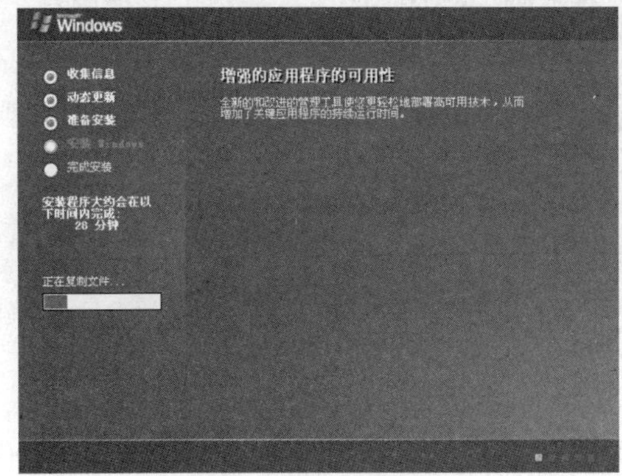

图 3-16 安装网络组件界面

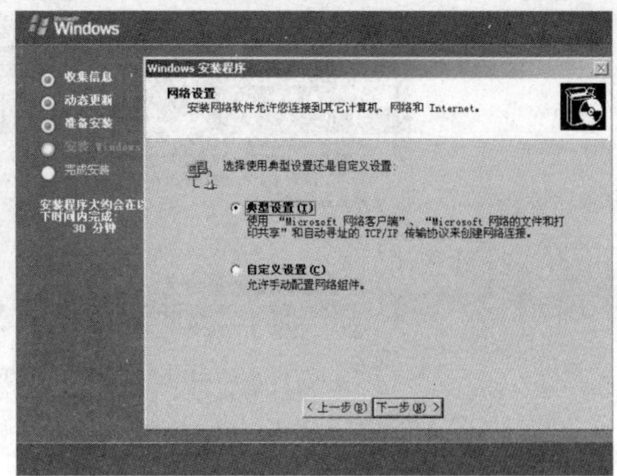

图 3-17 网络设置界面

15. 选择加入域或工作组

单击“下一步”，出现“工作组或计算机域”窗口，如图 3-18 所示。设置要加入的工作组或域，然后单击“下一步”继续安装，系统会自动完成后面的安装过程。

16. 安装完成、登录系统

安装完成后，系统自动重新启动，出现启动画面，然后出现 Windows 欢迎画面，如图 3-19 所示。

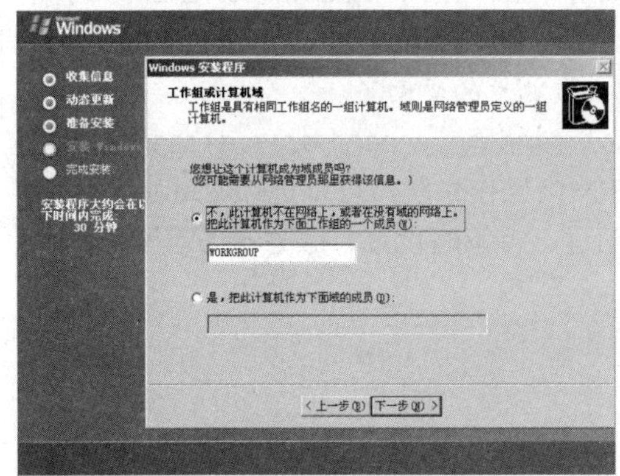

图 3-18 选择加入工作组或域

图 3-19 Windows 欢迎界面

按组合键“Ctrl＋Alt＋Delete”后，默认以管理员用户登录，输入密码后按回车键，继续启动过程进入桌面。

系统第一次启动后自动运行“管理您的服务器”向导，出现“管理您的服务器”窗口，如图 3-20 所示。在其中可以配置“文件服务器”、“打印服务器”、“IIS 服务器”、“邮件服务器”、“域控制器”、“DNS 服务器”及“DHCP 服务器”等，也可以关闭窗口，以后再进行配置。

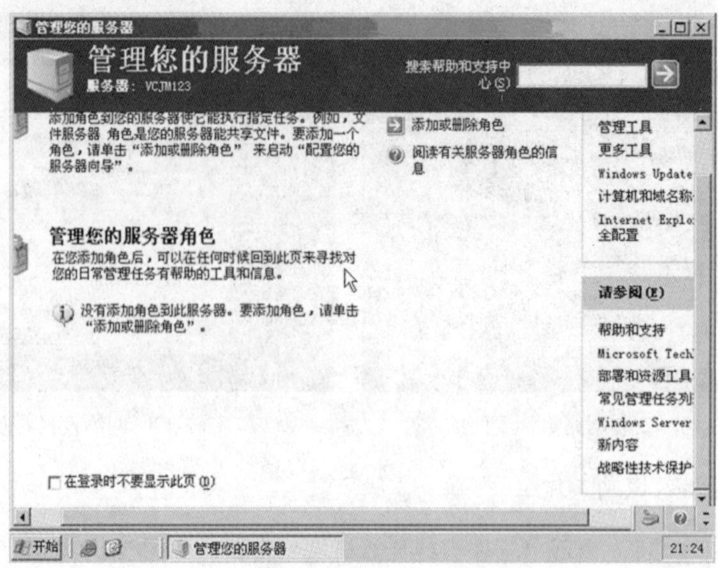

图 3-20 “管理您的服务器”向导

小提示

如果不想每次启动都出现这个窗口，可在该窗口左下角的“在登录时不要显示此页”前面打勾然后关闭窗口。关闭该窗口后即见到 Windows Server 2003 的桌面，桌面上除了回收站和语言栏外一片空白，当然，我们可以通过设置桌面属性来自定义桌面上的图标，就能得到我们比较熟悉的桌面了。

这样，就安装好了 Windows Server 2003 网络操作系统，可以进行网络连接配置、域控制器安装配置、计算机帐户和用户帐户创建、组策略设置、服务器搭建等工作了。

1. 服务器的概念及分类

服务器英文名称为“Server”，是指网络中管理网络资源并为客户机（Client）提供某种服务的专用计算机，即安装有网络操作系统（如 Windows Server 2000、Windows Server 2003、Linux、Unix 等）和各种服务器应用系统软件（如 Web 服务、FTP 服务、电子邮件服务）的计算机。这里的“客户机”指安装有 DOS、Windows 9x/2000/XP 等普通用户使用的操作系统的计算机，又称为“客户端”。服务器是一种高性能计算机，存储、处理网络上 80%以上的数据、信息，处理速度和系统可靠性都比普通计算机要高得多。

按照不同的分类标准，服务器可以进行如下划分。

（1）按网络规模分类

服务器分为工作组级服务器、部门级服务器、企业级服务器。工作组级服务器用于连网计算机在几十台或者对处理速度和系统可靠性要求不高的小型网络，其硬件配置相对比较低，可靠性不是很高；部门级服务器用于连网计算机在百台左右、对处理速度和系统可靠性中等要求的中型网络，其硬件配置相对较高，可靠性居于中等水平；企业级服务器用于连网计算机在数百台以上、对处理速度和数据安全要求最高的大型网络，硬件配置最高，系统可靠性要求最高。

（2）按服务器结构分类

服务器可以分为CISC架构和RISC架构的服务器。CISC架构服务器主要是指采用英特尔架构技术的服务器，即我们常说的“PC 服务器”；RISC 架构服务器指采用非英特尔架构技术的服务器，如采用Power PC、Alpha、PA-RISC、Sparc等RISC CPU的服务器。

RISC架构服务器的性能和价格比CISC架构服务器要高很多。近几年来，随着PC技术的迅速发展，CISC架构服务器与RISC架构服务器之间的技术差距已经大大缩小，用户基本上倾向于选择CISC架构服务器，但是RISC架构服务器在大型、关键的应用领域中仍占有非常重要的地位。

（3）按用途分类

服务器可以分为通用型和专用型（或称“功能型”）服务器。通用型服务器是没有为某种特殊服务专门设计的可以提供各种服务功能的服务器，目前大多数服务器是通用型服务器；专用型服务器是为某一种或某几种功能专门设计的服务器，在某些方面与通用型服务器有所不同。如光盘镜像服务器是专门用来存放光盘镜像的，这就需要配备大容量、高速的硬盘以及光盘镜像软件。专用FTP服务器主要用于在网上（包括Intranet和Internet）进行文件传输，这就要求服务器在硬盘稳定性、存取速度、I/O（输入/输出）、带宽方面具有明显优势。

（4）按外观分类

服务器可以分为台式（或塔式）、机架式和刀片式服务器。台式服务器有的采用与立式PC台式机大小大致相当的机箱，有的采用大容量的机箱；机架式服务器的外形看起来并不像计算机，而像交换机，有1U（1U=1.75in，1in=2.54cm，余同）、2U、4U等规格，都安装在19in的标准机柜里面；刀片式服务器则类似于一片扩展卡可插入专用机箱内。

（5）从软件功能分类

服务器又可分为文件、数据库和网络应用程序服务器。

文件服务器主要存储网络上用户所需的海量文件资料，并为用户提供文件下载、上传、管理等功能。数据库服务器主要为用户提供网络数据库的查询、创建、修改、索引等数据库操作功能。应用程序服务器为用户提供一些专用的网络程序的服务，如Web服务、FTP服务、电子邮件服务，还有一些专用的程序服务等。

2. 网络操作系统（NOS）

网络操作系统（Network operating system），是网络的心脏和灵魂，是向网络计算机提供网络通信和网络资源共享功能的操作系统。它是负责管理整个网络资源和方便网络用户的软件集合。由于网络操作系统运行在服务器中，所以我们也把它称作服务器操作系统。

网络操作系统与运行在工作站上的单用户操作系统（如 Windows 98/XP 等）或多用户操作系统由于提供的服务类型不同而有所差别。一般情况下，网络操作系统是以使网络相关特性最佳为目的，如共享数据文件、软件应用以及共享硬盘、打印机、扫描仪等。一般计算机的操作系统，如 Windows XP 等，是让用户与系统及在此操作系统上运行的各种应用之间的交互作用最佳为目的。

目前局域网中主要应用以下几类网络操作系统。

（1）Windows 类

这类操作系统是全球最大的软件开发商——Microsoft（微软）公司开发的。微软公司的 Windows 系统在个人操作系统、网络操作系统中都占有较大优势。Windows 网络操作系统具有较高的可靠性，采用最新的概念和技术，以及友好的用户界面，在当今网络操作系统市场占有举足轻重的作用。在局域网中，微软的网络操作系统主要有 Windows NT Server 4.0、Windows Server 2000 以及 Windows Server 2003 等，工作站系统可以采用任一 Windows 或非 Windows 操作系统，包括个人操作系统，如 Windows 9x/ME/XP 等。

（2）NetWare

NetWare 操作系统以其对网络硬件的要求较低而受到一些设备比较落后的中、小型企业的青睐。它在无盘工作站组建方面具有极大的优势，且由于其兼容 DOS 命令、应用环境与 DOS 相似，经过长时间的发展，具有相当丰富的应用软件支持，技术完善可靠。目前常用的版本有 3.11、3.12 和 4.10 、V4.11，V5.0 等中英文版本，NetWare 服务器对无盘站和游戏的支持较好，常用于教学网和游戏厅。

（3）UNIX

UNIX 是大型服务器操作系统的主要选择，是美国贝尔实验室发明的一种多用户、多任务的网络操作系统，特别适合在 RISC 等高性能平台上运行。由于其提供了完善的 TCP/IP 协议支持，强大的网络功能和数据库支持能力、技术成熟、安全性和可靠性相当高，所以目前 Internet 中比较大型的服务器基本上都采用 UNIX 操作系统。

这种网络操作系统多数是以命令方式来进行操作，不容易掌握。因此，UNIX 一般用于大型的网站或大型的企、事业局域网中。目前 UNIX 网络操作系统的版本有 AT&T 和 SCO 的 UNIXSVR 3.2、SVR 4.0 和 SVR 4.2 等。

（4）Linux

Linux 是一种新型的网络操作系统，其最大的特点就是源代码开放，可以免费得到许多应用程序。目前中文版本有 REDHAT（红帽子）、红旗 Linux 等。它在安全性和稳

定性方面得到了用户充分的肯定，与 UNIX 有许多类似之处，从 Internet 服务器到用户的桌面，从图形工作站到 PDA 的各个领域都得到广泛应用。

总之，对特定计算环境的支持使得每一个操作系统都有适合于自己的工作场合，这就是系统对特定计算环境的支持。例如，Windows Professional 2000 适用于桌面计算机，Windows Server 2003 较适用于小型的网络，而 UNIX 和 Linux 则适用于大型服务器应用场合。因此，对于不同的网络应用，需要我们选择合适的网络操作系统。

3. Windows Server 2003 网络操作系统

Windows Server 2003 是 Windows 系列网络操作系统，也是目前使用最为广泛、最为安全和可靠的服务器操作系统，它是一种多任务操作系统，能够按照用户的需要，以集中或分布的方式处理各种服务器角色，其中的一些服务器角色包括文件和打印服务器、Web 服务器和 Web 应用程序服务器、邮件服务器、终端服务器、远程访问/虚拟专用网络（VPN）服务器、目录服务器、域名系统（DNS）和动态主机配置协议（DHCP）服务器、Windows Internet 命名服务（WINS），以及流媒体服务器等。

Windows Server 2003 包含 4 个 32 位版本和两个 64 位版本。

（1）Windows Server 2003，Standard Edition （标准版）

这是针对中小型企业或部门的核心产品，支持双路处理器，4GB 的内存。除了具备 Windows Server 2003 Web Edition 的所有功能外，还支持像证书服务、UDDI 服务、传真服务、IAS 因特网验证服务、可移动存储、RIS、智能卡、终端服务、WMS 和 Services for Macintosh，并支持文件和打印机共享以及提供安全的网络连接。

（2）Windows Server 2003 Enterprise Edition （企业版）

这个版本的产品可满足各种规模企业的一般用途，是各种应用程序、Web 服务的理想平台，最多能够支持 8 路处理器，32GB 内存和 8 个节点的集群。该版本是 Windows Server 2003 Standard Edition 的扩展版本，增加了 Metadirectory Services Support、终端服务会话目录、集群、热添加（Hot-Add）内存和 NUMA 非统一内存访问存取技术。这个版本还增加了一个支持 64 位计算的版本，可以支持 8 个 64 位处理器以及 64GB 的内存。

小提示

群集（或集群），英文名为 cluster，就是把多台计算机连接在一起形成整体，属于分布式计算的一种类型。群集技术可以使多台安装了 Windows Server 2003 企业版的服务器组成一个服务器群（群集），任何一台计算机出现故障时，其他服务器会继续为用户提供服务，增强了整个网络系统的可靠性并提供服务器容错的功能。

（3）Windows Server 2003，Datacenter Edition（数据中心）

这个版本的市场对象一直定位在最高端应用上，有着极其可靠的稳定性和扩展性

能。支持高达 32 路处理器，64GB 的内存、8 个节点的集群。与 Windows Server 2003 Enterprise Edition 相比，Windows Server 2003 Datacenter Edition 增加了一套 Windows Datacenter Program 程序包。这个产品同样也增加了一个 64 位版本，可支持惊人的 64 路处理器和 512GB 的内存。

（4）Windows Server 2003 Web Edition（Web 版）

这个版本是专门针对 Web 服务优化的，支持双路处理器，2GB 的内存，可以架构各种网页应用、XML 页面服务等。该产品同时支持 ASP.NET、DFS 分布式文件系统、EFS 文件加密系统、IIS6.0、智能镜像、ICF 因特网防火墙、IPv6、Mircrosoft.Net Framework、NLB 网络负载均衡、PKI、Print Services for UNIX、RDP、远程 OS 安装（非 RIS 服务）、RSoP 策略的结果集、影子拷贝恢复（Shadow Copy Restore）、VPN 和 WMI 命令行模式等功能。Windows Server 2003 Web Edition 唯一和其他版本不同的是它仅能够在 AD 域中做成员服务器，而不能够做 DC 域控制器。

（5）Windows Server 2003 64-bit Edition（64 位版本）

这是专门针对 64 位处理器安腾 Itanium 而开发的两个版本，即 Windows Server 2003 Enterprise Server 64-bit Edition 和 Windows Server 2003 Datacenter Server 64-bit Edition。

4. Windows Server 2003 系统的硬件要求

Windows Server 2003 支持多种 CPU 平台，包括 Intel CPU 平台、Power PC 平台及 Alpha 平台等，在安装时必须注意根据所使用的不同 CPU 平台选择不同的安装目录。例如，一般都使用 Intel 平台，这时安装文件存放在安装光盘的 i386 文件夹下。此外还要注意对其他硬件的支持问题，Windows Server 2003 一般要求的硬件配置至少是奔腾 133MHz CPU、128MB 内存和 2GB 的硬盘剩余空间，如果低于这样的配置，系统将拒绝安装。在计算机上安装 Windows Server 2003 的硬件要求如表 3-1 所示。

表 3–1　安装 Windows Server 2003 系统的硬件要求

要求 \ 版本	Standard Edition	Enterprise Edition	Datacenter Edition	Web Edition
最低 CPU 主频	133MHz	基于 x86 的计算机：133MHz；基于 Itanium 的计算机：733MHz	基于 x86 的计算机：400MHz；基于 Itanium 的计算机：733MHz	133MHz
推荐 CPU 主频	550MHz	733MHz	733MHz	550MHz
最小 RAM	128MB	128MB	512MB	128MB
推荐最小 RAM	256MB	256MB	1GB	256MB
最大 RAM	4GB	基于 x86 的计算机：32GB；基于 Itanium 的计算机：64GB	基于 x86 的计算机：64GB；基于 Itanium 的计算机：128GB	2GB
多处理器支持	1 或 2 路	多达 8 路	8～32 路	1 或 2 路
安装所需磁盘空间	1.5GB	基于 x86 的计算机：1.5GB；基于 Itanium 的计算机：2GB	基于 x86 的计算机：1.5GB；基于 Itanium 的计算机：2GB	1.5GB

任务二 构建 Web 服务器

为了加快学校的信息化建设，构建一个无纸化网络办公环境，实现信息的快速传递和浏览，学校计划建立自己的内部网站，以供师生及时了解学校工作动态并进行信息的交流。

WWW（World Wide Web）服务又称 Web 服务，是目前网上最方便和最受欢迎的信息服务类型，也是 Internet 上发展最快、使用最多的一项服务，已经进入广告、新闻、销售、电子商务与信息服务等诸多领域。学校已经新安装了 Windows Server 2003 系统的服务器，它所提供的 IIS 服务就有建立 Web 网站的功能，下面我们就在服务器上安装 IIS，然后通过它将已经建立好的网站发布到学校的内部网上。

在默认情况下，Windows Server 2003 没有安装 IIS 6.0，下面通过控制面板来安装 IIS，并对网站进行初步配置。具体步骤如下。

一、安装 Internet 信息服务组件

安装 Internet 信息服务组件的步骤如下。

1）在“控制面板”中选择“添加删除程序”项目，在弹出的“添加或删除程序”向导中，单击“添加或删除 Windows 组件”，然后在弹出的“Windows 组件向导”对话框中选择“应用程序服务器”，如图 3-21 所示。

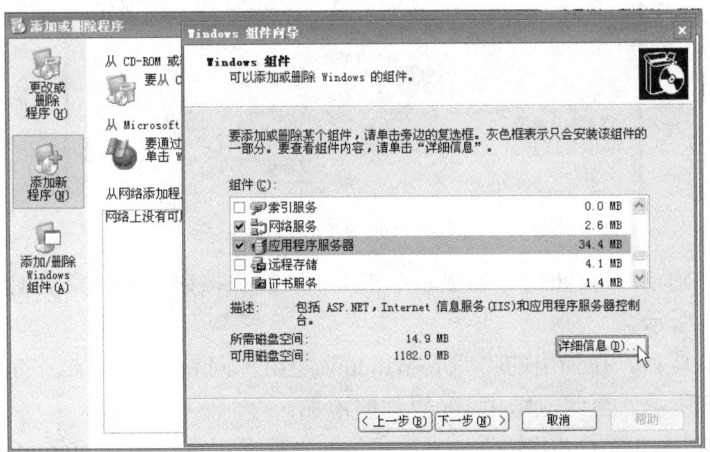

图 3-21 “Windows 组件向导”对话框

2）单击“Windows 组件向导”对话框中“详细信息”，在弹出的“应用程序服务器”对话框中，可以看见默认安装的子组件，如图 3-22 所示。

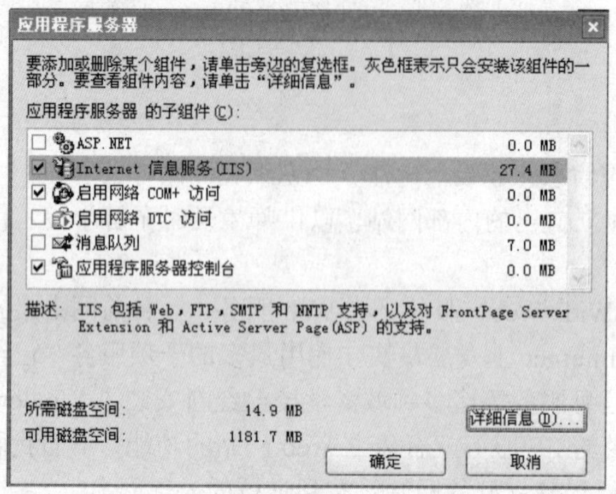

图 3-22 “应用程序服务器”对话框

3）在“应用程序服务器”对话框中，选择“Internet 信息服务（IIS）”，单击“详细信息”按钮，打开“Internet 信息服务（IIS）”对话框，在其中选中 Internet 信息服务管理器、公用文件、万维网服务等组件，如图 3-23 所示。

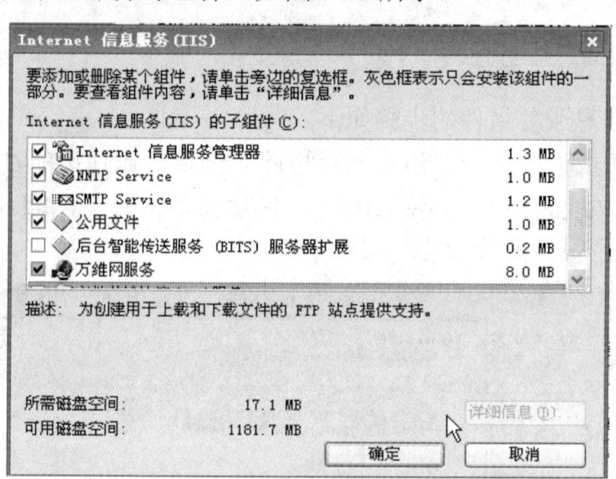

图 3-23 “Internet 信息服务（IIS）”对话框

4）单击“确定”，按照向导的提示单击“下一步”按钮，开始安装配置 IIS 6.0 的组件，如图 3-24 所示。

5）安装完成后，在弹出的“完成 Windows‘组件向导’”对话框中单击“完成”按钮，如图 3-25 所示。至此，结束 IIS 组件的添加。

安装 IIS 之后，选择“开始”→“程序”→“管理工具”→“Internet 信息服务管理器”，即可打开如图 3-26 所示的“IIS 管理器”窗口。

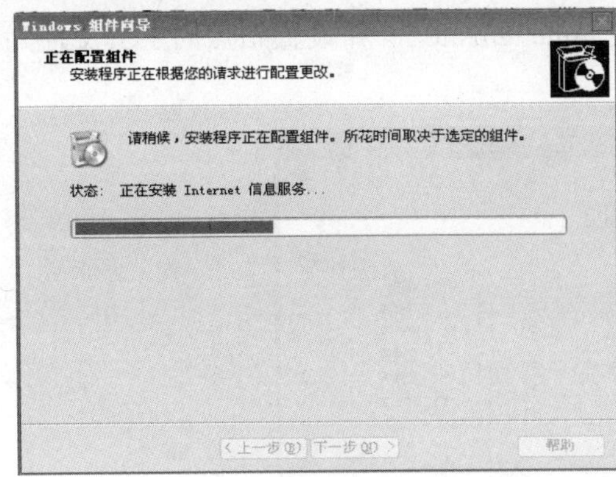

图 3-24 安装配置 IIS 6.0 的组件

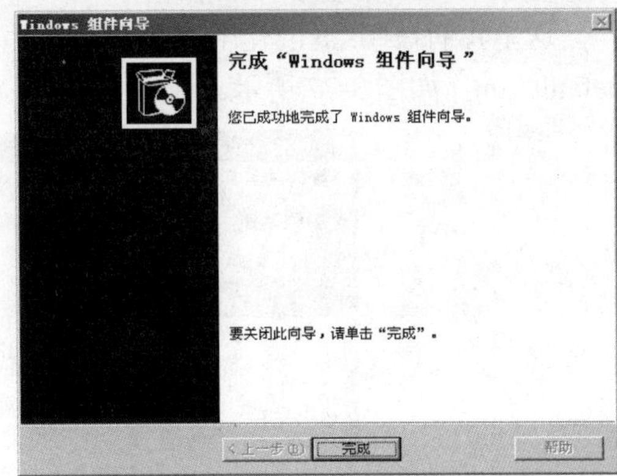

图 3-25 完成 IIS 组件的添加向导

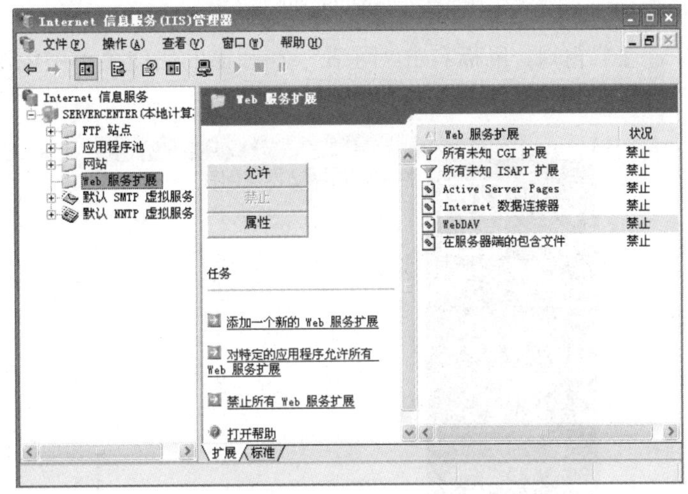

图 3-26 IIS 管理器窗口

二、创建网站

在配置我们的站点之前，首先要创建一个站点文件夹并将所设计的网页文件和素材拷贝过来，这个文件夹称为主目录。其中还应包括站点的首页文件，称为网站的默认文档，创建 Web 站点后，只有设置了默认文档，用户才能访问此站点，这是我们在 Web 浏览器中键入 Web 网站的 IP 地址或域名即显示出来的 Web 页面，也就是通常所说的主页（Homepage）。IIS 6.0 默认主页文档的文件名为 default.htm、default.asp、index.htm 和 default.aspx。如果 Web 网站无法找到这几个文件中的任何一个，那么将在 Web 浏览器上显示“该页无法显示”的提示。默认文档既可以是一个，也可以是多个。当设置多个默认文档时，IIS 将按照排列的前后顺序依次调用这些文档。当第一个文档存在时，将直接把它显示在用户的浏览器上，而不再调用后面的文档；而当第一个文档不存在时，则将第二个文档显示给用户，依此类推。

这里我们在 d 盘创建了一个网站文件夹"mengmsite"，并设置站点的主页文件为 default.htm，如图 3-27 所示。

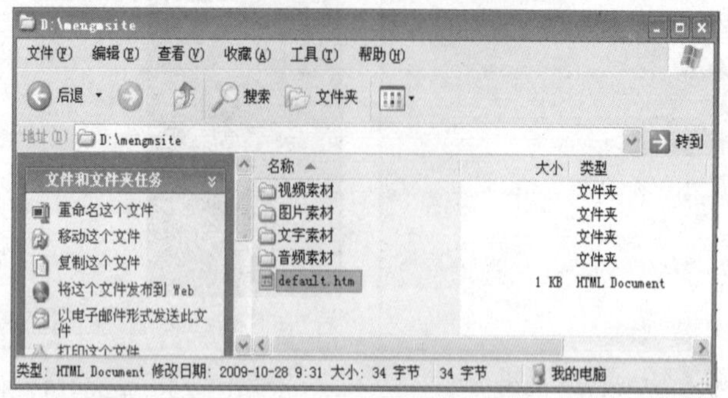

图 3-27 "mengmsite"站点

1）打开 IIS 管理器窗口，鼠标右击"网站"，在弹出的快捷菜单中依次选择"新建"、"网站"，打开"网站创建向导"对话框，如图 3-28 所示。

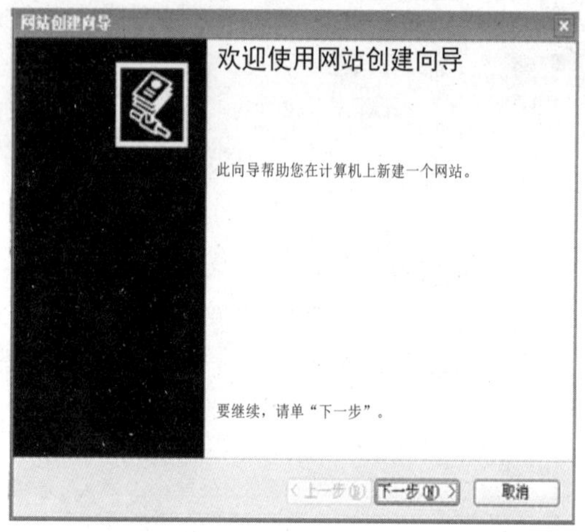

图 3-28 "网站创建向导"对话框

2）在"网站创建向导"对话框中，单击"下一步"按钮，填写网站描述，并在"网站 IP 地址"下拉列表中选择本机 IP"192.168.0.200"，端口默认为 80，如图 3-29 所示。

小提示

要访问一个 Web 站点，首先要配置网站的 IP 地址和 TCP 端口。在"网站 IP 地址"栏中可以选择"全部未分派"或者"指定本地的 IP 地址"，TCP 端口默认为 80。在一般情况下，TCP 端口保留默认值即可。

3）单击“下一步”按钮，在“输入主目录的路径”空白框中输入我们建立的主目录路径，也可以单击“浏览”按钮，在本地计算机上选择网页文件夹“d:\mengmsite”，勾选“允许匿名访问网站”选项，如图 3-30 所示。

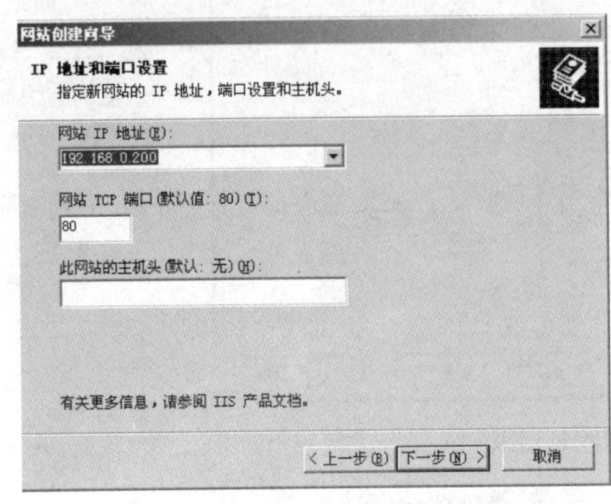

图 3-29　网站描述和 IP 地址设定

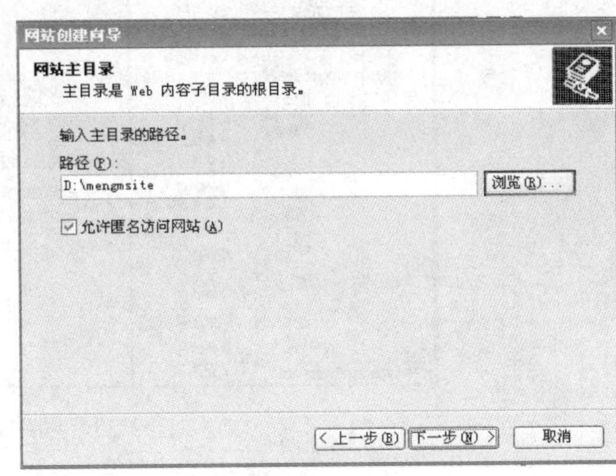

图 3-30　设定网站主目录的路径

4）单击“下一步”，在弹出的“网站访问权限”对话框中选择“读取”、“运行脚本”等项目。为了网站的安全，尽量不要选择“写入”选项，如图 3-31 所示。

5）单击“下一步”按钮，弹出“完成网站创建向导”对话框，单击“完成”按钮即可，如图 3-32 所示。

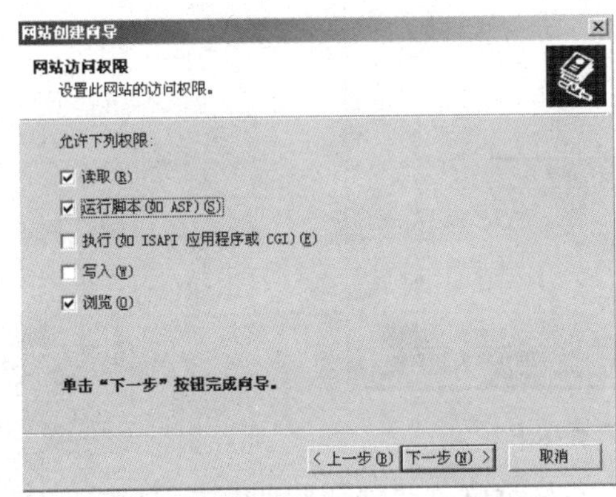

图 3-31　“网站访问权限”对话框

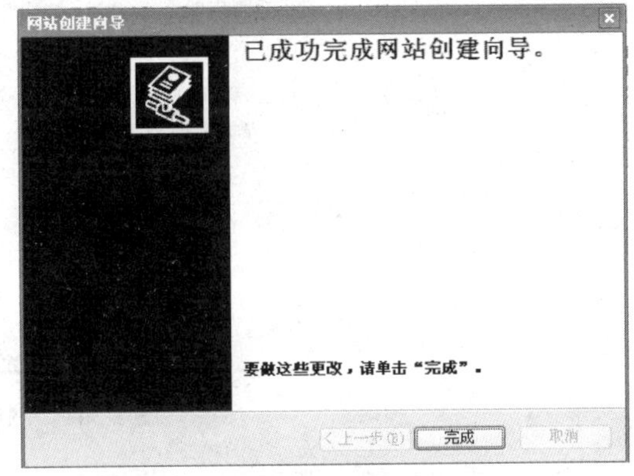

图 3-32　“完成网站创建”对话框

三、配置新创建的 Web 站点

1）在 IIS 管理器窗口中，展开服务器名称 servercenter，右击新建的 Web 站点，在快捷菜单中选择“属性”，打开网站属性对话框，如图 3-33 所示。

2）单击“网站”选项卡，如图 3-34 所示。在“网络标识”下“IP 地址”对话框中选择要指定给该站点的 IP 地址，如“192.168.0.200”，TCP 端口选用默认端口 80，单击“应用”按钮，设置生效。

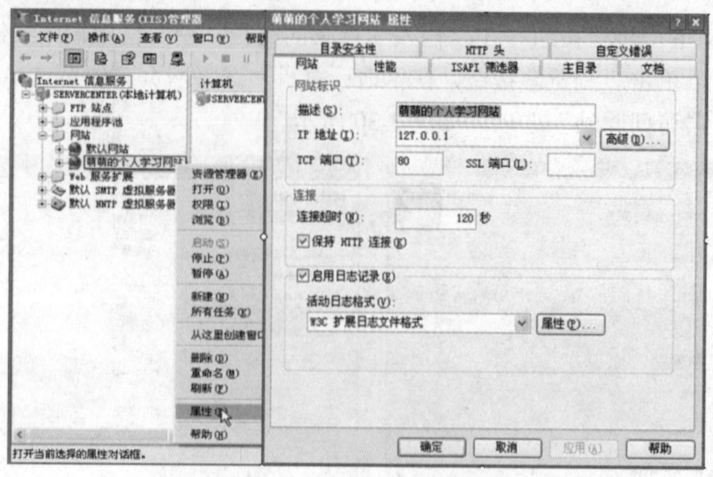

图 3-33　网站属性对话框

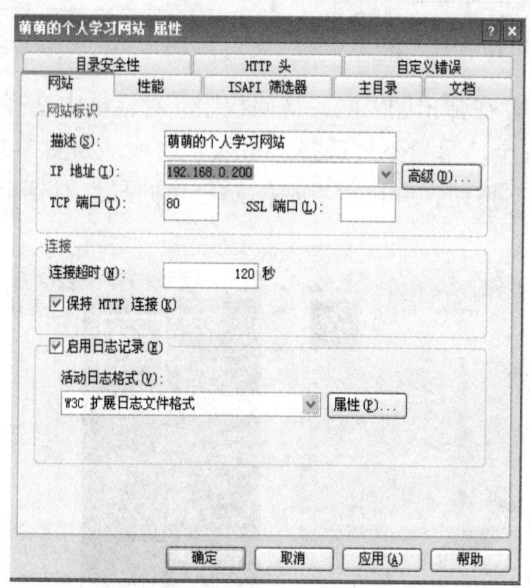

图 3-34 “网站”选项卡

3）单击“性能”选项卡，如图 3-35 所示。此处可以设置网站的带宽限制和网站的连接数等属性，通过配置站点上的网络带宽，可以更好地控制该站点的通信量，每个浏览 Web 站点的客户机通常都大约使用三个连接。

4）单击“主目录”选项卡，如图 3-36 所示。此处可详细配置网站主目录的属性。在“此资源的内容来自：”选项组中有三种选择。

① 此计算机上的目录。指使用存储在本地计算机上的 Web 内容，在“本地路径”框中键入 Web 网站所在地址或通过单击“浏览”按钮进行选择。

② 另一台计算机上的共享。是指要使用存储在另一台计算机上的 Web 内容，在“网

络目录”框中键入所需位置或通过单击“浏览”按钮进行选择。

③ 重定向到 URL。就是要使用存储在另一个 Web 地址的 Web 内容，在“重定向到”框中键入所需位置或通过单击“浏览”按钮进行选择即可。

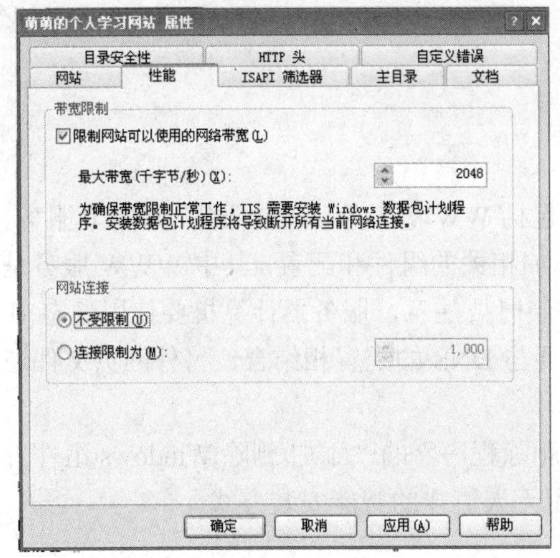

图 3-35 “性能”选项卡

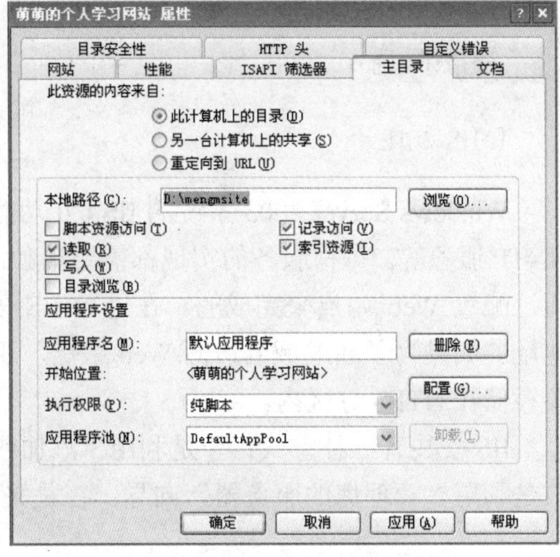

图 3-36 “主目录”选项卡

5）单击“文档”选项卡，如图 3-37 所示。配置网站的文档其实就是设置网站的首页；此处可以进行默认文档的添加、删除以及更改顺序，注意要勾选“启用默认内容文档”复选框，最后单击“确定”按钮即可。

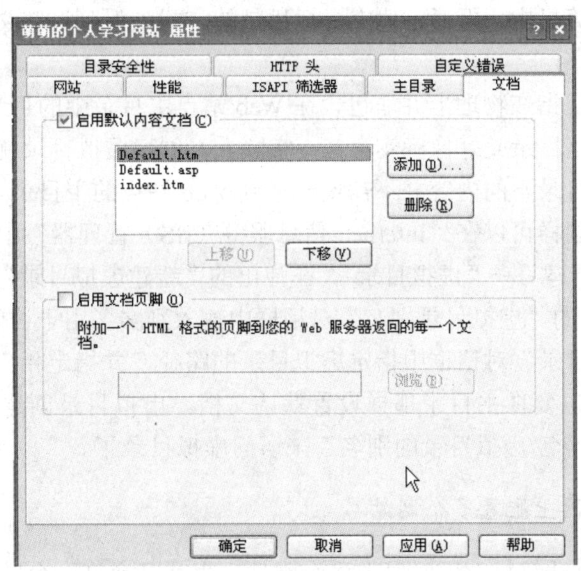

图 3-37 “文档”选项卡

至此，Web 站点的配置就完成了。在局域网计算机的 IE 地址框中输入 Web 服务

器的 IP 地址或服务器名称，如“http://192.168.0.200”，就可以访问网站了。如果要使用网站域名进行访问，需要 DNS（Domain Name System）解析，还需要进一步配置 DNS。

1. IIS 概述

Windows Server 2003 系统的 IIS 6.0 功能包括 WWW 服务、FTP 服务、SMTP 服务、NNTP 服务等。每种服务的实现都需要单独添加相关的组件和配置，其中 WWW 服务是通过配置 Web 站点来完成的。在进行 IIS 安装时要注意，服务器计算机要使用静态 IP 地址。如果为了通过域名访问 Web 站点，还要与 DNS 的配置相结合，另外网页文件还要存储在 NTFS 分区内。

IIS 安装有三种方式：一是利用“添加或删除程序”的“添加/删除 Windows 组件”；二是利用“管理您的服务器”向导；三是采用无人值守的智能安装方式。

2. 虚拟目录

对于小型网站来说，可将所有的 Web 文件都保存在网站文件主目录中。但对于一个大型的网站，由于文件太多，为了便于维护和安全管理，则需要对不同类别的文件分类分散存储。如将主页及相关文件保存在主目录中，而将其他类别的文件保存在另一驱动器或者是另一台计算机中，再通过建立虚拟目录的方式映射到这些文件夹，使用户可以访问到这些文件。

所谓虚拟目录是指在物理上并非包含在 Web 站点主目录中的目录，但对于访问 Web 站点的用户来说，该目录又好像确实存在。实际上，创建虚拟目录就是建立一个到实际目录的指针，实际目录下的内容并不需要迁移到 Web 站点的主目录下。

创建虚拟目录同样可以在“Internet 信息服务（IIS）管理器”中来完成。右击已建立的网站，选择“新建”→“虚拟目录”，在弹出的“新建虚拟目录”对话框中单击“下一步”，然后在弹出的“虚拟目录别名”对话框中输入别名（用于访问虚拟目录），在下一步的“网站内容目录”对话框中指定虚拟目录的路径，并指定相应的访问权限即可。虚拟目录创建后，也要像主目录那样设置默认文档。虚拟目录创建完成后，即可通过“http://IP 地址或机器名/虚拟目录的别名”来访问虚拟目录了。

3. 在一台服务器上配置多个网站

IIS 支持在一台计算机上同时发布多个网站，也就是允许一台服务器上配置多台虚拟主机。一般有以下三种方法。

（1）TCP 端口法

Web 站点的默认端口是 80，如果改变这一端口，即利用非标准的 TCP 连接端口，就能达到在同一服务器上创建多个站点的目的。也就是不同的网站使用相同的 IP 地址、不同的 TCP 端口。IE 连接方式为“HTTP:// IP 地址或主机名:端口号”。当端口号为默认的 80，可省略。

（2）IP 地址法

一般情况下，一块网卡只设置了一个 IP 地址，如果我们为这块网卡设定多个 IP 地址，或安装多块网卡设置不同的 IP 地址，每一个 IP 地址对应一个 Web 站点，那么就可以实现一机多站的目的。IE 连接方式为“HTTP://IP 地址或主机名”。

（3）主机头法

在不改变 TCP 端口和 IP 地址的情况下，也可以使用不同的“主机头值”来区分不同的站点，即使用相同的 IP、相同端口，却使用不同的主机头值。IE 连接方式为“HTTP://主机头值”。

任务三　构建 FTP 服务器

在局域网中可以安装配置 FTP 服务器，以方便文件的上传和下载。学校 Web 服务器的建立，使各种信息的发布和交流更加便捷。但以页面链接的形式提供给大家下载资源，在数据文件很多的情况下给管理员带来很大的工作量。而利用网络中的 FTP 服务，在学校的局域网上建立一台支持文件传输功能的 FTP 服务器，实现客户端用户和 FTP 服务器的连接，大家可以随时从服务器上下载文件或上传文件，使文件共享交流变得十分方便。Windows Server 2003 系统中的 IIS 就提供了架构 FTP 服务器的功能。FTP 服务器的架设与 Web 服务器的架设类似，都是在 IIS 管理器中进行的。下面我们就来学习 FTP 服务器的安装与配置。

一、安装 FTP 服务

1）打开“开始”→“控制面板”→“添加或删除程序”，打开“添加或删除程序”对话框，单击“添加/删除 Windows 组件”选项，选择“应用程序服务器”组件，在该组件中选择“Internet 信息服务”，单击“详细信息”按钮，在打开的“Internet 信息服务”对话框中选择“文件传输协议服务”，如图 3-38 所示。

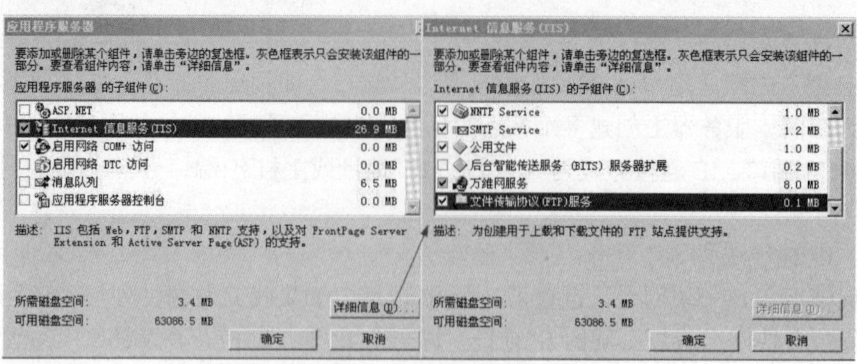

图 3-38 “Internet 信息服务”对话框

2）单击“确定”按钮，开始 FTP 服务的安装。

3）系统自动完成配置后，出现安装完成界面。至此，完成 FTP 服务的安装。

4）单击“开始”→“所有程序”→“管理工具”，选择“Internet 信息服务（IIS）管理器”，如图 3-39 所示。在打开的“Internet 信息服务管理器”窗口中，可看到已经建立的 FTP 站点，如图 3-40 所示。

图 3-39 打开“Internet 信息服务（IIS）管理器”

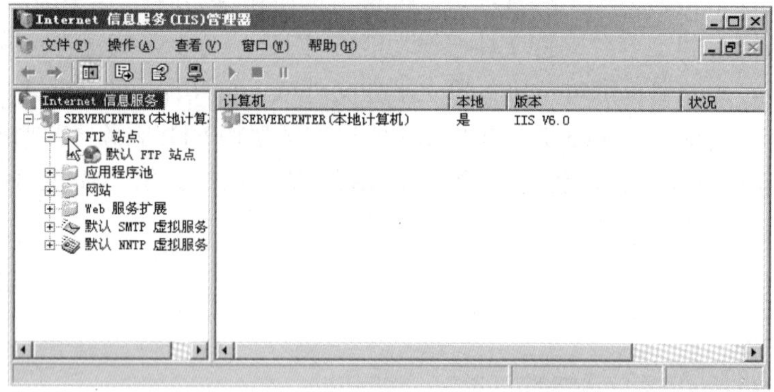

图 3-40 “Internet 信息服务（IIS）管理器”窗口

二、新建 FTP 站点

安装了 Windows Server 2003 中的 FTP 服务后，系统会自动在 IIS 管理器中建立一个“默认 FTP 站点”，管理员可以直接使用默认站点，也可以自己建立一个新的 FTP 站点。

下面我们学习新建 FTP 站点的方法。

1）在打开的“Internet 信息服务（IIS）管理器”窗口中，展开其中的 FTP 站点。

2）在“FTP 站点”上右击，在弹出的快捷菜单中依次选择“新建”→“FTP 站点”，如图 3-41 所示，弹出如图 3-42 所示 FTP 站点创建向导。

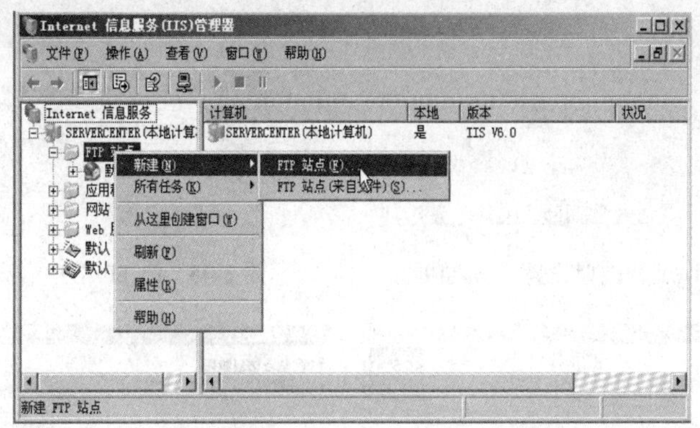

图 3-41　“新建 FTP 站点”的选择

3）单击“下一步”，弹出“FTP 站点描述”对话框。

4）在“描述”对话框中输入站点的描述信息，如“公司技术文件”，如图 3-43 所示。

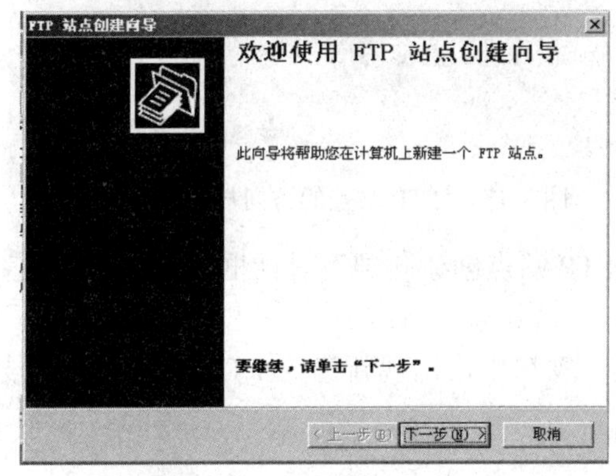

图 3-42　FTP 站点创建向导

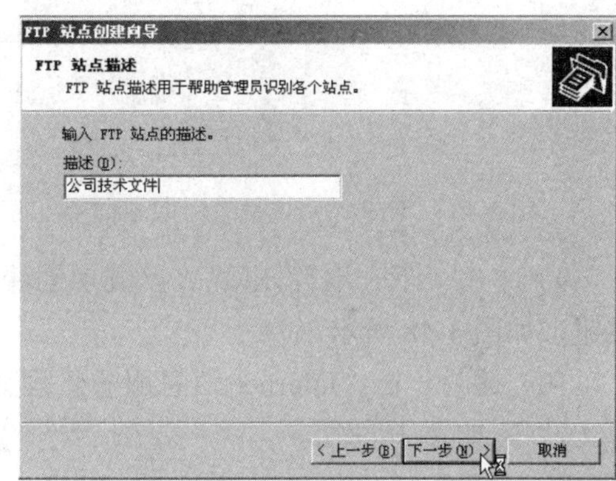

图 3-43　“FTP 站点描述”对话框

5）单击“下一步”，在“IP 地址和端口设置”对话框中输入此 FTP 站点的 IP 地址和 TCP 端口，如图 3-44 所示。

6）单击“下一步”，在“FTP 用户隔离”对话框中选择“不隔离用户”选项，如图 3-45 所示。

7）单击“下一步”，在“FTP 站点主目录”对话框中，单击“浏览”按钮选择 FTP 主目录的路径，如图 3-46 所示。

8）单击“下一步”，在“FTP 站点访问权限”对话框中，选取允许的权限，如图 3-47 所示。

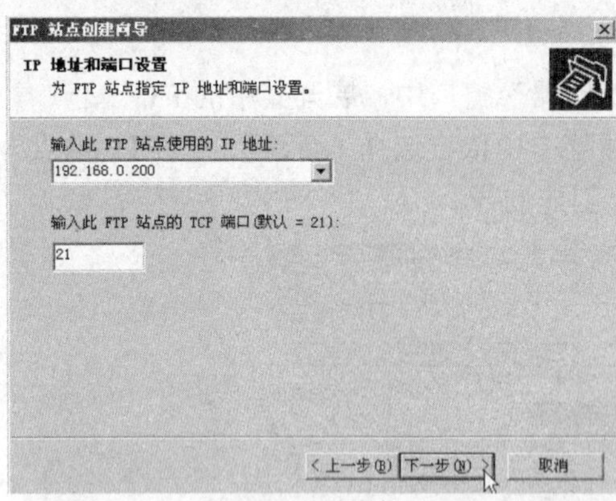

图 3-44 “IP 地址和端口设置”向导框

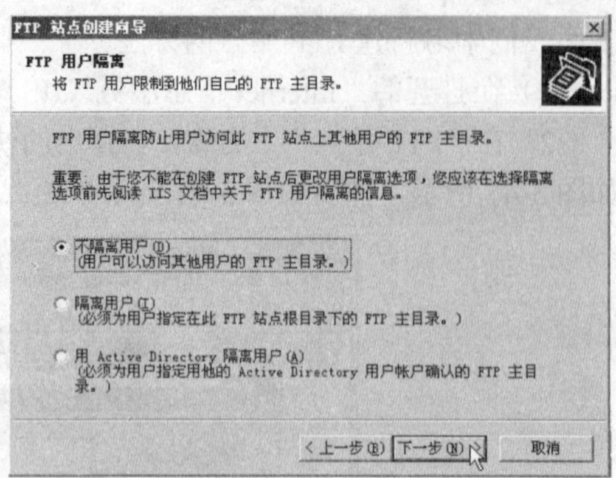

图 3-45 “FTP 用户隔离”向导框

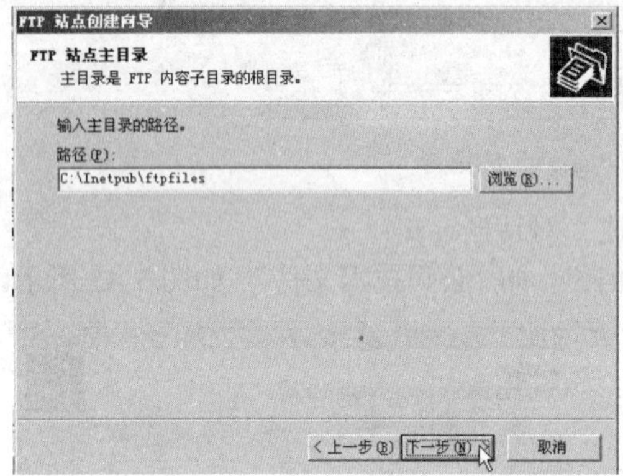

图 3-46 “FTP 站点主目录”向导框

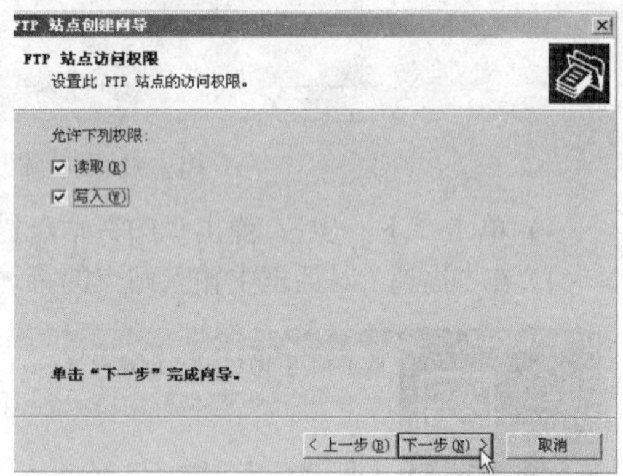

图 3-47 “FTP 站点的访问权限”向导框

9）单击“下一步”，出现“已成功创建 FTP 站点创建向导”对话框，单击“完成”按钮，如图 3-48 所示。

10）此时，在“Internet 信息服务管理器”窗口中，出现新建的 FTP 站点“公司技术文件”，如图 3-49 所示。

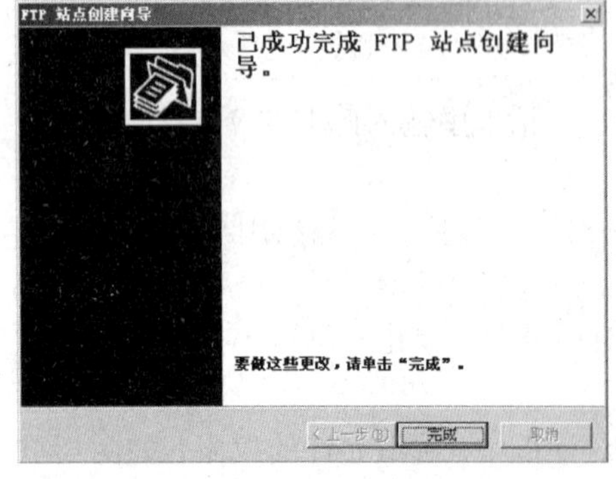

图 3-48 完成 FTP 站点创建向导

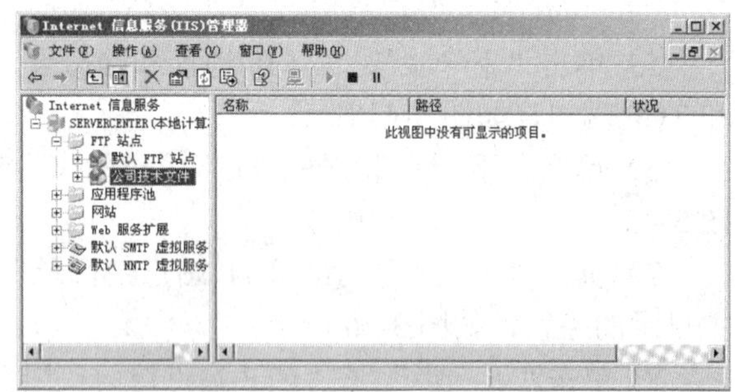

图 3-49 IIS 管理器

三、配置 FTP 站点

1）设置 FTP 站点标识。在“Internet 信息服务（IIS）管理器”窗口中，右击新建的 FTP 站点“公司技术文件”，在快捷菜单中选择“属性”，打开“公司技术文件属性”对话框，在“FTP 站点”选项卡中可以看到网站默认的 IP 地址和 TCP 端口等信息，如图 3-50 所示。

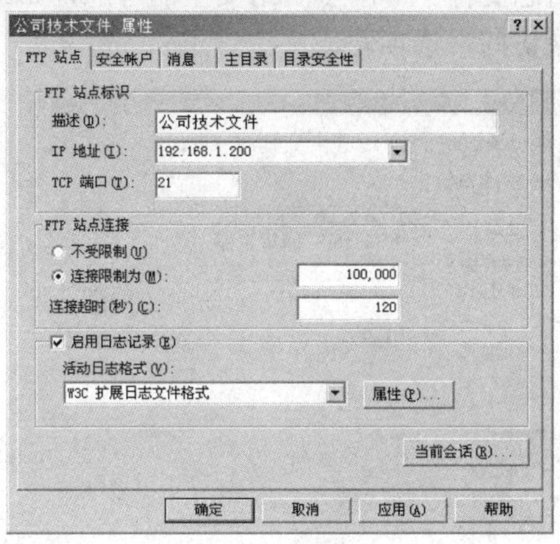

图 3-50 “FTP 站点”选项卡

2）设置站点用户信息。选择“安全帐户”选项卡，如图 3-51 所示。此处可以配置站点的身份验证方式，建立 FTP 站点的目的是让用户可以从服务器上下载软件，所以一般应勾选“允许匿名连接”选项，使用默认的用户名和密码，这样配置后，用户访问此站点不用输入用户名密码。当希望用户输入用户名和密码才能访问时，可将此项清除，单击“浏览”按钮可以选择相应的用户帐户。

3）设置消息选项。选择“消息”选项卡，可以设置登录或者离开 FTP 站点时的消息，如图 3-52 所示。

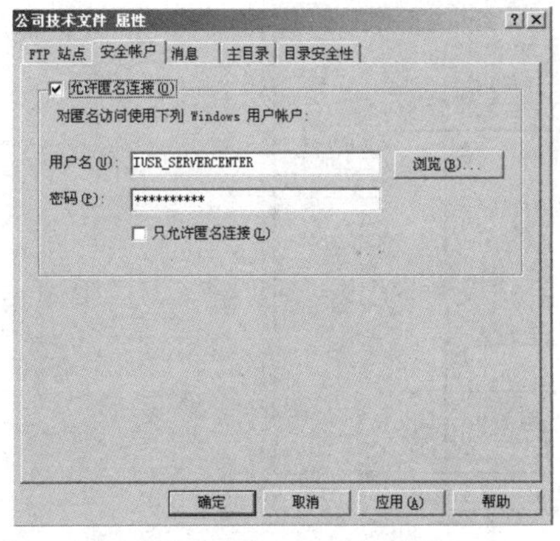

图 3-51 “安全帐户”选项卡

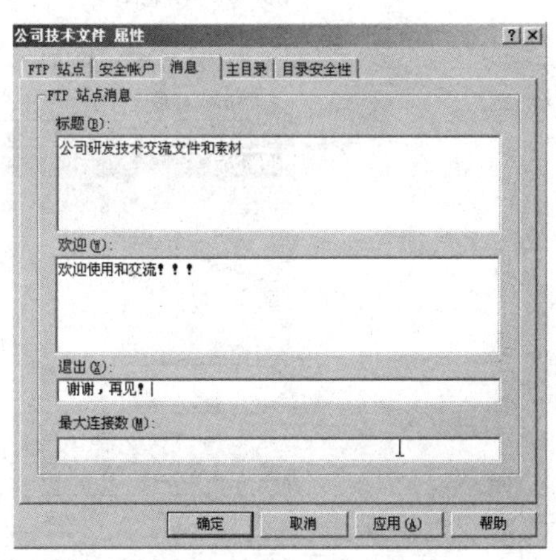

图 3-52 “消息”选项卡

4）设置主目录选项。选择“主目录”选项卡，设置 FTP 站点主目录的路径和权限，如图 3-53 所示。勾选“读取”使用户可以读取主目录内的文件，也可以下载文件但不能上传文件（此复选项框必须选中，否则他人无法浏览）；勾选“写入”使用户可以在主目录内添加、修改、删除文件，也可以上传文件；勾选“记录访问”可以将连接到当前 FTP 站点的行为记录到日志文件中。出于网络安全的考虑，如果不是特殊需要，建议不要选择“写入”和“记录访问”选项。

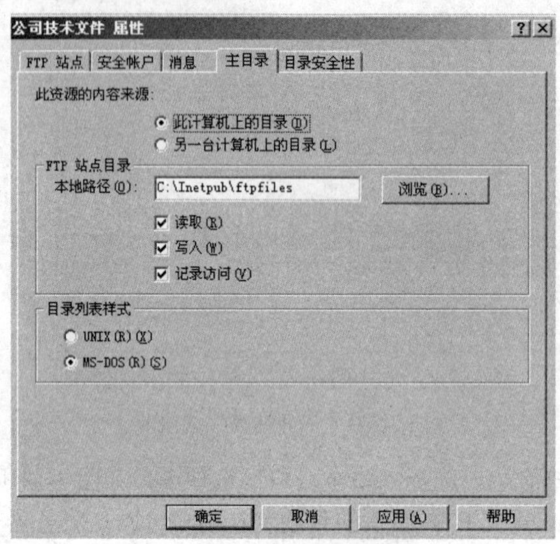

图 3-53 “主目录”选项卡

5）设置目录安全性。选择“目录安全性”选项卡，可以根据需要设置访问此站点的用户 IP 的访问权限列表，如图 3-54 所示。

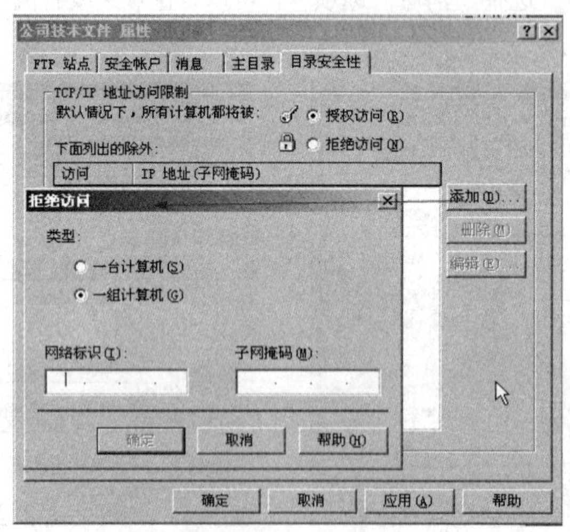

图 3-54 “目录安全性”选项卡

小提示

错误！

在 FTP 站点上同样也可以创建虚拟目录，方法与在 Web 站点上创建虚拟目录类似。

至此，我们就可以利用 IE 浏览器访问 FTP 站点了。在地址栏中输入 FTP 服务器的 IP 地址或机器名，如“ftp://192.168.0.200”，回车后就可以成功连接到 FTP 服务器，如图 3-55 所示。我们可以像使用本地文件夹一样进行文件的复制（下载）和粘贴（上传）。

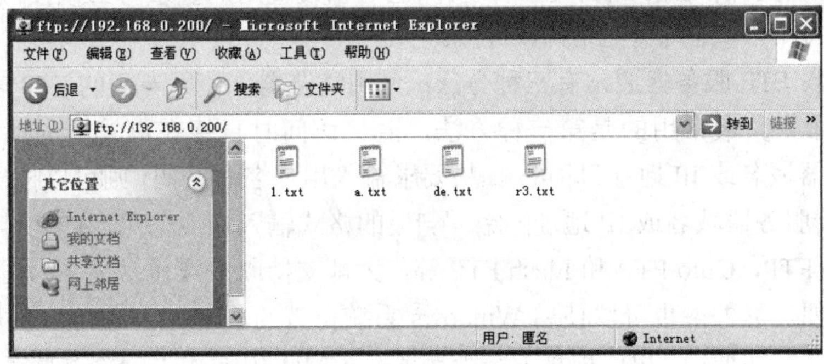

图 3-55 访问 FTP 服务器

知识链接

1. 文件传输协议

FTP（File Transfer Protocol），是文件传输协议的简称，它用于控制 Internet 上文件的双向传输，协议的任务是从一台计算机将文件传送到另一台计算机，而且与这两台计算机所处的位置、联系方式以及使用的操作系统无关。它特别适合于传输较大的文件，网络用户既可以从 FTP 服务器上下载（Download）文件，也可以将文件上传（Upload）到 FTP 服务器上，从而实现方便快捷的文件传输。同时，它也是一个应用程序，用户可以通过它把自己的计算机与世界各地所有运行 FTP 协议的服务器相连，访问服务器上的大量程序和信息。

在局域网中，也可以把共享软件、公司技术支持文件等资源存放在自己的 FTP 服务器中，客户端计算机用户获得相应的权限以后就可以登录到 FTP 服务器，从 FTP 服务器下载文件，也可以将自己的文件上传到 FTP 服务器中，极大地方便了信息共享和交流。FTP 不但用于文件的下载，通过 FTP 服务更新 Web 网站也十分方便，只要将 Web 网站的主目录设置为 FTP 站点的主目录，并设置相应的访问权限，管理人员就可

以随时随地连接到 Web 网站的主目录，对其中的 Web 文件进行更新，从而实现对 Web 网站的更新。

2. FTP 服务器访问方式

目前，全世界已有数千个 FTP 文件服务器，用户可以通过 Internet，把自己需要的文件下载到本地计算机。一般这种 FTP 服务器不提供上传功能。

多数 FTP 服务器都允许匿名访问，所谓匿名就是这些站点允许一个用户自由地登录到网站上并下载文件，用户以默认的匿名帐户“anonymous”登录，访问 FTP 服务器的公共目录，不需要输入用户名和密码；当然也可以设置用户登录时必须按入用户名和密码，以及为每个用户创建单独的用户目录。

用户访问 FTP 服务器通常有三种方法：使用浏览器、使用专门的 FTP 客户端软件、使用 FTP 命令。最常用的是第一种方法，匿名访问时直接在浏览器的地址栏中输入“FTP://服务器域名或 IP 地址”即可，如果要求输入用户名和密码，则可以按入“FTP://[用户名:密码[@服务器域名或 IP 地址[:端口号]”的格式输入相应信息。FTP 客户端软件常用的有 Leap FTP、Cuto FTP 和 Flash FTP 等，大都支持断点续传功能，为用户下载提供了极大的方便。另外，也可以使用 Windows 系统自带的 FTP 客户程序，使用 FTP 命令提示符的方式，即使用 URL 地址方法连接或在 CMD 中输入“ftp”并回车，然后输入 Open IP 地址的方法连接到 FTP 服务器。

在因特网上发布我们的网站

单位在因特网上建立网站的方式通常有以下几种。

1. 虚拟主机

虚拟主机是指在 ISP（Internet 服务供应商）的服务器上租用一定的网站空间来建立自己的网站。这种方式不仅可以节省购买软/硬件设备的费用，也不需要招聘或培训专业技术人员，购买一般的网站空间和申请域名每年大约只需几百元的费用。在购买网站空间后，用户通常会得到一个 FTP 帐号和密码，用此帐号登录到 ISP 的服务器后，将网站的 Web 文件直接上传到服务器就可以了。

目前，我国大约 90%的企业宣传网站都是采用这种方式建立的。但此方式只适合于建立小型网站，如果要建立规模比较大的网站则必须采用其他方式。

2. 主机托管

主机托管方式是指将自己购置的 Web 服务器托管于某些具有良好 Internet 接入环境

的网络服务机构，每年支付一定的托管费用。

3. 主机租用

主机租用是指自己不购买服务器，而是直接租用 ISP 的服务器，并将自己的网站建立在这台服务器上。

4. 完全自己建立

这种方式要求单位内部有专用线路与 Internet 连接，并且有自己的专业技术人员。该方式主要适合于网络业务量较大的部门，如大型网吧、大型校园网、大型企业网和一些大型网站等。

虚拟主机方式通常由 ISP 来配置 Web 服务器，用户只要将网站文件上传到服务器中就可以了，其他方式则需要用户自己配置 Web 服务器。在管理 Web 服务器时，用户可以通过远程管理程序远程登录到 Web 服务器，比如通过 Windows 系统的终端服务器登录到服务器，然后对服务器进行管理。

项 目 小 结

Windows Server 2003 系统服务器的安装，构建 Web 和 FTP 服务器，在单位局域网上提供站点信息发布和文件的共享交流是目前企业网中常用的功能。当然，Windows Server 2003 的功能强大，还可以通过它来搭建和配置 DNS 服务器、DHCP 服务器和邮件服务器等。学习服务器的搭建对于大家使用和维护网络会有很大的帮助。

思考与练习

一、填空题

1. Windows Server 2003 系列的 4 个版本中，面向小型企业而设计的是________版本，其他三个版本是______________、______________、______________。

2. Windows Server 2003 安装时对计算机硬件系统的要求，推荐最小 CPU 主频是_______，推荐最小内存容量是_________，安装所需硬盘空间是___________。

3. Windows Server 2003 推荐主分区使用___________文件系统格式。

4. Windows Server 2003 系统管理员的用户名为____________。

5. 为了提高 Windows Server 2003 系统的安全性，在系统启动时必须按________组合键，输入正确密码后才能登录。

6. WWW 服务采用_______________模式，客户机即______________，服务器即__________，它以_______________和_______________为基础，为用户提供界面一致

的信息浏览系统。

7. IIS 6.0 默认的主页文档文件名可以为________、________、_______、______等几种。

8. 用户使用浏览器总是从访问某个______________开始的。

9. 默认 Web 服务器端口号是____________。

10. HTTP 的 URL 的一般形式为__________________，使用 FTP 访问站点的 URL 的形式为_________________ 。

11. 每一个 Web 站点都由__________、__________、_________三部分组成识别数据，用以接收与回应客户端的要求，变更以上三者中任何一个，都可以在同一台计算机上架设多个站点。

12. FTP 是________________简称，其默认端口是_____________。

13. 在 FTP 中采用匿名登录的用户名是________________。

二、选择题

1. 浏览器与 Web 服务器之间使用的协议是（　　）。

A．DNS　　B. SNMP　　C. HTTP　　D. SMTP

2. 下列（　　）不是 IIS 6.0 提供的组件。

A. Web　　B. FTP　　C. TCP/IP　　D. SMTP

3. 在 Internet 服务管理器中，可操作的对象不包括（　　）。

A. Web 或 FTP　　B. 计算机　　C. Web 或 FTP 目录　　D. DNS

4. Web 站点组成中，下列（　　）项不是必需的识别数据。

A. 端口编号　　B. IP 地址　　C. 主目录　　D. 主机标题名称

5. 默认 Web 服务器端口号是（　　）。

A. 80　　B. 81　　C. 21　　D. 20

三、简答题

1. 虚拟目录与普通目录有什么区别？

2. 在 IIS 6.0 中创建新站点的方法有几种？它们各自如何操作？

3. 客户登录 Web 站点的方法有几种？

四、实训题

1. 创建与配置 Web 站点。

（1）练习在 Windows Server 2003 主机上安装 IIS 服务。

（2）在安装 IIS 服务的主机上设置 IP 地址为 192.138.1.119；在 D 盘上建立文件夹“myweb”，在其中新建文件“index.txt”，并写入文字内容；将文件名改为“index.htm”；新建子文件夹“down”，在其中新建若干网页文件；在 E 盘上建立文件夹“uploadfile”，在其中建立文件“1.htm”。

（3）在上述主机上配置 Web 服务器，并查看访问结果，要求如下。

① IP 地址设为本机 IP，主目录设置为“D:\myweb”。

② 默认文档设为：“index.htm”（访问网站，打开主页）。

③ 修改端口：将 80 修改为 8080（输入 http://192.168.1.119:8080 进行访问）。

④ 访问权限：增加“目录浏览”权限（输入 http://192.168.1.119:8080/down 进行访问）。

⑤ 虚拟目录：添加虚拟目录“upload”，物理路径为“E:\uploadfile”；增加“写入”权限（通过浏览器访问“upload”，查看访问结果）。

2. 创建与配置 FTP 站点。

（1）练习在 Windows Server 2003 主机上安装 IIS 服务。

（2）在安装 IIS 服务的主机上设置 IP 地址为 192.138.1.110；在 D 盘上建立文件夹“FTP”，在其中复制若干文件及文件夹，新建子文件夹“temp”，在其中复制若干文件；在 E 盘上建立文件夹“down”。

（3）在上述主机上配置 FTP 服务器：

① IP 地址设为本机 IP，修改端口，将 21 修改为 8021（输入 http://192.168.1.119:8021 进行访问）。

② 在“安全帐户”选项卡中设置“允许匿名连接”。

③“主目录”选项卡“本地路径”设置为“D:\FTP”，并选择访问权限。

④ 设置欢迎和退出 FTP 站点的消息提示。

⑤ 建立虚拟目录，别名为“download”，物理路径为“E:\down”；权限为“读取”。

（4）分别使用 CuteFTP 软件和 FTP 命令访问建立的上述 FTP 站点。

（5）停止和启动站点，了解其作用。

（6）分别浏览 FTP 站点的根目录和 download 目录，并上传和下载文件，了解访问权限的作用。

项目四

网络信息浏览与搜索

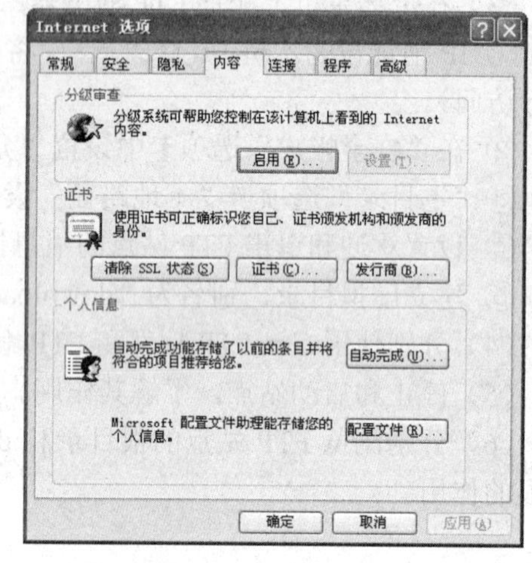

知识目标：

1. 了解浏览器的重要作用。
2. 认识IE浏览器和傲游浏览器的窗口界面。
3. 了解收藏夹的作用。
4. 熟悉常用的搜索引擎及其分类。
5. 了解搜索技巧及高级搜索的方法。

技能目标：

1. 学会浏览器的启动方法。
2. 掌握使用浏览器并实现信息的浏览。
3. 学会信息搜索的方法。
4. 熟练使用并管理好收藏夹。
5. 掌握浏览器基本的设置方法。
6. 掌握常用搜索引擎的使用方法和技巧。

任务一　使用 IE 浏览器

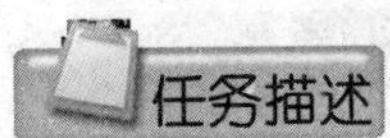

任务描述

浏览 Internet 中的信息必须要用到网页浏览器，目前最常用的是 IE 浏览器。其中 IE 6.0（Internet Explorer 6.0）浏览器是 Windows XP 中绑定的一种 Web 浏览器。即安装完 Windows XP 操作系统软件后，也就同时安装了 IE 6.0 软件。通过启动 IE 6.0 浏览器，浏览并下载保存用户所需要的信息；将自己需要或喜爱的网址收录到收藏夹中并进行分类整理，提高浏览效率。此外，还要进行 IE 浏览器的基本设置，提高 IE 浏览器的安全性和网页浏览的速度。

任务实施

一、启动 IE 浏览器

启动 IE 浏览器有以下几种方法，如图 4-1 所示。

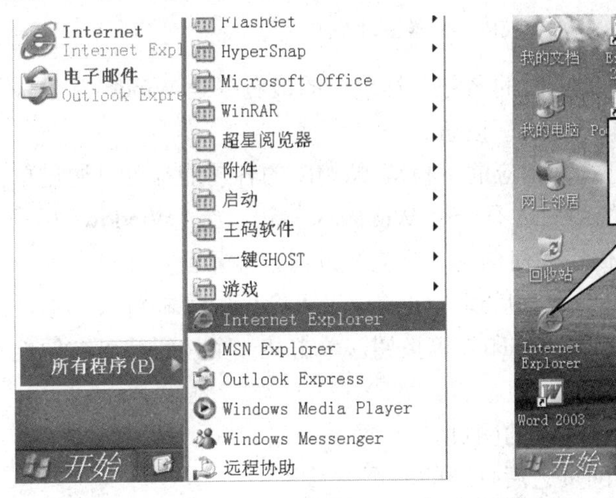

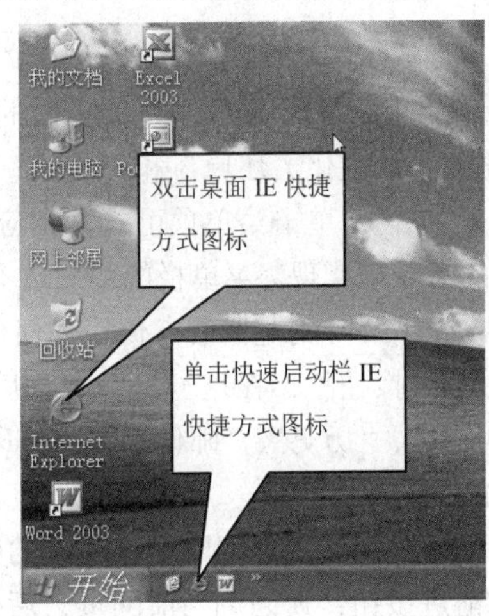

图 4-1　启动 IE 浏览器

1）双击桌面上的 IE 快捷方式图标。

2）单击“快速启动工具栏”中的 IE 图标。

3）单击任务栏上的“开始”，在开始菜单中单击“所有程序”命令，在弹出的菜单中单击“Internet Explorer”。

二、IE 浏览器的窗口界面

当启动 IE 后，就会出现 IE 的窗口界面，其组成如图 4-2 所示。

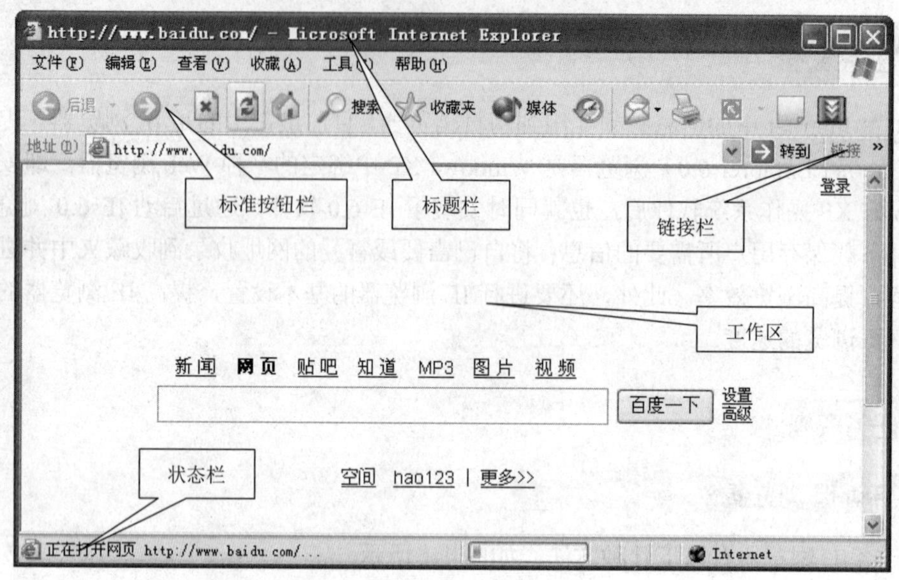

图 4-2 IE 浏览器窗口界面

1）标题栏：显示正在浏览的页面的名称。标题栏的最右端是 Windows 中最常用的“最小化”、“最大化 / 还原”和“关闭”按钮。

2）菜单栏：单击菜单项可打开相应的下拉菜单，IE 的各功能都可以通过单击下拉菜单中的命令来实现。菜单栏的最右端有一个 Windows 标记，当“Windows 标记”静止不动时，表示此时浏览器没有传输任何信息。当它晃动时，表示正在下载一个页面。

3）标准按钮栏：在这一栏中有“后退”、“前进”、“停止”、“刷新”、“主页”、“搜索”、“收藏”、“历史”、“邮件”和“打印”等按钮。单击某一个按钮就可方便地实现相应的功能。

后退按钮：返回刚刚打开过的网页。

前进按钮：返回到当前网页之后打开的网页。

停止按钮：中断正在下载的网页。

刷新按钮：当前网页将重新连接。

主页按钮：连接到默认主页。

4）地址栏：它对用户是重要的，将插入点移入地址框中，并键入要浏览的 Web 页的网址后，才能浏览网页。

5）链接栏：这是存放常用 Web 页快捷方式的地方，灵活应用可以提高浏览速度。

6）工作区：显示所链接的 Web 页的内容。

7）状态栏：当浏览器正在下载页面时，状态栏左端显示所要浏览的 Web 页的地址和相应下载的信息，其右边有一蓝色小条向右不断延伸，表示已下载的部分的比例。状态栏右端显示该站点的性质。

三、收藏夹的使用和管理

我们可将经常访问或比较喜欢的网页，收入 IE 的收藏夹中，使用时就不用每次输入地址了，可以节约时间提高效率。

单击在 Internet Explorer 界面上的五角星收藏夹按钮，即可打开收藏夹界面，一般会有几个大类，几个重要网站和其他个性网站组成。通过单击“整理”可对其进行编辑，在喜欢的界面上单击左边的“添加”按钮再确认，即可将当前界面加入收藏夹中，以后可随时单击它来迅速进入界面（一些有权力限制的界面可能不能使用）。

1. 添加网页到收藏夹

将网页添加到收藏夹的方法如下。

（1）直接添加法

1）用鼠标单击 IE 浏览器中的“收藏”菜单。

2）单击“添加到收藏夹”命令会出现“添加到收藏夹”对话框。

3）在对话框中的“名称”一栏中为网页输入一个明了易记的名称（也可不输入）。

4）单击确定即可在“收藏夹”中看到自己所保存的网址了。

如将网址“百度”保存到收藏夹中的方法，如图 4-3 所示。

图 4-3 将网页添加到收藏夹

（2）通过右键快捷菜单添加（图 4-4）

1）在当前网页的空白处右击。

2）在弹出的快捷菜单中单击“添加到收藏夹”，弹出“添加到收藏夹”对话框。

3）再按照直接添加法中的步骤操作即可。

（3）网页链接添加法

如果你想把网页中的一些网页链接添加到收藏夹，不必先打开再添加，如图 4-5 所示。

1）右击相关的链接网址。

2）在弹出的快捷菜单中单击“添加到收藏夹”命令。

3）按以前的步骤操作即可。

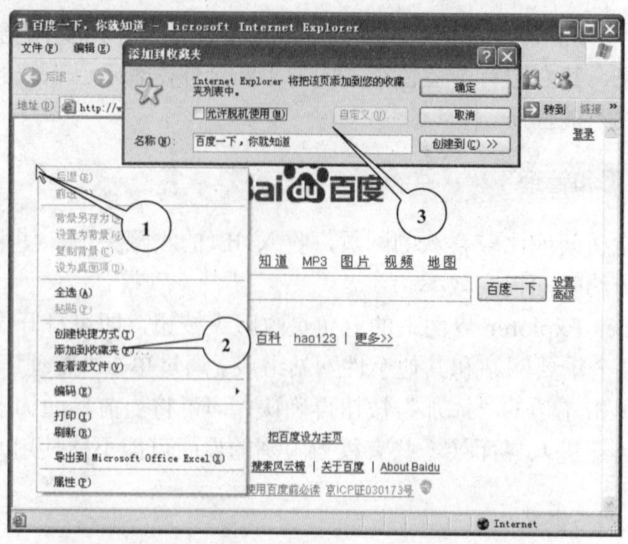

图 4-4　通过右键快捷菜单将网页添加到收藏夹

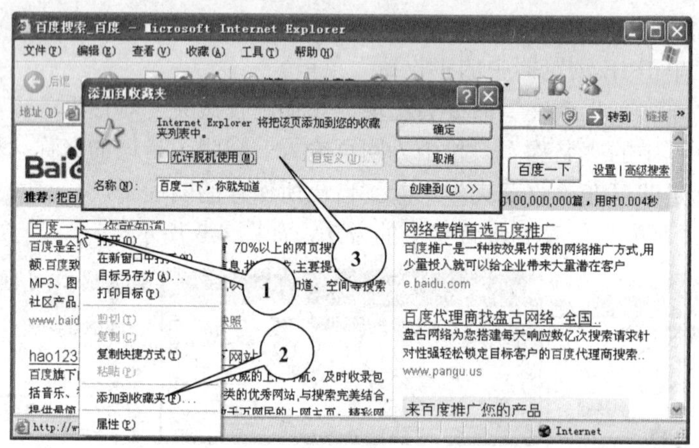

图 4-5　通过网页链接将网页添加到收藏夹

2. 整理收藏夹

随着上网时间的增长，IE 收藏夹中存放了大量的网页地址，不但查找时间长，而且管理也很不方便，所以我们要定期整理 IE 收藏夹的记录。单击浏览器中的“收藏”菜单，选择“整理收藏夹”命令，弹出“整理收藏夹”窗口，接下来就可以对收藏夹进行各种操作了。

1）创建文件夹。以创建“搜索网站”文件夹为例，如图 4-6 所示。

单击“整理收藏夹”对话框中的“创建文件夹”按钮，这时在右边的窗口内出现一个名称为“新建文件夹”的文件夹，并且它的名称此时处于重新命名的状态，输入“搜索网站”后在空白处单击或回车。即可在收藏夹内看到“搜索网站”文件夹。

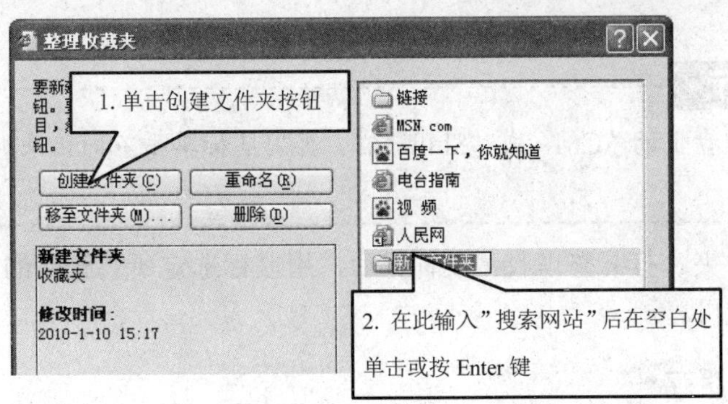

图 4-6　在收藏夹内创建文件夹

2）记录重命名。用鼠标点选一个文件夹或一条记录，然后单击“重命名”按钮，再重新输入新名称，按回车键确定。

3）移动记录。

方法一：用鼠标点选一个文件夹或若干条记录，然后按下鼠标左键不放并上下移动鼠标到适当位置，再放开鼠标即可完成。

方法二：用鼠标选定操作目标后，单击“移至文件夹”按钮，再选择目标文件夹并确定也可以达到目的。

将收藏的百度网址移动到搜索网站文件夹内，如图 4-7 所示。

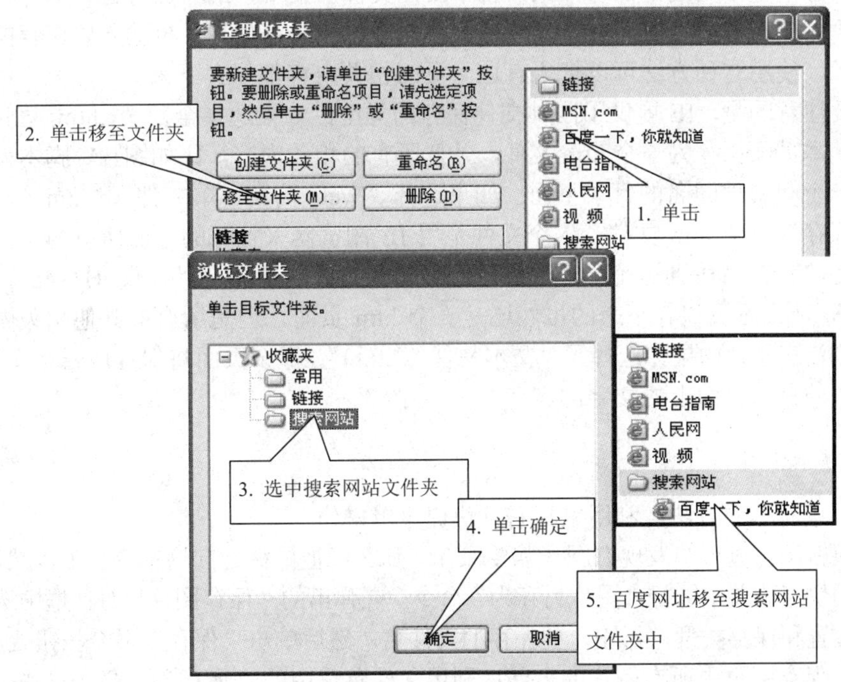

图 4-7　移动记录

小提示

按下键盘上的“Ctrl”或“Shift”键，再用鼠标单击不同记录则可以同时选定多条记录。

4）删除文件夹。打开整理收藏文件夹后，用鼠标选定所要删除的文件夹，再单击“删除”按钮就即可。

四、网页内容的保存

1. 保存文字内容

（1）只保存相关文字部分

如果浏览的网页上只有部分文字内容是你所想保存下来的，那么用鼠标拖动的方法把这部分选中（或在开始位置单击鼠标，然后再按住 Shift 键，单击结束位置），然后单击“编辑”菜单中的“复制”命令（或使用快捷键 Ctrl+C），再运行一个字处理软件，比如 Word 或者记事本，单击“编辑”菜单中的“粘贴”命令（或使用快捷键 Ctrl+V），把刚才复制的部分粘贴在新文件中，保存这个文件即可。

（2）保存整个页面

如果想把整个页面都保存下来，就单击“文件”菜单里的“另存为”命令，然后在弹出的“保存网页”对话框中选择网页保存的位置和保存类型，再输入要保存的文件名就可以了。使用这种方法可以把所有这一页的相关内容都保存下来。

需要注意的是，IE 提供了四种文件保存的类型，如果选择全部（*.htm，*.html）类型就会把本页面保存为一个 htm 文件，并把所有的相关内容，比如图片、脚本程序等都保存在一个和文件同名的目录下面；如果选择“Web 档案，单文件（*.htm）”，就会把本页面保存为一个 htm 文件，这个文件是用 IE 浏览器来打开的，而所有的相关内容，比如图片等就都集成到这个单一文件中了；如果选择“Web 页”，仅 HTML（*.htm，*.html）”，那么本页保存下来的虽然还是一个 htm 页面，但是所有的其他相关内容，比如图片都没有了；如果你选择了“文本文件（*.txt）”，那么页面将保存成一个文本文件，保存下来的只有页面上的文字内容。

2. 保存图片

（1）最简单的方法：利用鼠标右键快捷菜单操作

如果在浏览过程中发现有图片需要保存，那么就把鼠标指向这幅图片上，然后右击，在弹出的快捷菜单中选择“图片另存为”命令，在弹出的“保存图片”对话框中选择保存图片的位置和保存类型，再输入要保存的文件名，然后单击“保存”命令按钮就可以了。

（2）保存网页中所有图片的方法：利用文件菜单中的“另存为”命令操作

如果想保存整个网页中的所有图片，可以采用本方法，因为这样可以一次性把所有

图片文件都保存下来。

方法是：看到想保存的图片网页后，在 IE 浏览器中单击“文件”菜单中的“另存为”，把整个网页保存到硬盘，然后从中找到图片即可。注意，要选择“保存类型”中的“网页，全部（*.htm;*.html）”。

（3）利用临时文件夹

在浏览网页过后，网页中的大量信息通常都会被保存在临时文件夹中（即 C:\Documents and Settings\用户名\Local Settings\Temporary Internet Files），所以我们可以在这里找到自己需要的图片，当然也包括被写保护的图片。运行看图软件 ACDSee，单击“查看→导航面板→文件夹”，或者在文件浏览窗口中单击“文件夹”标签，找到 Temporary Internet Files 文件夹，预览里面的图片，然后把需要保存的图片另存下来即可。

五、IE 浏览器的设置

为了使自己的浏览器更适合自己的需要，我们可以对 IE 的一些默认设置进行调整，以满足个性化的要求。IE 设置的调整一般是在“Internet 选项”对话框中进行的。具体操作步骤如下。

单击菜单栏中的“工具”→“Internet 选项”→弹出“Internet 选项”对话框。在这一对话框中可以对常规、安全、隐私、内容、连接、程序和高级七个选项卡逐一设置。

1）在常规选项卡中可以对“主页”、“临时文件”、“历史记录”以及 Web 页显示的“颜色”、“字体”、“语言”和“辅助功能”进行修改，如图 4-8 所示。

“主页”设置可以填入用户在启动 IE 后最想访问的站点的 URL，默认为微软公司的主页，用户可以根据需要改为其他的网址，比如 http://www.baidu.com，这样每次启动 IE 时，它都会自动打开百度网站主页。

“临时文件”设置可以更改 IE 临时文件夹的大小，用来保存 IE 最近访问过的页面。这样，以后访问同一网页时，IE 可以直接从中获取，而不必再从该站点下载，能够提高浏览速度。当然这时需要检查原站点上的该 Web 页是否已经更新。可以在单击“设置”按钮后弹出的对话框中设置如何检查所存网页的较新版本，一般设为“每次启动 Internet Explorer 时检查”较为合适。另外也可以在对话框中设置临时文件夹的大小。IE 会自动在该文件夹存满并溢出之前根据访问时间先后删除较早的文件，以保证有足够的空间保存最新的文件。用户也可以通过“移动文件夹”来创建自己的临时文件夹。

“历史记录”设置浏览网页记录保存天数。

其他的各个按钮用来对 Web 页在浏览器中的显示外观进行设置。

2）“安全”选项卡用来解决 Internet 浏览时的安全问题。通过设置不同的安全级别，控制访问过程中可能具有的一些潜在危险，普通用户设为“安全级—中”比较合适。如图 4-9 所示。

3）“内容”选项卡中，有分级审查、证书、自动完成三项设置，如图 4-10 所示。

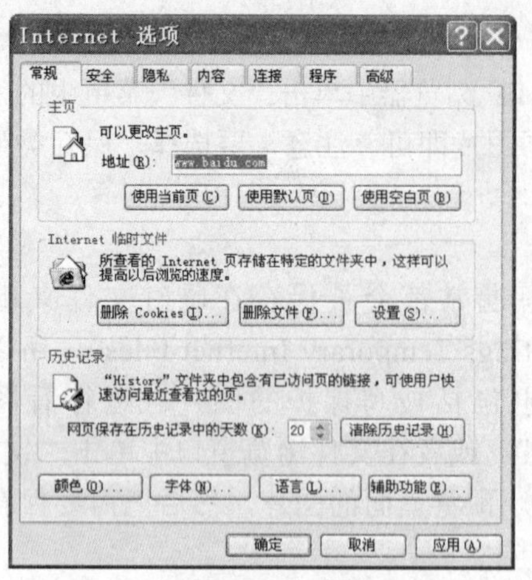

图 4-8　常规选项卡设置

图 4-9　安全选项卡设置

分级审查：用“启用”分级审查来控制用户的计算机在 Internet 上可以访问的内容类型。当用户打开分级审查时，IE 将只能显示满足或超过标准的分级内容，只有拥有密码的用户才可以调整这些设置。

自动完成：这一功能对用户来说是比较有用的。启用该功能之后，在用户每次访问那些需要输入个人信息的新站点时，IE 可以使用户免除重复输入相同信息的苦恼。比如用户的账号、密码和电子邮件地址等。

单击“自动完成”按钮，打开“自动完成设置”窗口，此时从“自动完成应用于”列表框中可以看到系统自动完成功能所提供的几种应用范围，其中就包括 Web 地址、表单、表单的用户名和密码三种。作为需要保密的公用微机的操作者而言，只需激活系统的 Web 地址自动补齐功能即可，而应将其他两种自动完成功能关闭，以便达到保护系统安全的目的。

4）连接选项卡可以设置 Internet 连接的类型，如图 4-11 所示。

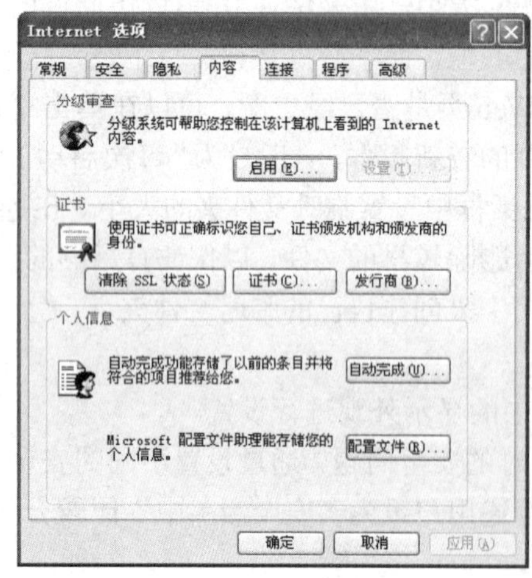

图 4-10　内容选项卡设置

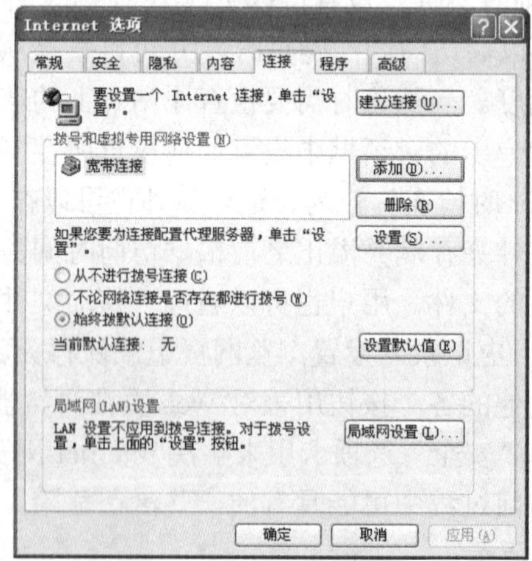

图 4-11　连接选项卡设置

对于使用拨号上网的用户来讲，可以在“拨号和虚拟专用网络设置”中添加进所需的拨号连接，并设置为“始终默认连接”后，只要打开IE浏览器，即自动进行拨号连接。

对于通过局域网上网的用户，只要在“局域网设置”中，选中“自动检测设置”即可。

5）“程序”选项中的设置通常不需要修改，除非用户在同一计算机上安装了多种Internet应用程序，那么可以选择自己习惯的程序，以便集成在IE中供其调用，如图4-12所示。

6）“高级”选项中，可以进行适当的设置以提高访问速度，如图4-13所示。比如在“多媒体”中撤销对播放动画、播放声音、播放视频、显示图片等项目的选择，可以控制浏览器只下载文本，从而加快加载Web页面的速度，当然这是以牺牲WWW的多媒体特性为代价的。建议只在网络速度比较慢的时候使用。另外将“浏览”中的“对Web地址使用自动完成”功能可以加快用户通过“地址栏”访问URL的速度。

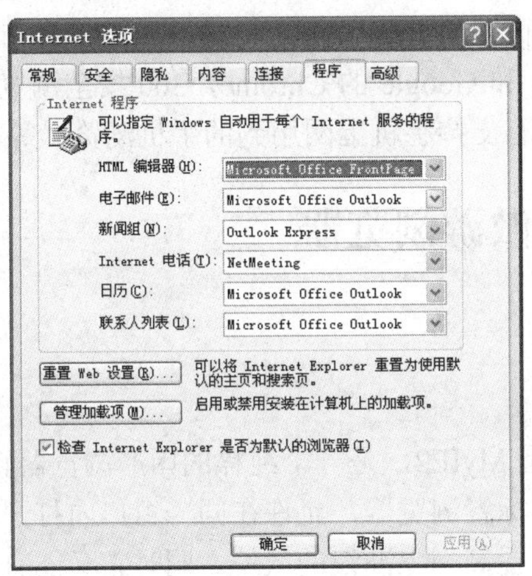

图4-12　程序选项卡设置

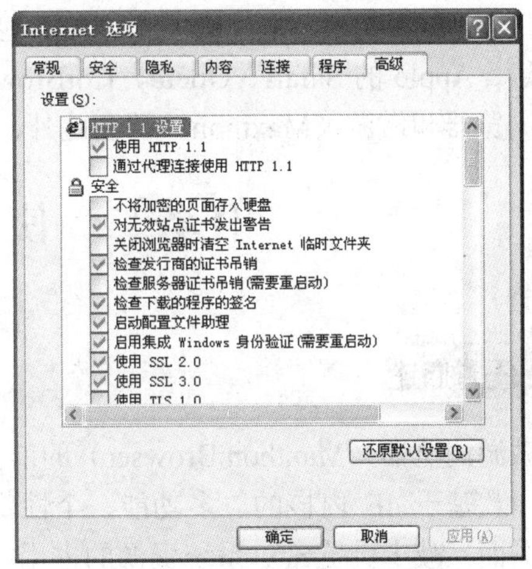

图4-13　高级选项卡设置

1. 因特网术语

万维网（World Wide Web，简称WWW）是Internet上集文本、声音、图像、视频等多媒体信息于一身的全球信息资源网络，是Internet的重要组成部分。浏览器（Browser）是用户通向WWW的桥梁和获取WWW信息的窗口，通过浏览器，用户可以在浩瀚的Internet海洋中漫游，搜索和浏览自己感兴趣的信息。

WWW的网页文件是利用超文件标记语言HTML（Hyper Text Markup Language）编写，并在超文件传输协议HTTP（Hype Text Transmission Protocol）支持下运行的。超文

本中不仅含有文本信息，还包括图形、声音、图像、视频等多媒体信息（故超文本又称超媒体），更重要的是超文本中隐含着指向其他超文本的链接，这种链接称为超链接（Hyper Links）。利用超文本，用户能轻松地从一个网页链接到其他相关内容的网页上，而不必关心这些网页分散在何处的主机中。

HTML 并不是一种一般意义上的程序设计语言，而是将专用的标记嵌入文档中，对一段文本的语义进行描述，经解释后产生多媒体效果，并可提供文本的超链接。

2. 网页浏览器

WWW 浏览器是一个客户端的程序，其主要功能是使用户获取 Internet 上的各种资源。常用的浏览器有 Microsoft 的 Internet Explorer（IE）和 Navigator/Communicator。SUN 公司也开发了一个用 Java 编写的浏览器 HotJava。Java 是一种新型的、独立于各种操作系统和平台的动态解释性语言，Java 使浏览器具有了动画效果，为联机用户提供了实时交互功能。目前常用的浏览器均支持 Java。

目前，个人电脑上常用的网页浏览器包括微软的 Internet Explorer，Mozilla 的 Firefox（火狐）、Apple 的 Safari、Opera、HotBrowser 和 Google 的 Chrome，360 安全浏览器，搜狐浏览器和傲游（Maxthon）等。此外，还有支持手机上网用到的手机浏览器等。

任务二　使用傲游浏览器

傲游浏览器（Maxthon Browser）的前身是 MyIE2，是一个纯粹的国产浏览器软件。它是一款基于 IE 内核的、多功能、个性化多标签浏览器，允许在同一窗口内打开任意多个页面，减少浏览器对系统资源的占用率，提高网上冲浪的效率。同时它又能有效防止恶意插件，阻止各种弹出式、浮动式广告，加强网上浏览的安全。支持各种外挂工具及 IE 插件，使用户在傲游浏览器中可以充分利用所有网上资源，享受上网冲浪的乐趣。同时，它是一个全免费的软件。Maxthon 以其优越的功能获得了越来越多国家和地区的用户认可，大家可到 Internet 上下载安装文件和相关的语言包。下面就来学习一下傲游浏览器的使用。

一、安装傲游浏览器

1）首先登录 http://www.aoyou2.com，单击下载按钮，下载最新版本的傲游浏览器。如图 4-14 所示。

2）下载完成后，双击打开下载好的程序进行安装。

3）安装时，首先需接受“Maxthon 浏览器软件产品许可协议”才能继续。单击“我接受”，如图 4-15 所示。

图 4-14　傲游下载

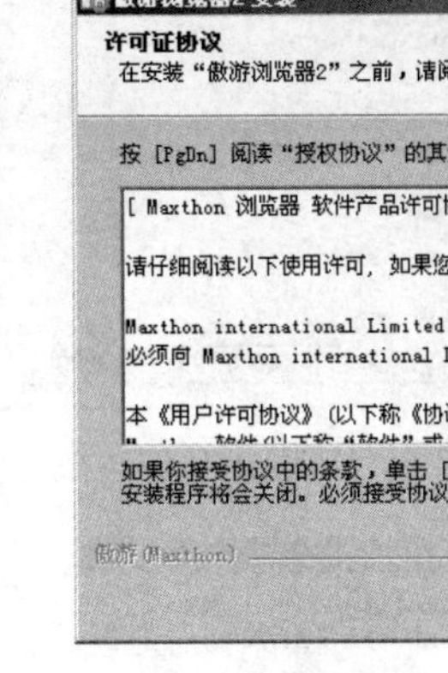

图 4-15　傲游浏览器安装

4）选择需要安装的组件，然后单击“下一步”，如图 4-16 所示。

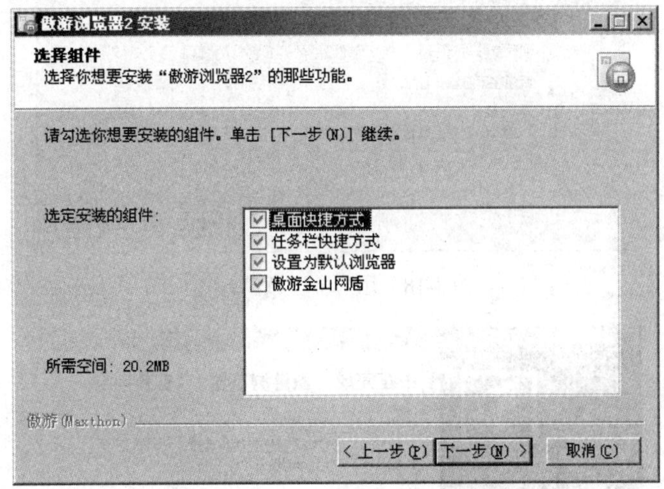

图 4-16　选择组件

5）选择傲游浏览器的安装文件夹，如果不改变安装文件夹，单击“安装”按钮；如果要改变安装文件夹，则单击“浏览”按钮，在弹出的“浏览文件夹”中选择要安装傲游浏览器的文件夹，然后单击“确定”按钮，返回到“选择安装位置”的文件夹，再单击“安装”按钮，即开始安装，如图 4-17 所示。

6）在“用户体验改善计划”对话框中，可选择参与用户体验改善计划，也可选择不参与这一计划，然后单击“下一步”，如图 4-18 所示。

7）单击“完成”按钮，傲游浏览器安装成功了，如图 4-19 所示。

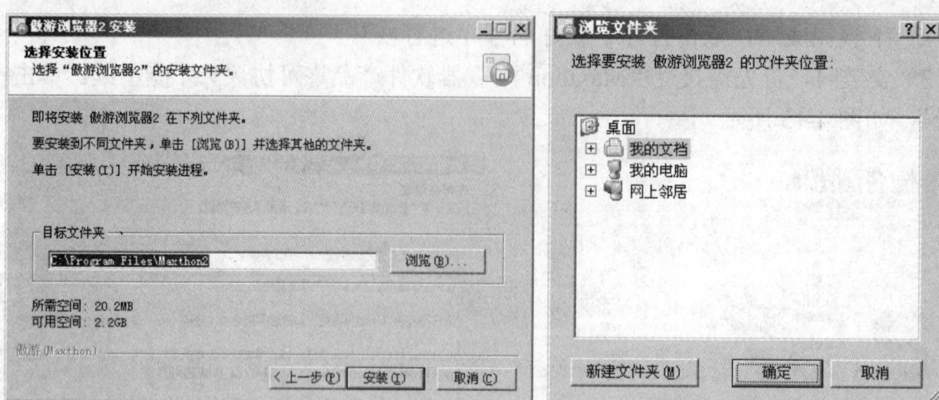

图 4-17　选择安装位置

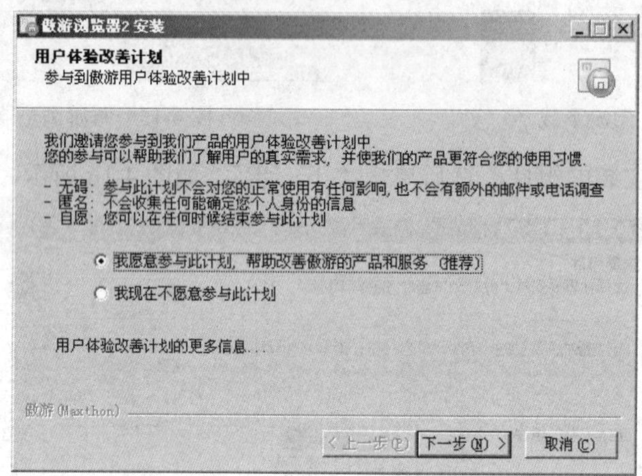

图 4-18　用户体验改善计划

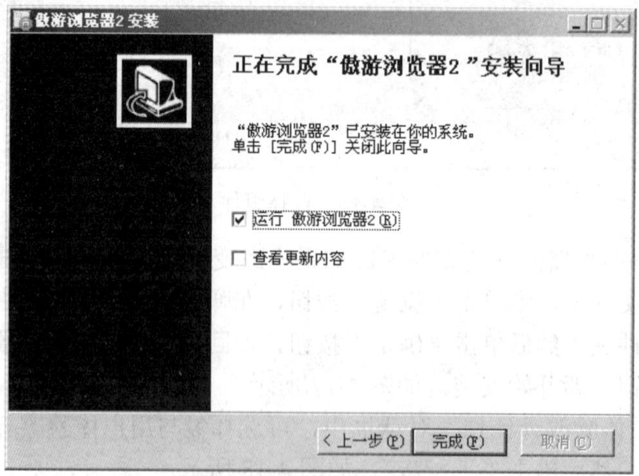

图 4-19　安装完成

二、认识傲游浏览器窗口

安装成功后，打开的傲游浏览器窗口如图 4-20 所示。

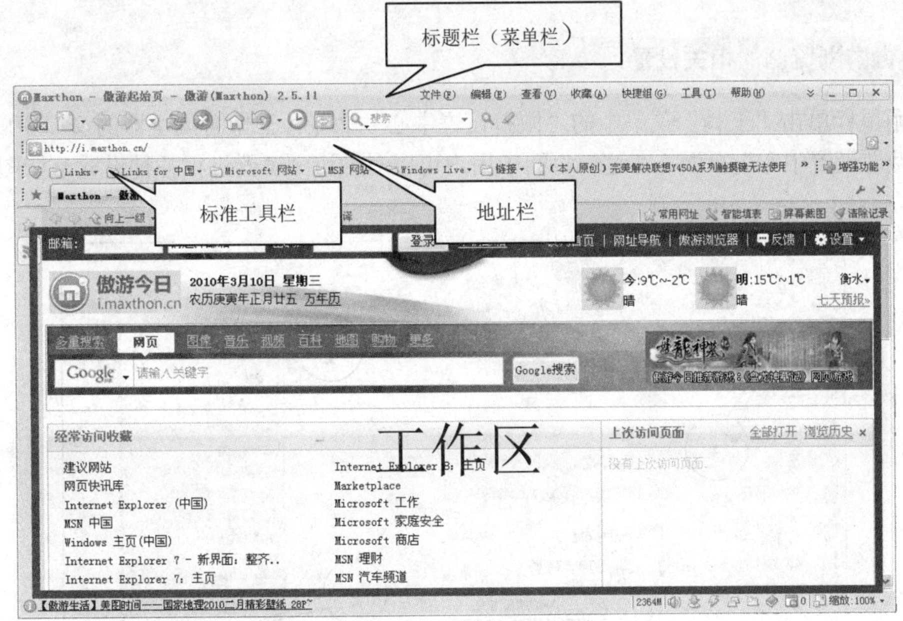

图 4-20　浏览器界面

1. 工作区

图 4-20 中被框住的区域即为傲游浏览器的工作区，主要是显示网页。除了默认的浏览方式外，傲游浏览器还提供了全屏和分屏的浏览方式。可在“查看”菜单中选择相应菜单项进行切换。

2. 标题栏（菜单栏）

在傲游浏览器的标题栏中也包含菜单栏，从这里可以查看对应傲游浏览器各种功能的菜单项。

3. 标准工具栏

在标准工具栏中排列着上网浏览过程中最常用到的一些导航按钮。从左到右分别是：帐户按钮、新建按钮（与其下拉菜单）、后退按钮、前进按钮（与其下拉菜单）、刷新按钮、停止按钮、主页按钮、撤销按钮（与其下拉菜单）、历史管理器按钮、分屏浏览按钮。

4. 地址栏

在地址栏中可以输入要访问的网址，末端转到按钮下拉菜单中包含了翻译等各种访问服务。

三、傲游浏览器的相关设置

用鼠标单击“工具”菜单中的“傲游设置中心”命令，在傲游浏览器的窗口中就会出现“傲游设置中心”页面。在这一页面中用户可以对傲游浏览器进行各种设置，如图 4-21 所示。

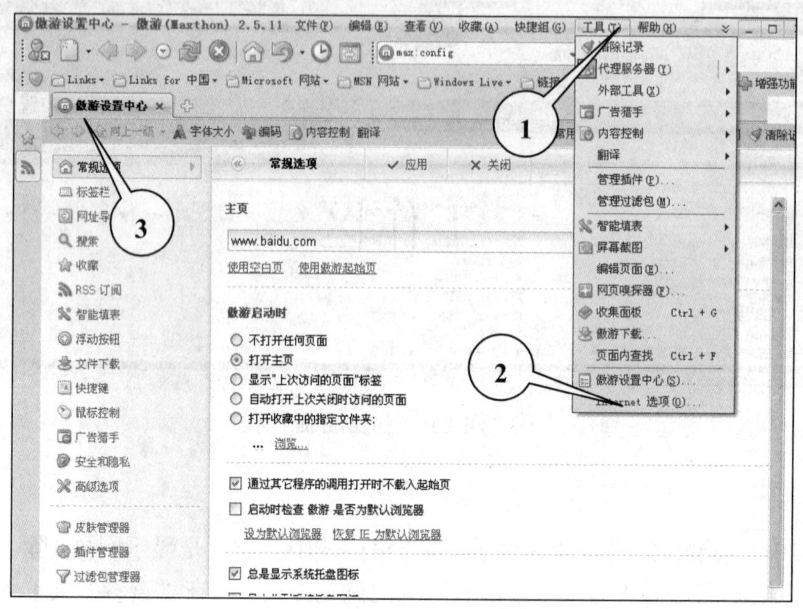

图 4-21　浏览器设置中心

1. 傲游浏览器的常规设置

（1）主页设定

1）用户可以在主页设定中将喜欢的或经常访问的网站设为傲游浏览器的主页，如将百度网站设为傲游浏览器主页，如图 4-22 所示。

图 4-22　主页设置

2）单击“使用空白页”，输入框将会出现“about:blank”，保存后再次打开浏览器时主页将会是一个空白标签。

3）单击“使用傲游起始页”，输入框将会出现“max:start”，保存后再次打开浏览器时，主页将会默认打开傲游浏览器独有的起始页“傲游今日”－i.maxthon.cn。

（2）系统托盘图标设置（图 4-23）

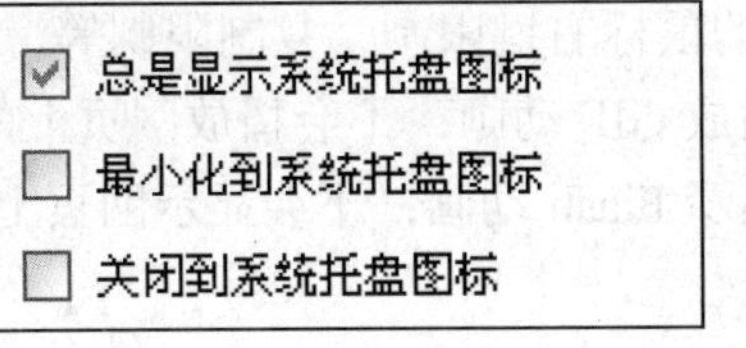

图 4-23　系统托盘图标设置

“系统托盘”即 Windows 系统任务栏末端的一小块区域。一些正在运行的程序会在此显示一个图标以显示其状态或方便操作。

1）总是显示系统托盘图标。勾选该复选框后，除了通过老板键隐藏傲游浏览器以外，其他任何时候都会在此显示傲游的图标。

2）最小化到系统托盘图标。选择后，单击窗口右上角的最小化按钮，浏览器会最小化，并不会在任务栏显示，仅会显示一个系统托盘图标。通过左键单击该图标可以复原至最小化之前的大小。同时浏览器非最小化时可通过单击系统托盘图标最小化浏览器。

3）关闭到系统托盘图标。选择该项后，单击窗口右上角的关闭按钮，浏览器不会退出，而会最小化到系统托盘。不勾选该项时，单击关闭按钮将会退出浏览器。

（3）启用老板键（图 4-24）

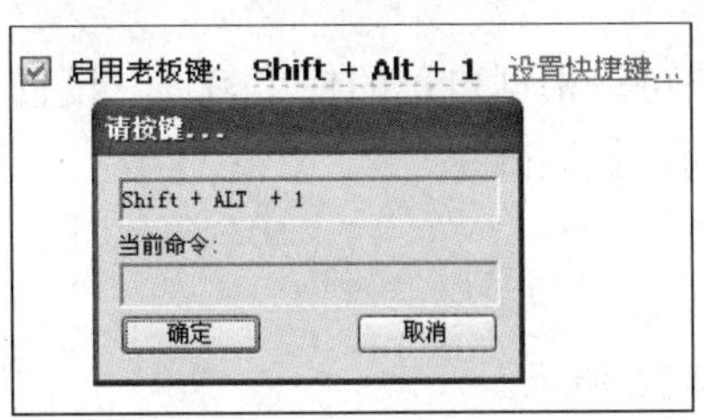

图 4-24　老板键设置

老板键的作用是迅速隐藏傲游浏览器界面部分（只是隐藏，程序并没有停止），包括主窗口、状态栏窗口、系统托盘图标等，但是在系统进程管理器中依然可见。隐藏后再次按下老板键即可取消隐藏。默认快捷键为 Ctrl+`（键盘左上角，数字键 1 左边），如将老板键设为 Shift+ALT+1，方法如下：

1）单击启用老板键复选框。

2）单击设置快捷键。

3）出现“请按键…”对话框后依次按下 Ctrl、Shift 键不放，再按数字 1 键。

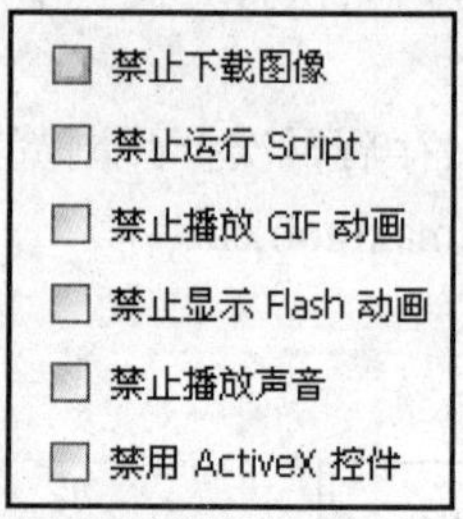

- ☐ 禁止下载图像
- ☐ 禁止运行 Script
- ☐ 禁止播放 GIF 动画
- ☐ 禁止显示 Flash 动画
- ☐ 禁止播放声音
- ☐ 禁用 ActiveX 控件

图 4-25　网页内容控制

4）单击确定即可。

（4）网页内容控制

如图 4-25 所示，页面内容控制的主要功能如下。

1）禁止下载图像：不会显示网页上的图片，能够有效提高网页载入速度。

2）禁止运行 Script：不会运行网页上的 Java Script，能够破除某些网站的鼠标右键限制、复制限制等。

3）禁止播放 GIF 动画：不会播放网页上的 GIF 图像。

4）禁止显示 Flash 动画：不会显示网页上的 Flash 图像，针对某些网站能够避免假死现象的发生。

⑤ 禁止播放声音：不会播放网页带有的声音，可用于屏蔽带有背景音乐的网页。

⑥ 禁用 Activex 控件：不会下载、运行网页上的 Activex 控件。

小提示

此处是傲游设置中心对全局设置的内容控制，设置后对所有页面有效，用户可以按照自己的需要进行选择。它与“工具”菜单→“内容控制”菜单项的区别在于：“工具”→“内容控制”可控制当前访问页面的内容，而傲游设置中心是进行全局控制，对所有页面都有效。

2. 快捷键设置

在快捷键设置中，用户可以根据自己的使用习惯，设置一些常用项目的快捷键，有利于在浏览网页时节省时间，提高效率。

3. 广告猎手设置

广告猎手的设置如图 4-26 所示。

（1）启用弹出窗口过滤

启用弹出窗口过滤，傲游浏览器会对用户浏览过程中的大多数弹出窗口进行自动过滤拦截。

选择“当弹出窗口被阻止时显示信息栏”选项后，浏览器会在拦截弹出窗口的同时在标签栏下方显示信息栏，方便使用者对弹出窗口进行选择性处理。

（2）启用内容过滤

对页面内存在的大多数固定位置广告加以过滤。傲游浏览器会根据用户定义的过滤列表过滤页面中的图片、文本及其他多媒体形式的广告。

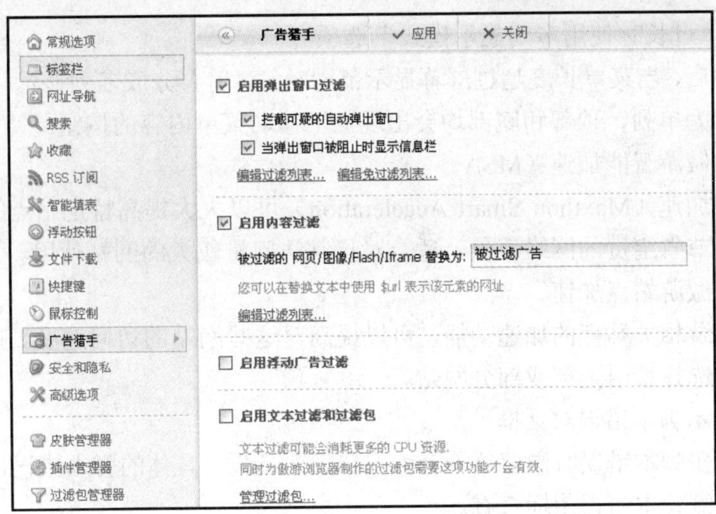

图 4-26　广告猎手设置

（3）启用浮动广告过滤

选择此项可以过滤大部分页面内的常见浮动广告。

4. 高级选项设置

高级选项设置如图 4-27 所示。

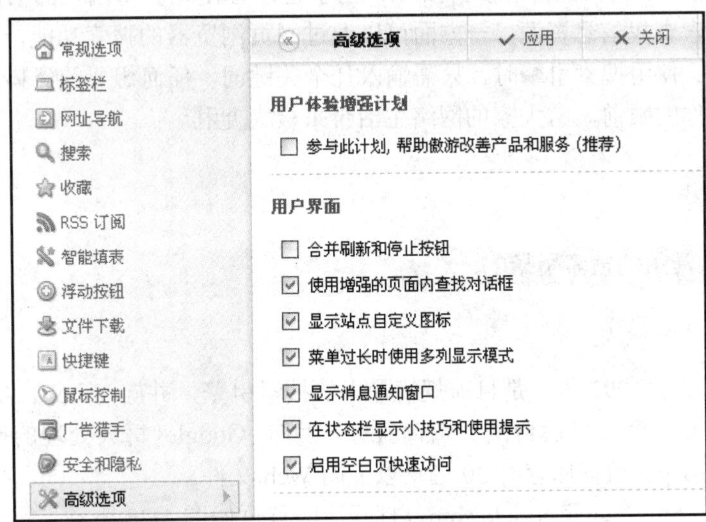

图 4-27　高级选项设置

（1）“使用增强的页面内查找对话框”选项

选择该选项后将使用傲游浏览器自带的“页面内查找”对话框，相比 IE 默认的页面内查找框功能更多，更加方便。

（2）“菜单过长时使用多列显示模式”选项

启用此项后，当菜单长度超过屏幕显示范围时，菜单会分成多列显示；不启用此项，菜单始终显示为单列，顶部和底部均会出现上下移动菜单内容的按钮。

（3）启用傲游智能加速（MSA）

傲游智能加速（Maxthon Smart Acceleration）可以大大提高特定站点的载入、前进及后退速度，节省宝贵的网络流量，适合对日常访问量较大的网站使用。

（4）启用傲游站点加速

启动与傲游相关站点的加速功能，可以提高对这些网站的访问速度。单击“编辑站点列表”可以选择禁用全部或部分网站。

（5）不显示脚本错误对话框

当页面存在脚本错误时浏览器不会弹出错误对话框，具体的脚本错误信息可以通过单击状态栏左侧脚本错误图标查看。

任务三　使用搜索引擎

Internet 是一个巨大的信息资源宝库，为了迅速方便地获得网上的信息资源，很多情况下是靠搜索查找信息资源，一方面可以通过网页浏览器的搜索功能，另一方面可以通过搜索引擎。使用搜索引擎时，只需输入几个关键词，任何想要的资料都会从世界各个角落汇集到你的眼前，给大家的网络生活带来极大便利。

一、认识几种常用的搜索引擎

1. Google（谷歌）

Google 成立于 1997 年，是目前规模最大的搜索引擎，并向 Yahoo、AOL 等其他目录索引和元搜索引擎提供后台网页查询服务。目前 Google 每天处理的搜索请求已达 2 亿次以上，Google 数据库存有 30 亿个以上的 Web 文件。

登录地址：http://www.google.com，打开后的首页如图 4-28 所示。

2. Baidu（百度）

Baidu 又名“百度”，是全球最大的中文搜索引擎，也是全球最大的中文图片库。其资源丰富，使用率非常高，深受广大网民特别是中国网民的喜爱。

登录地址：http://www.baidu.com，打开后的首页如图 4-29 所示。

图 4-28　Google 搜索引擎

图 4-29　Baidu 搜索引擎

3. Yahoo（雅虎）

Yahoo（雅虎）是美国著名的互联网门户网站，20 世纪末互联网奇迹的创造者之一。其服务包括搜索引擎，电邮、新闻等，是最早的目录索引之一，在全部互联网搜索应用中所占份额高达 30%以上。

在雅虎主站登录和在雅虎中国网站登录都是免费的，操作步骤类似。

登录地址： http://www.yahoo.com.cn/，打开后的首页如图 4-30 所示。

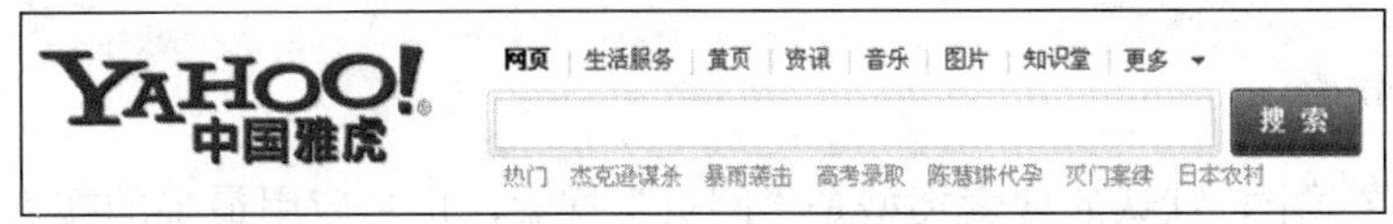

图 4-30　中国雅虎

4. 其他搜索引擎

其他常用的搜索引擎还有 Yisou（易搜）http://www.yisou.com，首页如图 4-31 所示。

Sogou（搜狗）http://www.sogou.com，首页如图 4-32 所示。

Gougou（狗狗）http://www.gougou.com，首页如图 4-33 所示。

还有用于图片搜索的 tuweimei（图为媒）http://www.tuweimei.com，首页如图 4-34 所示。

图 4-31 Yisou 搜索引擎

图 4-32 Sogou 搜索引擎

图 4-33 Gougou 搜索引擎

图 4-34 图为媒搜索引擎

二、使用百度搜索引擎

1. 打开百度

启动 IE 浏览器，在地址栏中输入 www.baidu.com 后回车，打开百度首页，如图 4-35 所示。

图 4-35 网页搜索

2. 网页搜索

在百度首页上，默认的搜索类型是“网页”搜索，也是应用最多的搜索。在搜索框中输入要查询的关键词，然后单击“百度一下”按钮，就会出现所要搜索的网页结果了。

3. 图片搜索

在百度首页中单击“图片”链接，进入百度图片搜索引擎主页，如图 4-36 所示。

图 4-36　图片搜索

在搜索框中输入要查询的关键词，如“奥运”，得到的结果如图 4-37 所示。

图 4-37　百度图片搜索结果

系统默认搜索全部图片，如果要查询更具体的结果，可选择新闻图片、全部图片、壁纸、表情、头像五个单选按钮之一，然后单击“百度一下”按钮，百度就会自动找出相关的图片信息。

4. MP3 搜索

在百度首页中单击“MP3”链接，进入百度 MP3 搜索引擎主页，如图 4-38 所示。系统会给出很多音乐分类可供用户选择。当然，也可在搜索框中输入歌手名或歌曲名，并根据需要，选择搜索框下面视频、歌词、全部音乐、MP3、rm、wma 等七种选项之一，搜索到更具体的结果。如搜索“美丽的心灵”(MP3)，百度就会自动找出与之相关的 MP3 信息。

5. 视频搜索

单击“视频”链接，进入百度视频搜索引擎主页，如图 4-39 所示，其使用方法与 MP3 搜索类似。

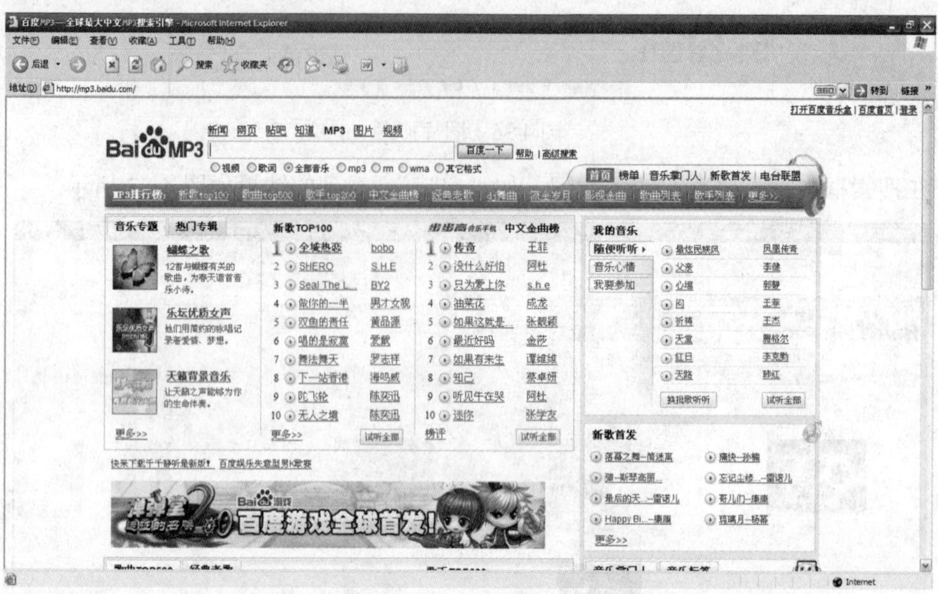

图 4-38　MP3 搜索

图 4-39　视频搜索

6. 百度新闻

单击“新闻”链接，进入百度新闻搜索引擎主页，如图 4-40 所示。窗口列出了众多的新闻分类链接，可单击查看其具体的内容，也可在搜索框中输入关键字进行更具体的

新闻搜索。

图 4-40　百度新闻

7. 百度知道

百度知道（http://zhidao.baidu.com）是一个基于搜索的互动式知识问答分享平台，于 2005 年 6 月 21 日发布，并于 2005 年 11 月 8 日转为正式版。

百度知道是用户根据具体需求有针对性地提出问题，通过积分奖励机制发动其他用户解决问题的搜索模式。同时，这些问题的答案又会进一步作为搜索结果，提供给其他有类似疑问的用户，达到分享知识的效果。

百度知道的最大特点，就在于和搜索引擎的完美结合，让用户所拥有的隐性知识转化成显性知识，用户既是百度知道内容的使用者，同时又是百度知道的创造者，在这里累积的知识数据可以反映到搜索结果中。通过用户和搜索引擎的相互作用，实现搜索引擎的社区化。

单击“知道”链接，进入百度知道主页，如图 4-41 所示。窗口列出了众多问题分类链接，可单击查看其具体的内容，也可在搜索框中输入关键字进行更具体的搜索，还可直接单击“我要提问”或“我要回答”对某一问题进行提问和解答。

8. 其他功能

（1）百度百科

首页如图 4-42 所示。百度百科是一部内容开放、自由的网络百科全书，旨在创造一个涵盖所有领域知识、服务所有互联网用户的中文知识性百科全书。百度百科本着平等、

协作、分享、自由的互联网精神，提倡网络面前人人平等，所有人共同协作编写百科全书，让知识在一定的技术规则和文化脉络下得以不断组合和拓展。百度百科为用户提供一个创造性的网络平台，强调用户的参与和奉献精神，充分调动互联网所有用户的力量，汇聚上亿用户的智慧，积极进行交流和分享，同时实现与搜索引擎的完美结合，从不同的层次上满足用户对信息的需求。

图 4-41　百度知道

图 4-42　百度百科

（2）百度文库

首页如图 4-43 所示。百度文库是供网友在线分享文档的开放平台，在这里，用户可以在线阅读和下载涉及课件、习题、考试题库、论文报告、专业资料、各类公文模板、法律文件、文学小说等多个领域的资料。平台上所累积的文档，均来自热心用户的积极上传。“百度”自身不编辑或修改用户上传的文档内容 。用户通过上传文档，可以获得平台虚拟的积分奖励，用于下载自己需要的文档。下载文档需要登录，免费文档可以登录后下载，对于上传用户已标价了的文档，下载时则需要付出虚拟积分。当前平台支持主流的.doc、.ppt、.xls、pdf、txt 等文件格式。

图 4-43 百度文库

（3）百度贴吧

首页如图 4-44 所示。百度贴吧是百度产品之一，2003 年 11 月 26 日创建，创意来自于百度首席执行官李彦宏，当时创建这一想法的初衷是，结合搜索引擎建立一个在线的交流平台，让那些对同一个话题感兴趣的人们聚集在一起，方便地展开交流和互相帮助。百度贴吧是一种基于关键词的主题交流社区，它与搜索紧密结合，准确把握用户需求，通过用户输入的关键词，自动生成讨论区，使用户能立即参与交流，发布自己所拥有的其所感兴趣话题的信息和想法。这就意味着，如果有用户对某个主题感兴趣，那么他立刻可以在百度贴吧上建立相应的讨论区。

（4）百度空间

百度家族成员之一，于 2006 年 7 月 13 日正式开放注册，空间的口号是“真我，真朋友！”轻松注册后，可以在空间写博客、传图片、养宠物、玩游戏，尽情展示自我；还能及时了解朋友的最新动态，从上千万网友中结识感兴趣的新朋友。

图 4-44　百度贴吧

（5）百度地图

百度地图搜索是百度提供的一项网络地图搜索服务，覆盖了国内近 400 个城市、数千个区县。在百度地图里，用户可以查询街道、商场、楼盘的地理位置，也可以找到最近的所有餐馆、学校、银行、公园等。

三、搜索技巧与高级搜索

1. 相关检索

如果用户无法确定输入什么关键词才能找到满意的资料，百度相关检索可以提供帮助。用户可先输入一个简单词语搜索，然后，百度搜索引擎会提供“其他用户搜索过的相关搜索词”作为参考。单击任何一个相关搜索词，都能得到那个相关搜索词的搜索结果。

2. 精确匹配——双引号和书名号

如果输入的查询词很长，百度在经过分析后，给出的搜索结果中的查询词可能是拆分的。如果用户对这种情况不满意，可以尝试让百度不拆分查询词。给查询词加上双引号，就可以达到这种效果。

例如，搜索上海科技大学，如果不加双引号，搜索结果被拆分，效果不是很好，如图 4-45 所示。但加上双引号“上海科技大学”后，搜索获得的结果就符合要求了，如图 4-46 所示。

书名号是百度独有的一个特殊查询语法。在其他搜索引擎中，书名号会被忽略，而在百度，中文书名号是可被查询的。加上书名号的查询词，有两层特殊功能，一是书名

号会出现在搜索结果中；二是被书名号扩起来的内容，不会被拆分。书名号在某些情况下特别有效果，例如查名字为很通俗和常用的那些电影或者小说。比如，查电影“手机”，如果不加书名号，很多情况下出来的是通讯工具——手机，而加上书名号后，《手机》结果就都是关于电影方面的内容了。

图 4-45　非精确搜索

图 4-46　精确搜索

3. 并行搜索

使用“A|B”来搜索。此时搜索结果为或者包含关键词 A，或者包含关键词 B 的

网页。

例如：您要搜索毛泽东或邓小平两位伟人的相关资料，不必进行两次搜索，只要输入“毛泽东|邓小平”搜索即可（搜索时不包括引号，竖线前后必须有空格），结果如图 4-47 所示。百度会提供跟“|”前后关键词相关的网站和资料。

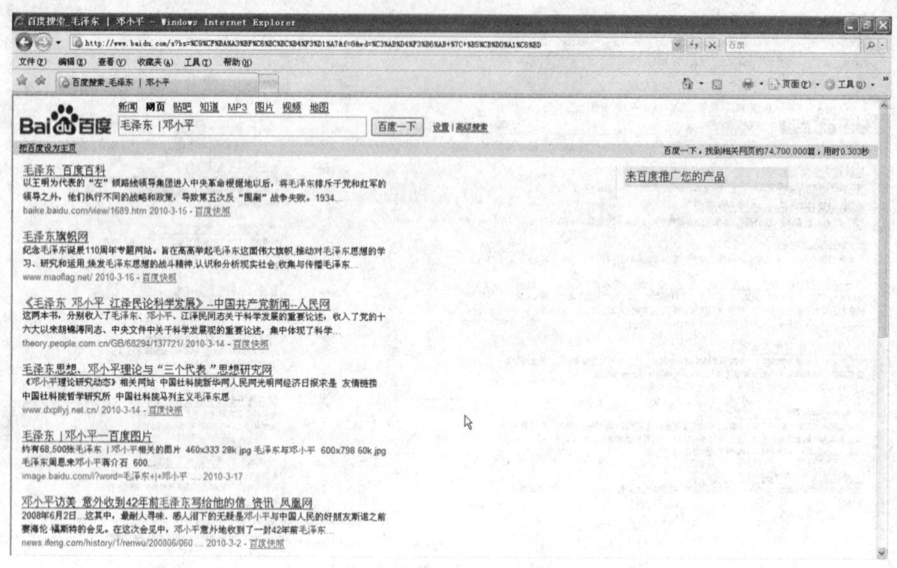

图 4-47　并行搜索

4. 减除无关资料（要求搜索结果中不含特定查询词）

如果在搜索时，发现搜索结果中有些网页是不需要的，而且这些网页都包含有特定的关键词，那么用减号语法，就可以去除所有这些含有特定关键词的网页，有利于缩小搜索范围。

例如，搜索“天下无贼”时，出现很多在线观看的网站，为了在搜索结果中去除这些在线观看的网址，就可以这样查询：天下无贼-在线观看（注：减号必须是半角符号）。

小提示

前一个关键词和减号之间必须有空格，否则，减号会被当成连字符处理，而失去减号语法功能。减号和后一个关键词之间，有无空格均可。

5. 高级搜索

单击百度搜索框后的“高级搜索”按钮，即进入百度高级搜索窗口，如图 4-48 所示，在此处可对搜索结果进行更详细的设置，以便找到最精确的结果。

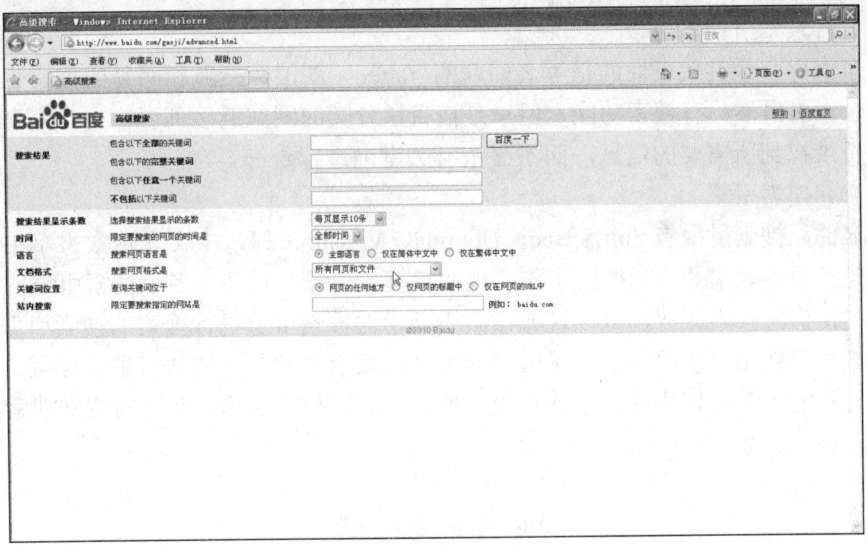

图 4-48 高级搜索

1. 搜索引擎

搜索引擎是对因特网上的信息资源进行搜集整理，然后提供给大家进行查询的系统。搜索引擎实际上是一个为用户提供信息“检索”服务的网站，它使用某些程序把 Internet 上的所有信息加以归类，帮助人们在网络信息海洋中搜寻到所需要的信息资源。从用户角度来看，搜索引擎提供给我们一个包含搜索框的页面，在搜索框中输入词语，通过浏览器提交给搜索引擎后，搜索引擎就会返回跟用户输入内容相关的信息列表。

2. 搜索引擎分类

根据搜索引擎的工作方式，可将其分为三种类型：即全文搜索引擎、目录索引搜索引擎和元搜索引擎。

（1）全文搜索引擎

全文搜索引擎国外最具代表的是 Google，国内则是著名的百度搜索。它们从互联网上提取各个网站的信息建立起数据库，能检索与用户查询条件相匹配的记录，并按一定的排列顺序将结果返回给用户，可以说是真正意义上的搜索引擎。根据搜索结果来源的不同，全文搜索引擎可分为两类：一类拥有自己的检索程序（Indexer），俗称“蜘蛛”（Spider）程序或“机器人”（Robot）程序，能自建网页数据库，搜索结果直接从自身的数据库中调用，上面提到的 Google 和百度就属于此类；另一类则是租用其他搜索引擎的数据库，并按自定的格式排列搜索结果，如 Lycos 搜索引擎，这是一种西班牙语门户网络。

（2）目录索引搜索引擎

目录索引中最具代表性的是大名鼎鼎的 Yahoo，新浪、搜狐和网易的搜索也属于此类。目录索引虽然具有搜索功能，但只是按目录分类的网站链接列表。用户完全可以按照分类目录找到所需要的信息，而不必依靠关键词进行查询。

（3）元搜索引擎

著名的元搜索引擎有 InfoSpace、Dogpile、Vivisimo 等，中文元搜索引擎中最具代表性的是搜星搜索引擎。元搜索引擎，也叫集搜索引擎，它共享多个搜索引擎的资源库为用户提供信息搜索服务，可以说元搜索引擎是对搜索引擎进行搜索的搜索引擎。

搜索引擎按用户使用的语言又可分为中文搜索引擎和英文搜索引擎。常用的中文搜索引擎有百度、Google 中文、中文雅虎、搜狐、新浪和网易等，常用的英文搜索引擎有 Google、Yahoo 等。

项 目 小 结

本项目主要学习了 IE 和傲游浏览器的设置和使用，并通过百度搜索引擎实例详细介绍了搜索引擎的使用方法和技巧，这些对于大家全面快速地掌握因特网应用操作将会有很大的帮助。

思考与练习

一、填空题

1. 常用的浏览器软件有________和 Netscape Navigator 等；在浏览网页时，鼠标指针变成手形，说明此处是一个________，单击此处可以从一个页面________到另一个页面。

2. 搜索引擎查询信息的方式主要有_________和_________两种。

3. 在主机域名中，WWW 指的是_______________。

4. 搜索引擎可分为__________、__________、_________等几类。

5. 我们常用的中文搜索引擎有__________、__________、__________，英文搜索引擎有_________、__________等。

二、实训题

1. 练习火狐浏览器的使用。

2. 根据所学内容，试着找出下述查询词的问题，并想出更合适的能满足搜索需求的查询词，然后通过搜索引擎进行搜索，查看搜索结果。

（1）所得税会计处理问题探讨。

（2）周星驰个人档案和所拍的电影。

（3）搜索一张分辨率为 800×600 的风景壁纸。

项目五

收发与管理电子邮件

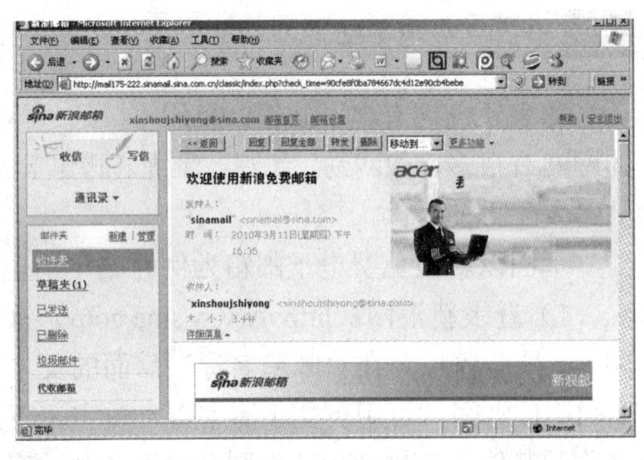

知识目标：

1. 了解电子邮箱的相关知识。
2. 熟悉常用的电子邮件客户端软件。
3. 了解电子邮箱相关协议。

技能目标：

1. 学会免费电子邮箱的申请方法。
2. 掌握网页方式使用和管理电子邮件的方法。
3. 掌握 Outlook Express 管理电子邮件的方法。

任务一 申请和使用电子邮箱

任务描述

电子邮箱（E-mail）服务是目前 Internet 上最基本的服务项目，也是使用最广泛的功能之一。拥有电子邮箱的用户可实现远距离快速通信和信息资料的传送。使用电子邮件不仅可以传送文本信息，还可以传送图像、声音等各种多媒体文件，具有通信简便、快捷、经济和联络范围广泛的特点。人们可以在任何地方任何时间收、发信件，解决了时空的限制，大大提高了工作效率，为办公自动化和商业活动提供了更大的便利。我们可到新浪、网易、雅虎、搜狐等网站免费申请邮箱，如果有QQ号码的话，则QQ号码@qq.com就是我们的 QQ 邮箱地址。

任务实施

一、申请免费电子邮箱

如果还没拥有电子邮箱，我们可以通过网站进行注册申请，可以选择注册电子邮箱的网站有很多，如网易、新浪、雅虎、腾讯等是大家常用的，都有免费的邮箱可以使用，非常安全方便。

下面以新浪免费电子邮箱为例介绍申请电子邮箱的方法步骤。

1）登录新浪网（http://www.sina.com）首页，单击网页顶部的注册通行证，打开如图 5-1 所示窗口。在“邮箱名称”后面的文本框中输入自己的邮箱名称。邮箱名称应是 4～16 位之间，可用英文小写字母、数字、下划线，不能全部是数字或下划线，且这个名称须其他人未曾使用，否则会提示该邮箱名已被占用。然后在“验证码”后的文本框中输入图片所示的字符。

2）单击“下一步”，进入如图 5-2 所示的设置窗口。分别输入新浪登录密码和再次输入密码，再单击“密码查询问题：”后的下拉按钮选择一个问题，然后填入自己设计的密码查询答案。在填写个人资料处填入昵称，这个昵称将作为新浪网用户的网名。在填写验证码处填好验证码。

3）分别单击《新浪网络服务使用协议》和《新浪免费邮箱服务条款》超链接，查看其内容，如果同意，则选中前面的单选按钮，如不选中，则无法注册。

4）单击“提交”按钮，将提示注册成功，如图 5-3 所示。

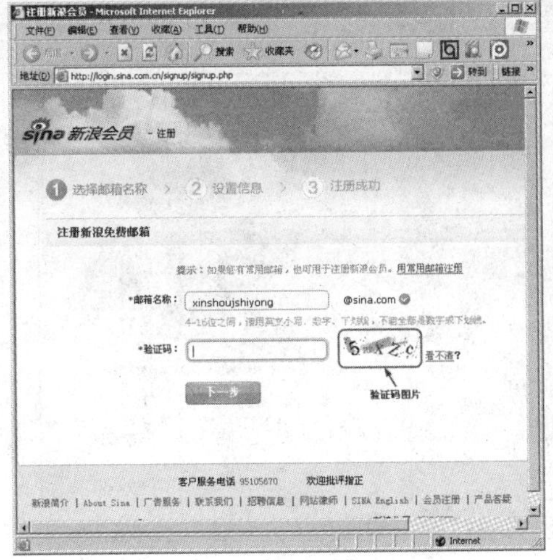

图 5-1　邮箱注册窗口

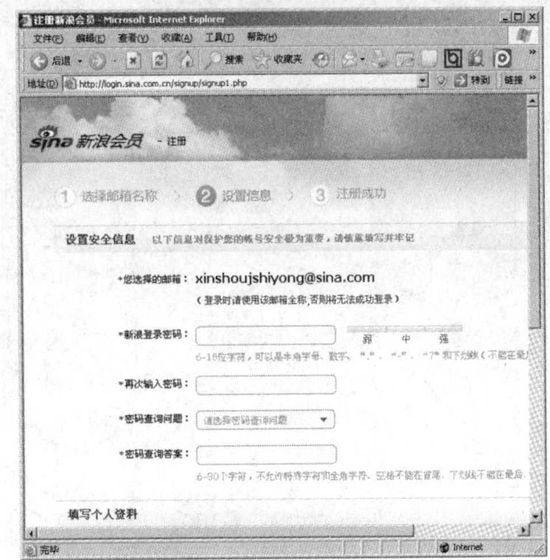

图 5-2　邮箱设置

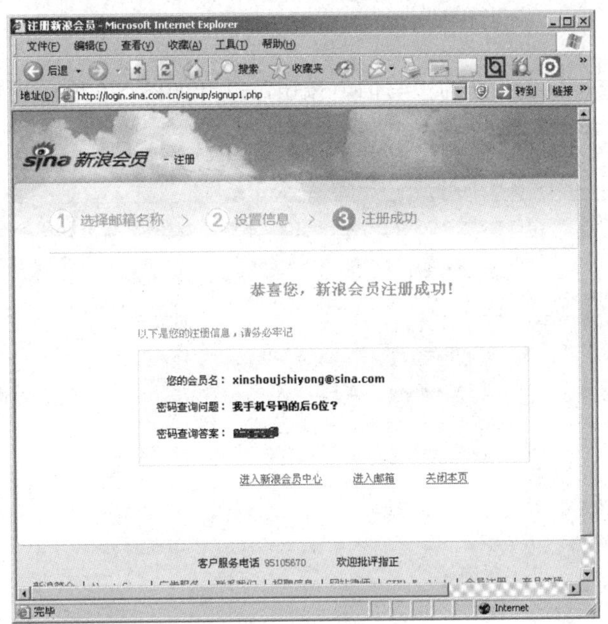

图 5-3　注册成功

二、在网页中使用和管理 E-mail

1. 进入邮箱

登录 http://mail.sina.com 或单击新浪网首页栏目处的“邮箱”，进入如图 5-4 所示的窗口。在左侧的新浪免费邮箱处填入邮箱名和密码，然后单击“登录”即进入自己的邮箱，如图 5-5 所示。

图 5-4　邮箱登录窗口

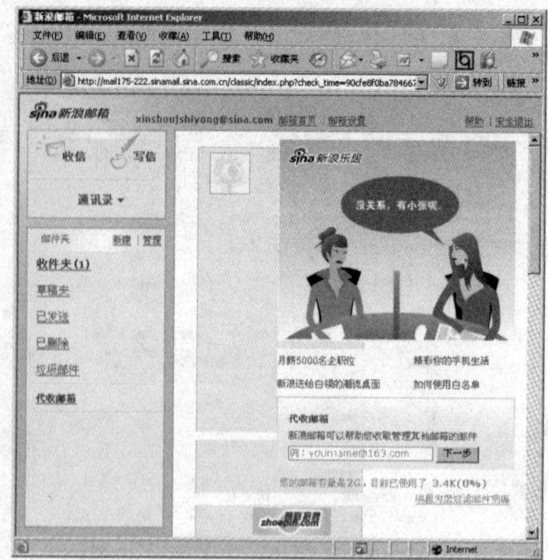

图 5-5　邮箱窗口

2. 发送邮件

进入邮箱后，单击左上方的“写信”按钮，打开如图 5-6 所示窗口。

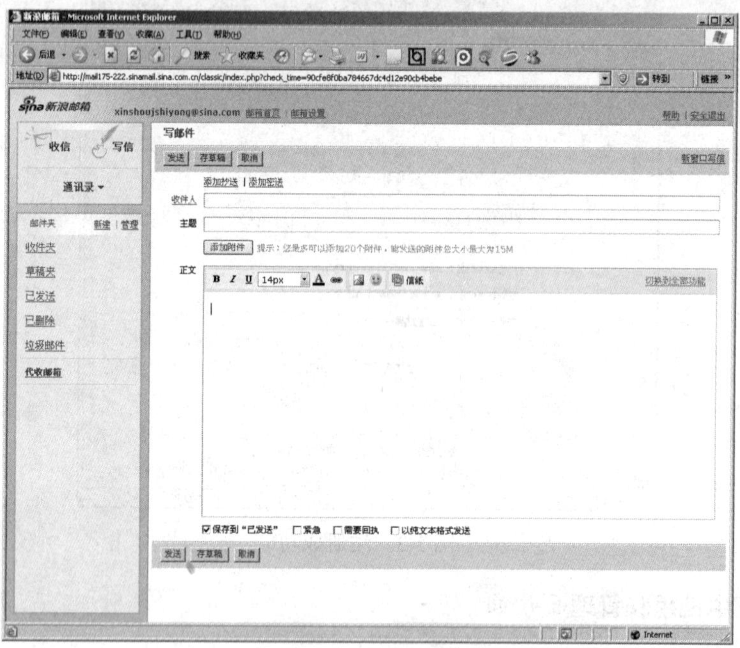

图 5-6　写信窗口

1）在收件人后面的文本框中输入收信人邮箱地址，如 zhangsan1234abc@163.com。

2）在主题后的文本框中输入本邮件的题目，如“放假通知”。

3）在正文处输入邮件的内容。

小提示

邮件的正文中可以通过单击工具按钮插入表情、图片、链接地址等，单击“信纸”按钮，在右侧会出现邮件模板，可以选择一种漂亮的模板。单击右侧的“全部功能”，可以对文字的字体、段落、项目符号等进行详细的设置。

4）添加附件。通过单击“添加附件”可以把其他文件以附件的形式发送给收信人。邮箱一般对附件的大小都有限制，新浪免费邮箱要求附件的大小不超过15M，最多可以添加20个附件。

5）全部输入完毕，确认无误后，单击“发送”按钮就可以了。如果发送的附件比较大，发送时间也许会很长，请耐心等待，发送完毕将提示成功发送。

小提示

如果一封邮件要同时发送给多个好友，各收件人邮箱之间用“;”分隔开，或者通过通讯录直接导入也可以。

错误! 可以通过单击“添加抄送”或“添加密送”将邮件抄送或密送给其他人。

如选择“抄送”则抄送栏中的人能看到收件栏中的人是谁；如是“密送”则密送栏中的人能看见收件栏或抄送栏中的人是谁，但收件栏或抄送栏中的人是看不到密送栏收件人是谁。

发送邮件的同时，邮件自动进入“已发送”邮件夹，便于我们以后进行查询。

6）存草稿。写好邮件后我们可以单击“存草稿”，邮箱会把这个邮件作为一个草稿保存在草稿夹中，下一次写信时可以通过修改草稿来完成邮件的撰写。

3. 接收邮件

1）单击邮箱窗口左侧的“收件夹”，如图5-7所示，别人发给我们的邮件就在这个窗口中显示出来。

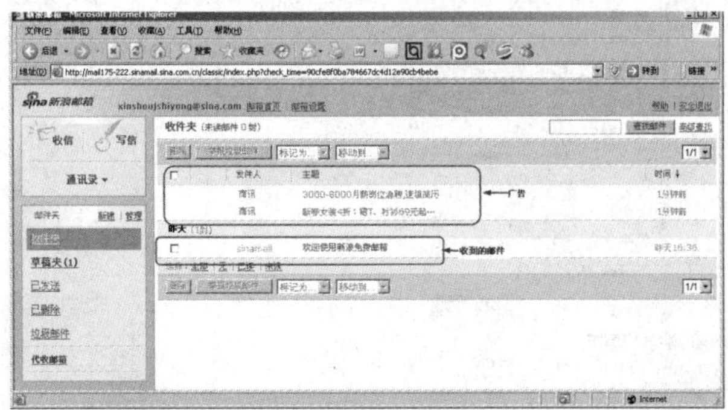

图5-7　收件夹窗口

2）单击发件人或主题即打开邮件，如图 5-8 所示。这时就可以阅读邮件的内容。

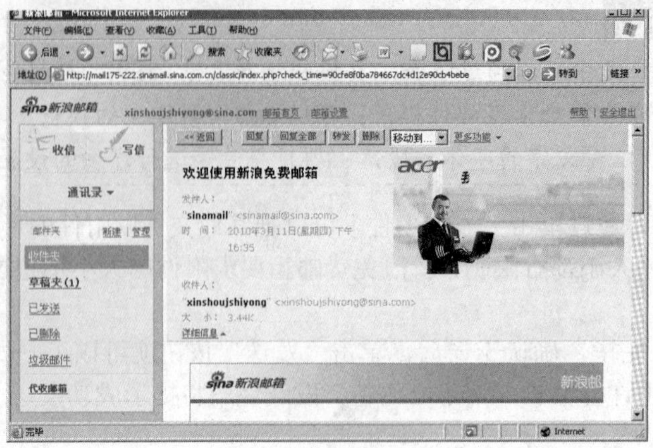

图 5-8　阅读邮件

3）单击邮件正文上方的“回复”，可以回复此邮件，单击“转发”，可以把这个邮件的内容发送给别人。

4）单击“删除”，则将此邮件从收件夹中删除，进入已删除邮件夹中。

三、邮箱设置

在邮箱窗口，我们可以单击上部的“邮箱设置”按钮，打开邮箱设置选项，通过相关的项目标签对邮箱进行不同的特性设置。

1. 常规设置

在“常规”标签中可对每页显示的邮件数、个性签名、以及收/邮件时的一些操作进行设置，如图 5-9 所示。

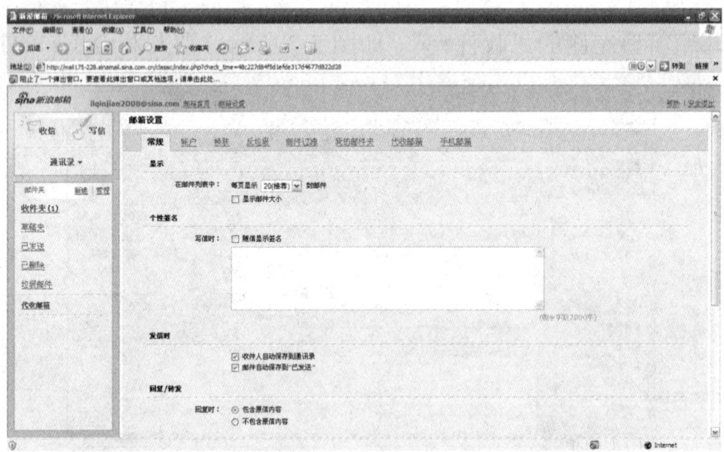

图 5-9　常规设置

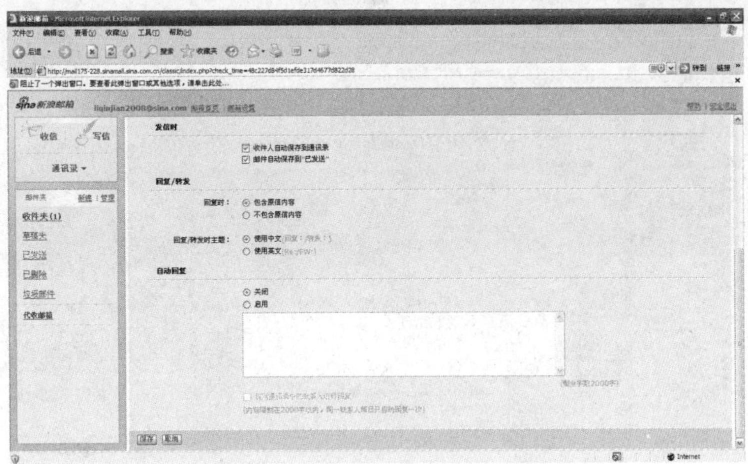

图 5-9　（续）

1）个性签名。在个性签名栏目可勾选“随信显示签名”项，然后在下面的文本框中输入自己的个性签名，这样每次发送邮件时会将个性签名一同发送。

2）收件人自动保存到通讯录：勾选此项将把收件人的邮箱地址自动存到通讯录中，比较方便，建议使用。

3）邮件自动保存到“已发送”：建议勾选，以便以后查询方便。“已发送”夹最好定期整理，删除不必要的内容，以节省邮箱空间。

4）自动回复：此项默认关闭，如启用，则别人给你发送邮件后会收到一封自动回复邮件，从而可确认邮件已发送到你的邮箱中，回复的内容可自己在文本框中定义。

2. 帐户设置

在帐户标签中可对帐户信息、帐户安全资料和 POP/SMTP 进行设置，如图 5-10 所示。

图 5-10　帐户设置

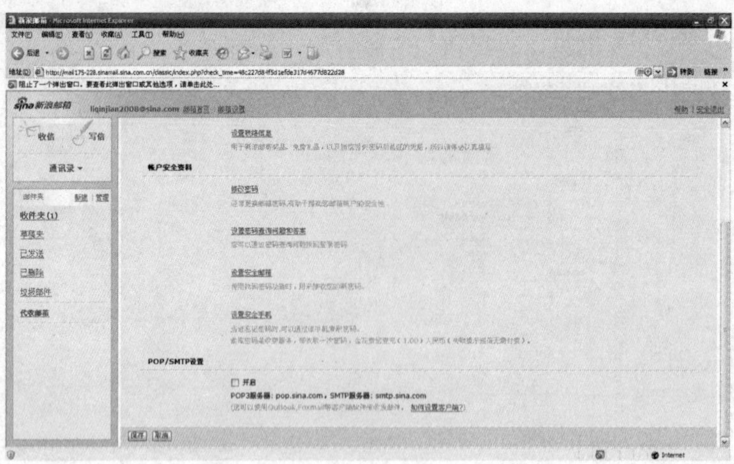

图 5-10 （续）

（1）帐户信息

帐户昵称是在发出的所有邮件中，收件人所显示的帐户昵称。

在基本信息设置窗口，可设置更加详细的用户信息，从而可得到系统提供的人性化内容服务，如图 5-11 所示。

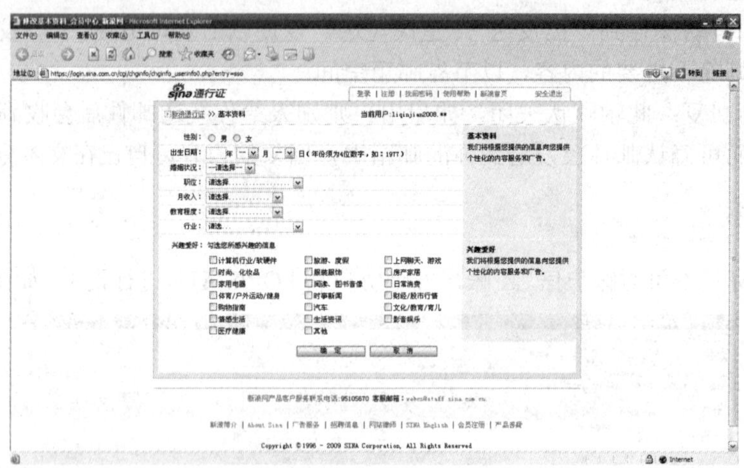

图 5-11 帐户基本资料设置

设置联络信息项目的内容用于邮寄联络及丢失密码后验证的凭据，最好认真填写。

（2）帐户安全资料

修改密码及设置密码查询问题和答案用于密码安全方面的设置。

“安全邮箱”是为了在忘记密码或者帐户被盗时，用来接收新密码的邮箱。

“安全手机”是当忘记密码时，可以通过该手机索取密码（该服务是要收费的）。

（3）POP/SMTP 设置

开启此服务可用 Outlook、Foxmail 等客户端软件来收发邮件。

3. 换肤

如图 5-12 所示，此项功能可设置不同邮箱窗口的皮肤。

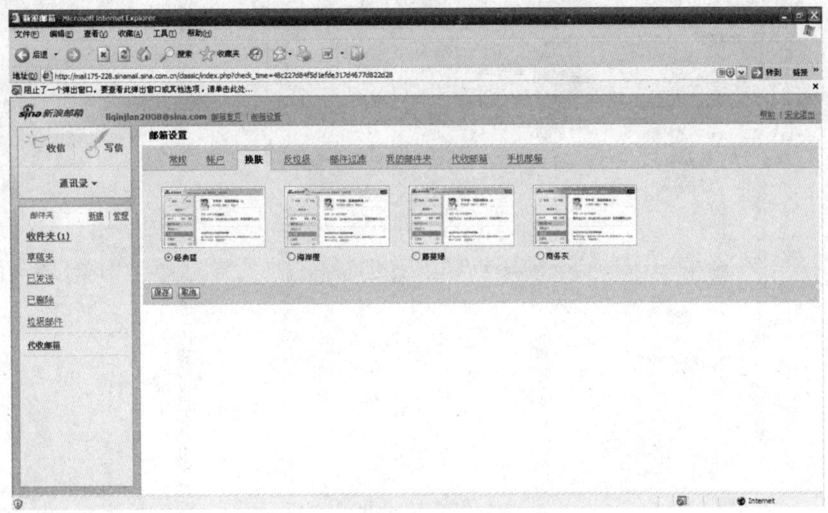

图 5-12 换肤设置

4. 反垃圾

“反垃圾”项可设置黑名单和白名单及反垃圾选项，如图 5-13 所示。

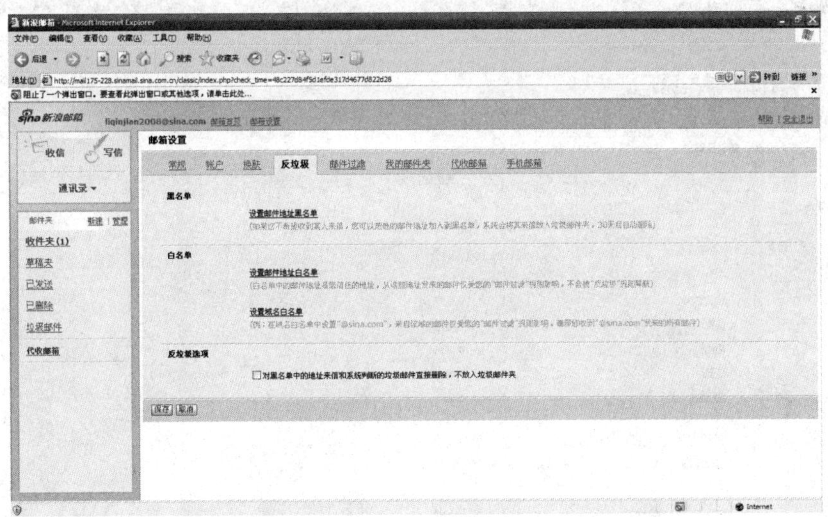

图 5-13 反垃圾设置

5. 邮件过滤

“邮件过滤”项可设置过滤规则，如图 5-14 所示。

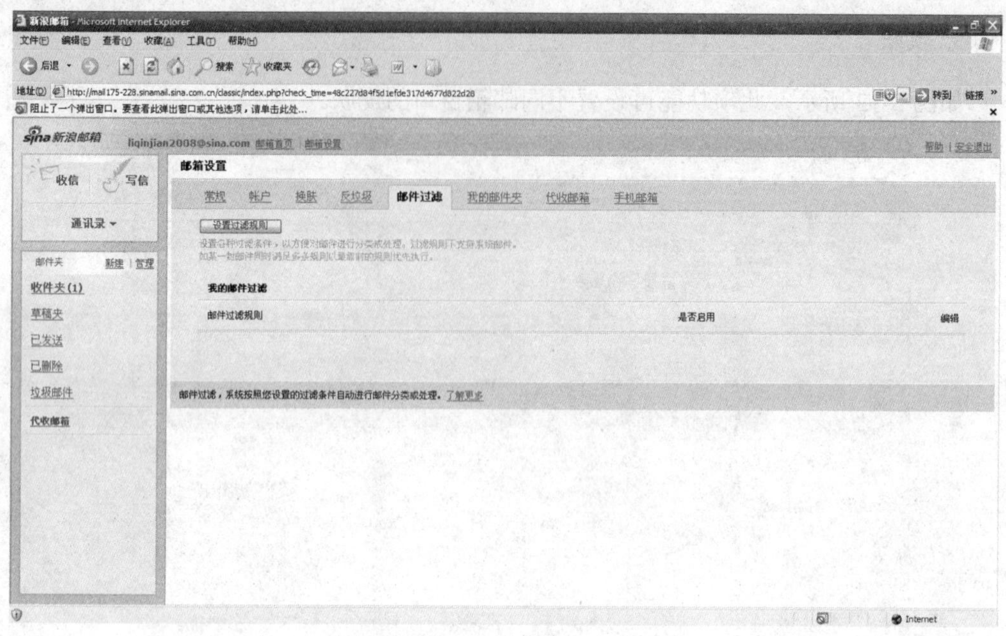

图 5-14　设置邮箱过滤规则

6. 我的邮件夹

“我的邮件夹”功能主要是对系统邮件夹进行清空和整理等操作，如图 5-15 所示。

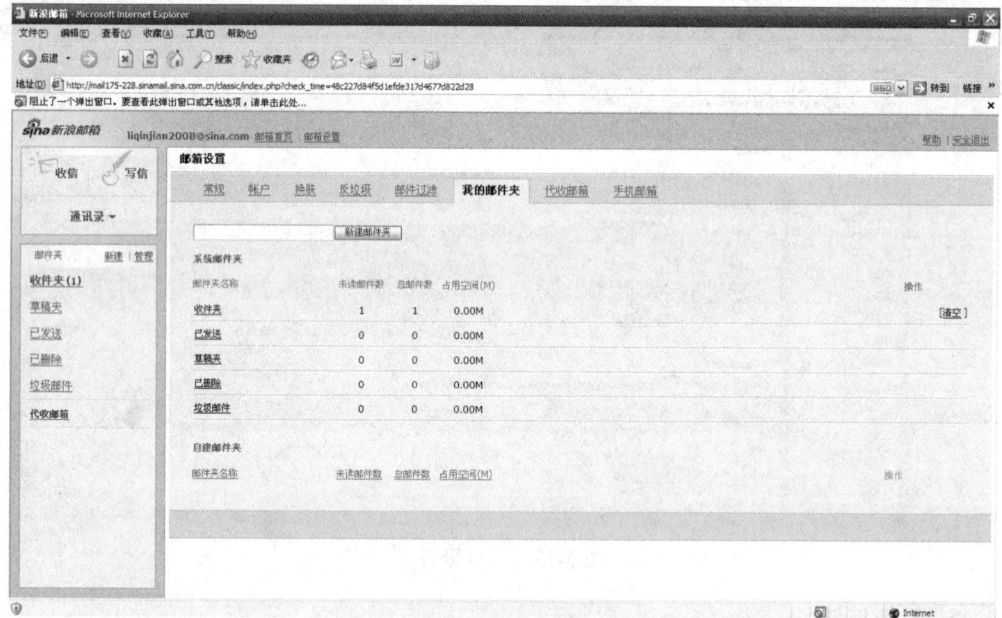

图 5-15　我的邮件夹设置

7. 代收邮箱

“代收邮箱”功能通过“设置代收邮箱帐户”添加代收邮箱，从而实现在本邮箱收取其他邮箱的邮件功能，如图 5-16 所示。

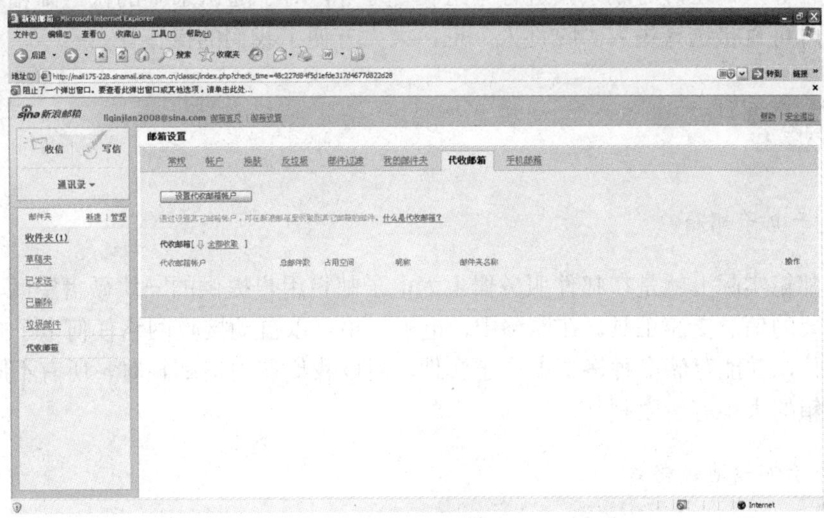

图 5-16　代收邮箱设置

8. 手机邮箱

“手机邮箱”功能可设置手机登录 WAP 邮箱选项来达到手机管理邮箱的目的，如图 5-17 所示。

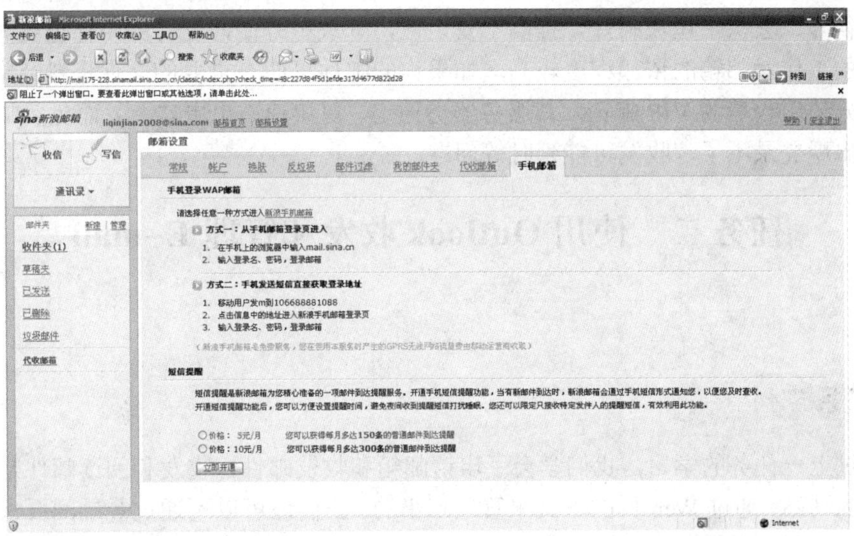

图 5-17　手机邮箱

9. 通讯录

邮箱页面上都有“通讯录”按钮，打开按钮可添加联系人的邮箱帐号，也可从其他邮箱或文件导入，还可对联系人进行分组和管理等，对于通讯录中的帐户邮箱地址，在撰写邮件时可直接选择进入“收件人”框，大大方便了我们的操作。

1. 关于电子邮箱

电子邮箱实际上就是在邮件服务器上为电子邮箱用户提供的一块硬盘空间，是因特网中最重要的信息交流工具。在网络中，电子邮箱可以自动接收网络任何电子邮箱所发的电子邮件，并能存储多种格式的电子文件。所以我们在申请邮箱时，所有不同的网站都会对邮箱的大小有所限制。

2. 电子邮箱地址格式

一个完整的邮箱地址格式为：用户名@主机域名，中间用一个表示“在”(at) 的符号“@”分开，符号的左边是我们的邮箱帐户名，右边是完整的邮件服务器域名。例如：emailXiaoli@ 163.com 为网易 163 邮箱。

3. 免费邮箱与收费邮箱

免费邮箱完全可以满足一般用户的需求。收费邮箱相比免费邮箱在容量和安全性方面要强得多，去除了垃圾邮件，提高了安全性，登录更方便，支持的附件也要大很多。如果你的工作对邮箱的依赖程度较高，如果你的邮件里面有重要的文件资料经常传递，那么最好使用收费的 VIP 邮箱，其服务器更稳定、更快速、也更安全。而免费邮箱有时可能会出现登录不了、收发可能延时等问题。

任务二　使用 Outlook 收发和管理 E-mail

通过上一任务的学习，我们学会了申请邮箱和收发邮件，收发和阅读邮件是登录电子邮箱的网站，通过 Web 页的方式来管理邮箱的。我们还可以不通过登录网页来管理邮箱，即可以通过专门的电子邮件收发软件如 Outlook Express、Foxmail 等来管理邮箱。

下面就通过一个实例来完成在 Outlook 中设置和管理邮箱。

一、设置 E-mail 帐号

1）单击“开始菜单→所有程序→Outlook Express”启动 Outlook Express。

2）在 Outlook Express 窗口中，单击工具菜单下的“帐户”命令，弹出“Internet 帐户”对话框，如图 5-18 所示。选择“邮件”选项卡，如图 5-19 所示。

图 5-18　帐户

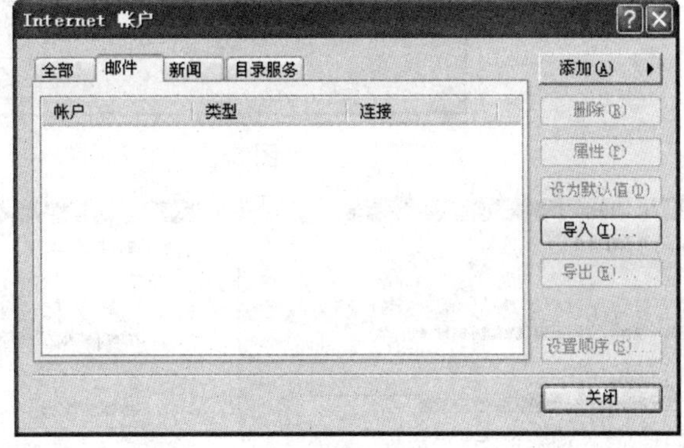

图 5-19　添加帐户

3）单击“添加”按钮，在菜单中选择“邮件”命令，如图 5-20 所示。

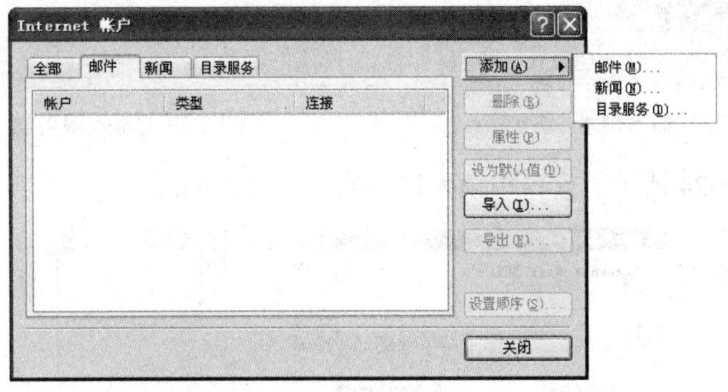

图 5-20　添加邮件帐户

4）接下来出现“Internet 连接向导”对话框，在“显示名”右面的文本框中填入姓名，然后单击“下一步”，如图 5-21 所示。

5）在弹出如图 5-22 所示窗口中的“电子邮件地址”右面的文本框中输入您的电子邮件地址，然后单击“下一步”。

6）在“我的邮件接收服务器是”右面的下拉列表框中选择“POP3”，在下面的接收邮件服务器和发送邮件服务器处分别填入“pop.sina.com”和“smtp.sina.com”，然后单

击“下一步”，如图 5-23 所示。

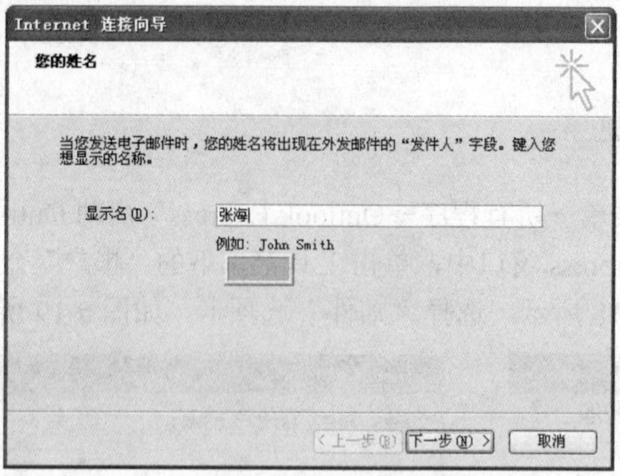

图 5-21　输入用户名

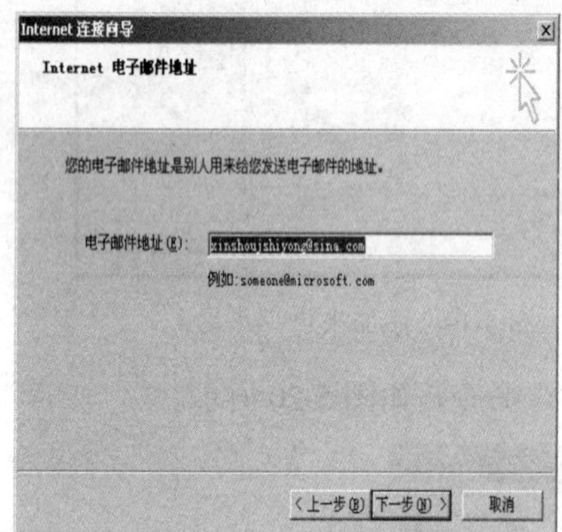

图 5-22　输入地址

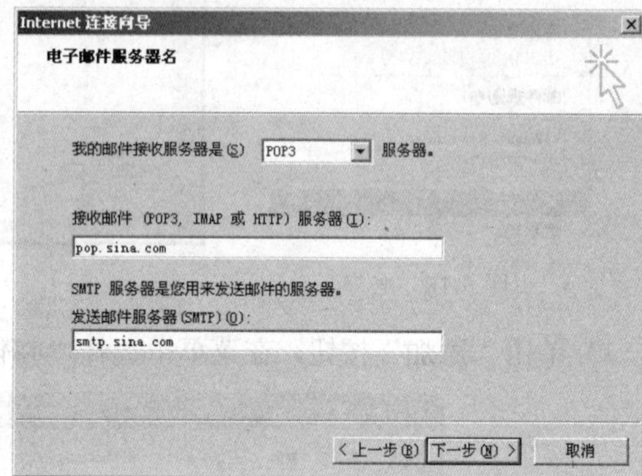

图 5-23　输入服务器

7）在如图 5-24 所示的窗口中填入用户名和密码，单击“下一步”。

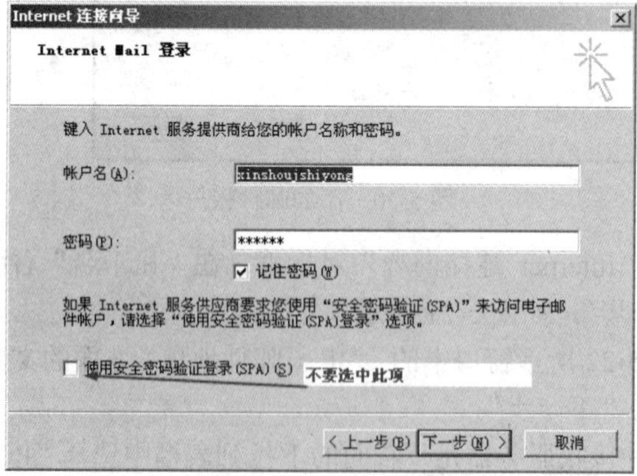

图 5-24　输入用户名和密码

8）在弹出的对话框中，单击“完成”，如图 5-25 所示。

9）在 Internet 帐户对话框中，单击“邮件”选项卡并选中新建的帐号，然后单击“属性”按钮，如图 5-26 所示。

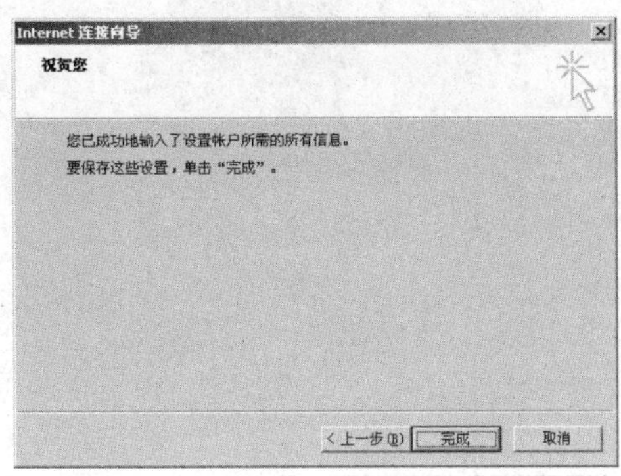

图 5-25　完成

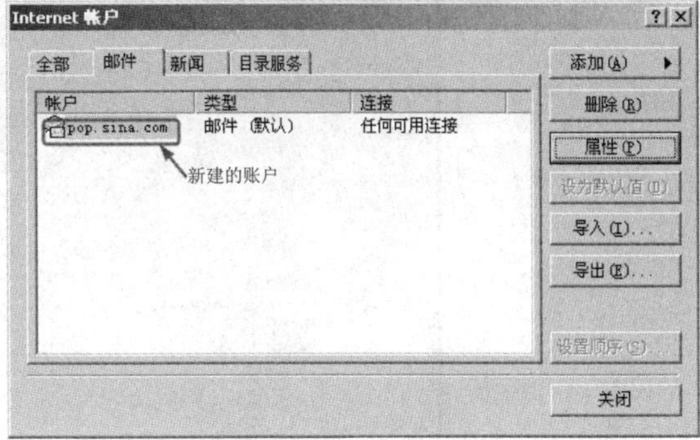

图 5-26　帐户属性

10）在帐号的属性中，单击“服务器”选择卡，单击选中“我的服务器要求身份验证”选项，此选项必须选中，否则将无法正常发送邮件，如图 5-27 所示。

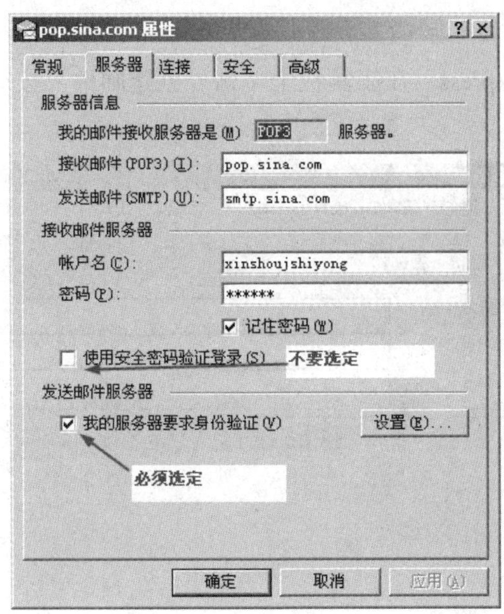

图 5-27　服务器属性

小提示

如果您使用客户端软件（如 Outlook、Foxmail 等）管理邮件，请先在 Web 页面登录邮箱，确认邮箱设置的“POP/SMTP 设置”开启，如图 5-28 所示。

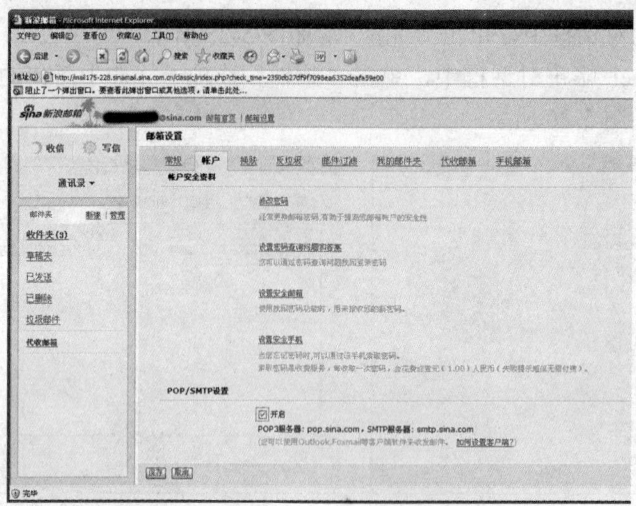

图 5-28　邮箱设置

二、使用 Outlook 收发和管理 E-mail

1. 撰写与发送邮件

1）打开 Outlook Express，在工具栏上单击“创建邮件”按钮就会弹出新邮件窗口，如图 5-29 所示。

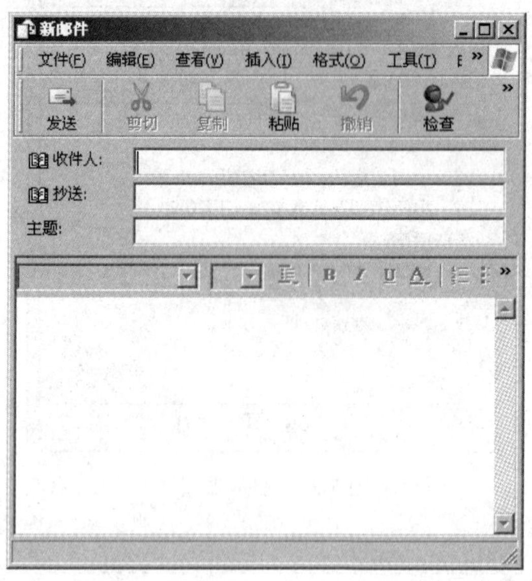

图 5-29　写邮件

2）在“收件人”和“抄送”（可省略）栏中，键入收件人的电子邮件地址。然后在“主题”框中，键入邮件的标题。

3）撰写邮件的内容：在主窗口中键入邮件正文，通过工具栏上的撤消、剪切、复制、粘贴等按钮，可以轻松地实现对邮件的编辑工作。

4）插入附件：可以将文件作为附件的方式插在邮件中发送出去。具体方法为：在"插入"菜单上单击"文件附件"命令或单击工具栏上的"附件"按钮，弹出"插入附件"对话框，然后查找要附加的文件，选择该文件，然后单击"附件"。此时附加的文件名称即显示在"附件"框中。

5）美化邮件：如果想让邮件更加美观，可以使用 Outlook Express 信纸创建精美的电子邮件或新闻组邮件。信纸是一种模板，它可以包含背景图案、独特的字体颜色以及自定义的页边距。

使用信纸的方法如下：在"格式"菜单上，在"应用信纸"子菜单中选择一种信纸类型即可。

6）新邮件写好后，单击工具栏上的"发送"按钮即将它发送出去，如果正在脱机撰写邮件，也可以单击"文件"菜单中的"以后发送"，将邮件保存在"发件箱"中。

2. 阅读邮件

（1）收邮件

单击菜单栏 "工具→发送和接收→接收全部邮件"，这样就把别人发送的邮件从收件服务器上下载到本地 Outlook Express 收件箱。单击左侧文件夹"收件箱"，在右侧的窗口中出现我们收到的邮件，如图 5-30 所示。

（2）阅读邮件

双击收件箱中收到的某个邮件，就可打开该邮件，并且可以回复、转发、删除或打印该邮件，如图 5-31 所示。

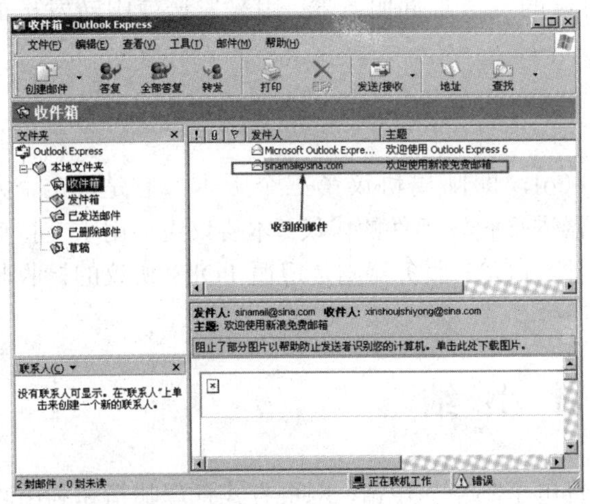

图 5-30　收邮件

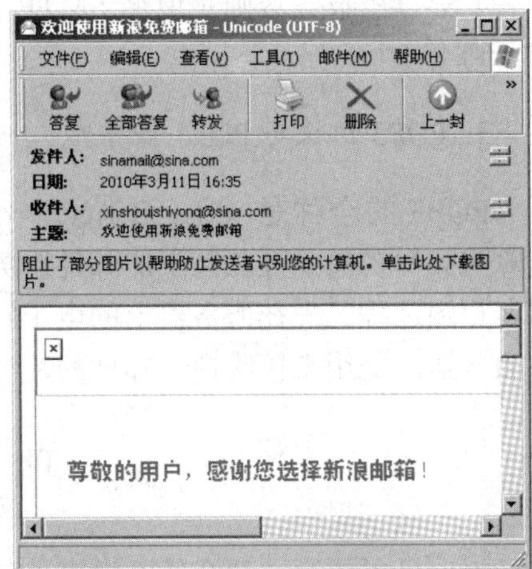

图 5-31　阅读邮件

知识探究

1. 关于 Outlook Express

Outlook Express 是 Windows 操作系统的一个收、发、写、管理电子邮件的自带软件，即收、发、写、管理电子邮件的工具，使用它收发电子邮件十分方便。

通常在某个网站注册了自己的电子邮箱后，要收发电子邮件，须登入该网站，进入电邮网页，输入帐户名和密码，然后进行电子邮件的收、发、写等操作。

使用 Outlook Express 后，这些操作步骤便一步跳过。只需打开 Outlook Express 界面，Outlook Express 程序便自动与注册的网站电子邮箱服务器联机工作，收下电子邮件。发信时，可以使用 Outlook Express 创建新邮件，通过网站服务器联机发送（所有电子邮件可以脱机阅览）。另外，Outlook Express 在接收电子邮件时，会自动把发信人的电邮地址存入“通讯簿”，供以后调用。此外，当单击网页中的电邮超链接时（如网页上的“联系我们”按钮）会自动弹出写邮件界面，该新邮件已自动设置好了对方（收信人）的电邮地址和你的电邮地址，只要写上内容，单击“发送”即可。

Outlook Express 的另一个重要功能是新闻组管理，其使用方法与管理邮件类似，也要首先设置新闻组帐号，同样可以管理多个新闻组。

2. SMTP 协议与 SMTP 服务器

SMTP（Simple Mail Transfer Protocol）即简单邮件传输协议，它是一组用于由源地址到目的地址传送邮件的规则，由它来控制信件的中转方式。SMTP 协议属于 TCP / IP 协议族，它帮助每台计算机在发送或中转信件时找到下一个目的地。通过 SMTP 协议所指定的服务器，就可以把 E-mail 寄到收信人的服务器上了，整个过程只要几分钟。SMTP 服务器则是遵循 SMTP 协议的发送邮件服务器，用来发送或中转发出的电子邮件。

3. POP3 协议与 POP3 服务器

POP3 的全称是 Post Office Protocol，即邮局协议第三个版本，它是规定个人计算机如何连接到互联网上的邮件服务器进行收发邮件的协议。本协议主要用于支持使用客户端远程管理在服务器上的电子邮件。POP3 服务器则是遵循 POP3 协议的接收邮件服务器，是用来接收电子邮件的。

项 目 小 结

本项目主要通过两个任务学习了免费电子邮箱的申请，网页方式管理邮箱和利用软件进行邮箱管理的方法，这对大家进行邮件的收发和管理会有很大的帮助。

思考与练习

一、选择题

1．请判断以下邮件地址，（　　）是合法的。

A. tcxqzxwwp.sina.com

B. tcxqzxwwp@sina@com

C. tcxqzxwwp@sina.com

D. sina.tcxqzxwwp@com

2. 在收件人窗口中，新邮件的“抄送”文本框输入的多个电子信箱的地址之间应用（　　）加以分隔。

A. ；号　　B. *号　　C. \号　　D. 、号

3. 下列关于 E-mail 的叙述中，正确的是（　　）。

A. 在发送的邮件中必须有收件人的邮件编码

B. 在发送的邮件中必须有收件人的邮件地址

C. 在发送的邮件中必须有邮件的抄送

D. 在发送的邮件中必须有附件

4. 在电子邮件中，用户（　　）。

A. 只可以传送文本信息

B. 不能传送多媒体文件

C. 可同时传送文本信息与多媒体文件

D. 不能附加任何文件

5. 要申请免费电子邮箱首先必须（　　）。

A. 在线注册　　B. 交费开户　　C. 书面申请　　D. 电子邮件申请

6. 接收邮件所用的协议是（　　）。

A. POP3　　B. SMTP　　C. HTTP　　D. FTP

7. 与 Outlook Express 功能相似的是（　　）。

A. Photoshop　　B. Foxmail　　C. Word　　D. Flash

二、实训题

1. 请分别在新浪、网易和雅虎申请一个邮箱。
2. 用刚才申请的邮箱发一封邮件到老师的邮箱：emailxiaoli@126.com。
3. 用 Word 自制一张贺卡，通过电子邮箱发送给老师或同学。
4. 在 Outlook 和 Foxmail 中用自己申请的免费电子邮箱来设置邮件帐号。
5. 练习 QQ 邮箱和手机邮箱的使用。
6. 自主探究网易网盘的使用。

项目六

网络资源下载

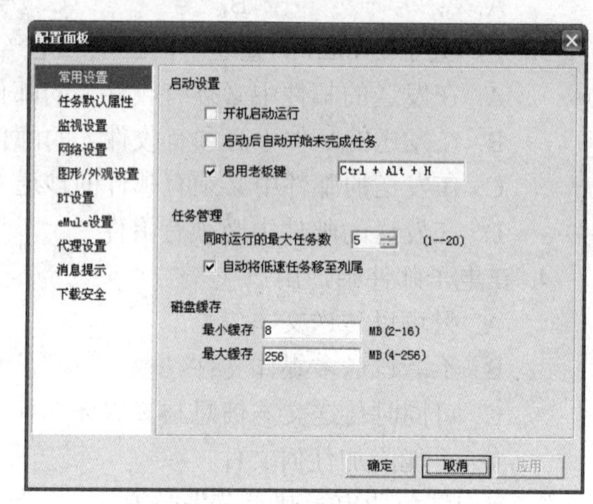

知识目标：

1. 熟悉常用的网络资源上传、下载方式。
2. 了解一些常用的网络下载工具。
3. 熟悉迅雷软件的相关知识。
4. 了解 FTP 软件的使用。
5. 了解网络 U 盘和纳米盘的相关知识。

技能目标：

1. 学会迅雷下载软件的安装和配置。
2. 掌握用迅雷软件进行文件下载的方法。
3. 掌握 FTP 软件的使用。

任务一 迅 雷 下 载

任务描述

迅雷是目前常用的一款非常著名的下载工具，被称为“光速般”的智能下载软件。迅雷下载号称拥有比目前用户常用的下载软件快 7～10 倍的下载速度，它是一款基于 P2SP 技术的下载工具，能够有效降低死链比例，也就是说这个链接如果是死链，迅雷会搜索到其他链接来下载所需用的文件；支持多节点断点续传；支持不同的下载速率；同时迅雷还可以智能分析出哪个节点上上传速度最快，以此来提高用户的下载速度；支持各节点自动路由；支持 HTTP/ FTP/ MMS/ RTSP/ BT/eMule 等多协议下载。下面我们就来学习迅雷软件的使用。

任务实施

一、安装迅雷下载软件

登录迅雷网站 www.xunlei.com，在网站首页的左上角有迅雷下载软件的下载链接，如图 6-1 所示。可以选择“在线安装”，也可将其下载到本地再安装。这里选择“本地下载”，然后再进行安装。

图 6-1 迅雷首页

1）下载完成后，单击迅雷 5 下载窗口上的“运行”按钮，立即运行下载完成的“迅雷 5”客户端安装包。

2）运行了“迅雷 5”客户端的安装包后，打开“迅雷 5”安装向导界面，如图 6-2 所示。

3）单击“下一步”，弹出安装许可协议对话框，只有选择同意了该协议，才能继续安装“迅雷 5”，在认真查看了迅雷安装许可协议后，选择“我同意此协议”，如图 6-3 所示。

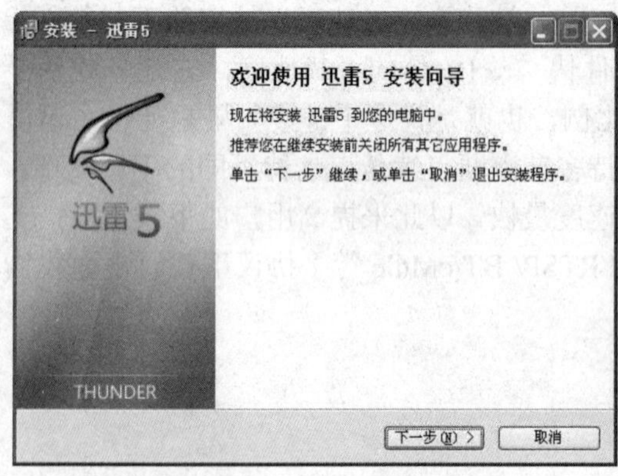

图 6-2　迅雷安装向导

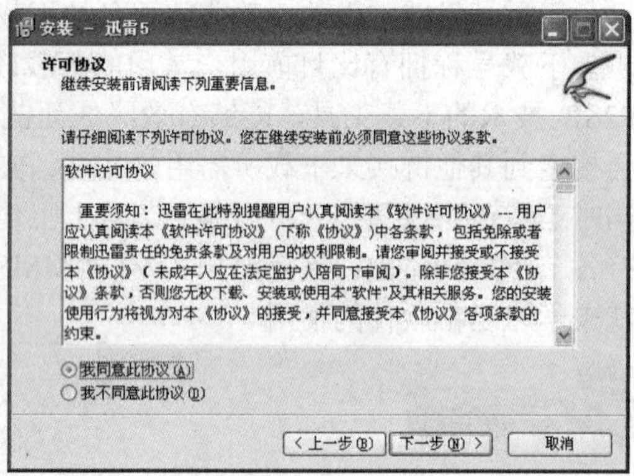

图 6-3　许可协议

4）单击“下一步”，弹出“迅雷 5”安装的选项，如图 6-4 所示，可在这里设置是否安装“迅雷 5”的某个组件，每个组件后面都会有相应的功能说明，可按需要进行选择。选择完成后单击“下一步”继续。

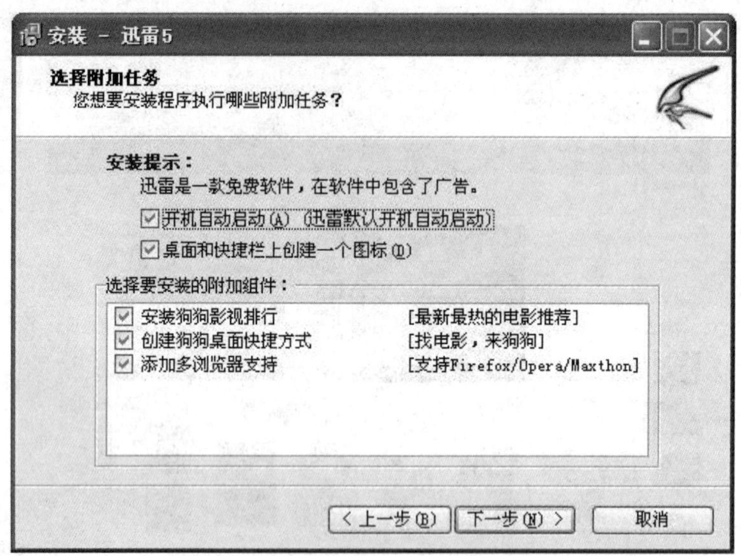

图 6-4　选择附加任务

5）在弹出的对话框中需要选择将“迅雷 5”安装在某个目录中，如图 6-5 所示，可以单击“浏览”来自行设置，也可以使用默认目录。

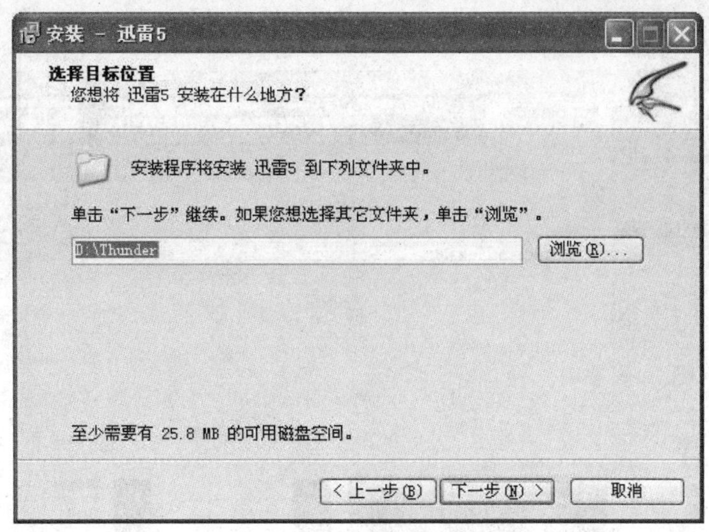

图 6-5 选择目标位置

6）直接单击“下一步”，弹出如图 6-6 所示对话框，迅雷 5”的安装已经准备就绪了，只要单击“安装”就会立即安装“迅雷 5”，如果还需要更改设置，可单击“上一步”进行更改。

7）安装完成后就会出现“迅雷 5”的安装结束界面，可以选择“查看更新信息”或“启动迅雷 5”，单击“完成”结束安装，如图 6-7 所示。现在就可以正常使用迅雷 5 下载软件了。

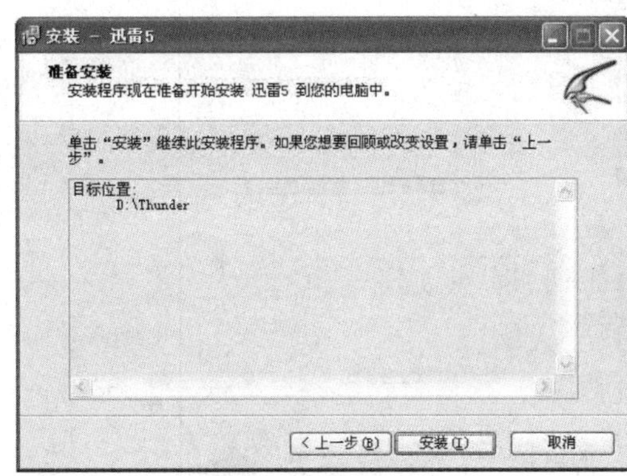

图 6-6 准备安装

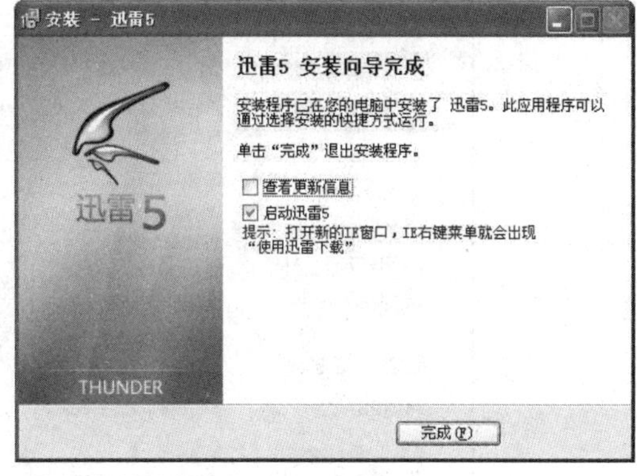

图 6-7 安装完成

二、使用迅雷软件下载资源

当迅雷软件安装成功后，自动设置为系统的默认下载工具并被加入到快捷菜单中，使用起来非常方便。

1）打开迅雷窗口，通过“搜索栏”可直接搜索所需的资源，也可通过其他方式进

行搜索以找到所需的资源，如图 6-8 所示。

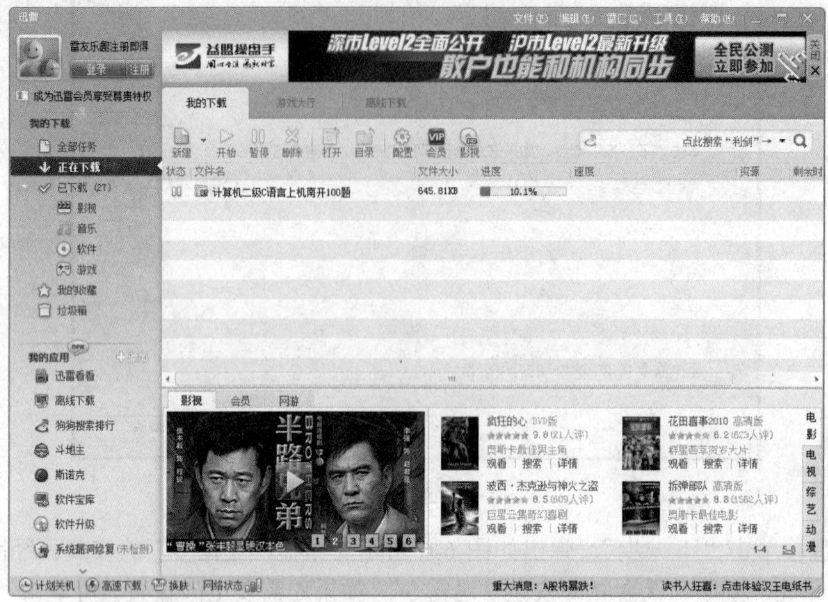

图 6-8　迅雷搜索

2）当找到所需的资源时，在资源下载链接上击右键，在弹出的快捷菜单中选择“使用迅雷下载”，如图 6-9 所示。

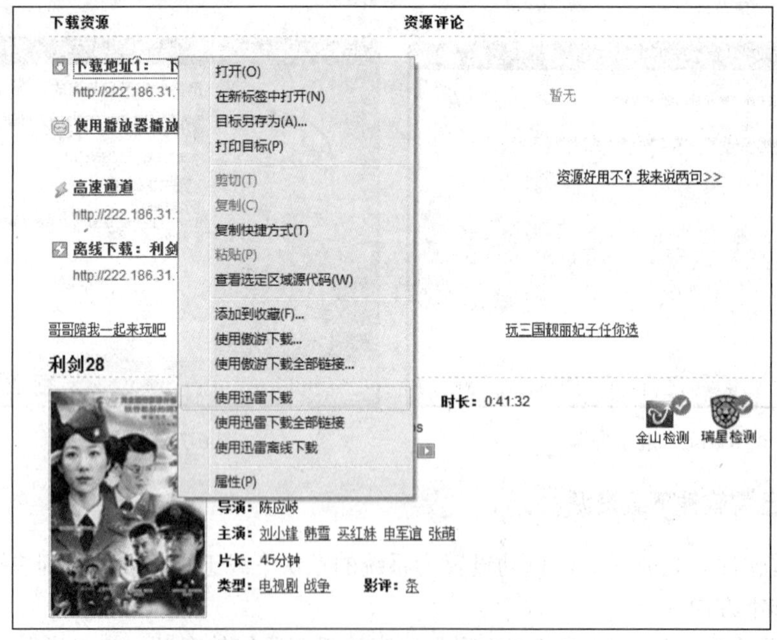

图 6-9　选择使用迅雷下载

3）在打开的新建任务对话框中可改变下载文件的存储路径，最后单击“立即下载”按钮，如图 6-10 所示。此后即可进入迅雷下载窗口，如图 6-11 所示。

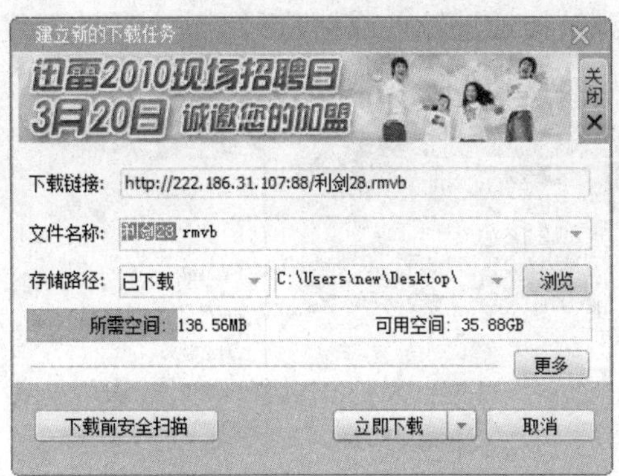

图 6-10　建立新的下载任务

图 6-11　迅雷下载

4）在一些资源页面上有“迅雷用户专用下载”链接，如图 6-12 所示，可单击此按钮，则自动打开迅雷进行下载。

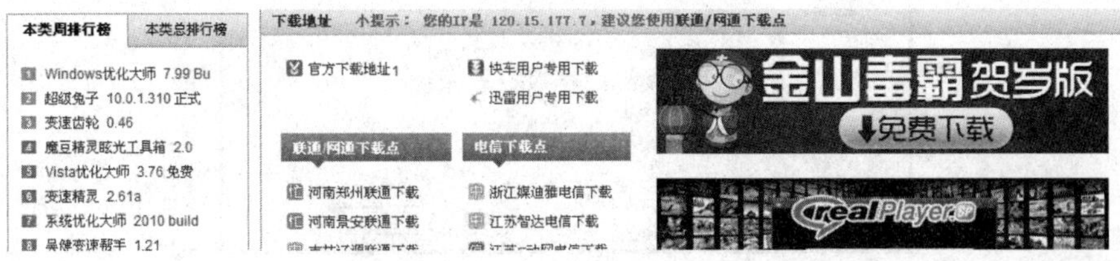

图 6-12　迅雷用户专用下载

5）用户也可以直接将需下载资源的链接地址拖放到迅雷的悬浮窗口来建立下载任务，如果知道资源的链接地址，还可直接通过文件菜单或工具栏上的“新建”按钮来建立下载任务，然后将资源链接地址输入或粘贴到“建立新的下载任务”对话框中的下载链接框中，如图 6-13 和图 6-14 所示。

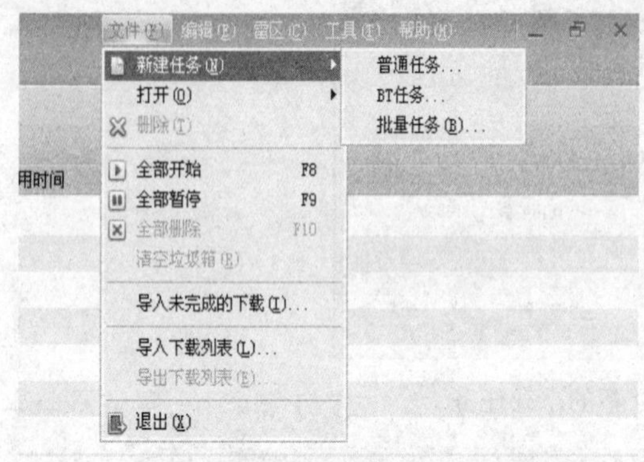

图 6-13　新建任务

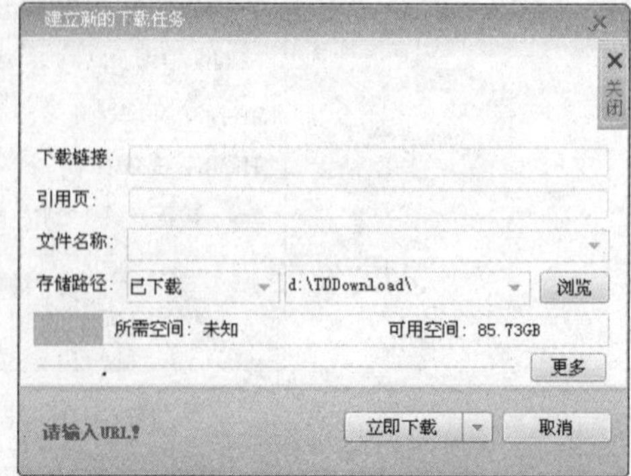

图 6-14　输入下载链接地址

三、配置迅雷软件

在迅雷 5 中，可以通过以下三种方式打开配置面板：一是单击菜单栏中的“工具”，选择“配置”；二是单击工具栏中的“配置”；三是使用快捷键 Alt+O。

设置好迅雷 5 的配置面板，对下载速度、文件管理、病毒查杀等操作起着很重要的作用，下面我们介绍迅雷 5 配置面板中的一些基本设置。

1. 常规设置

在该项目中可进行启动设置、任务管理和磁盘缓存几方面的设置，如图 6-15 所示。

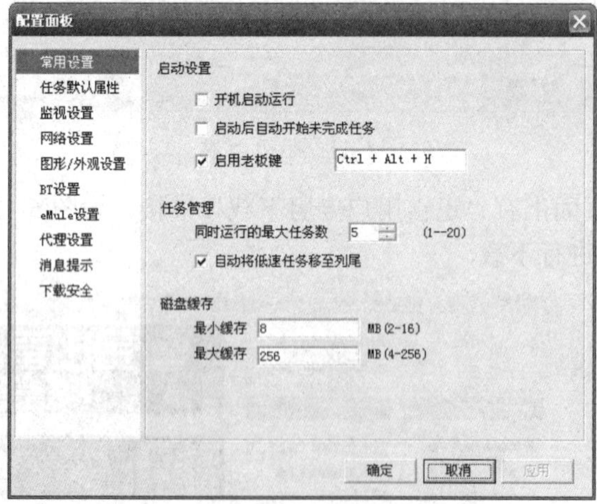

图 6-15　常用设置

在“同时运行的最大任务数”选项中此项设置对总的下载速度没有影响，比如允许最大任务改为 5 个，那总速度将会分给五个。

“自动将低速任务移至列尾”选项最好勾选，以便达到最佳的下载效果。

“磁盘缓存”选项组中，在迅雷设置中的磁盘缓存是一种写缓存，它的主要作用是当有数据需要写入硬盘时，将此数据先保存于系统为写缓存分配的内存空间，当保存的数据达到一定程度后，再将数据保存到硬盘中。这样可减少硬盘的操作时间，避免了因为重复读写操作而损坏硬盘，同时也减少了数据的写入时间。

在迅雷 5.9 以前版本中，缓存设置是一个固定值，只有一个设置项，磁盘缓存设置的数值越高，占用的内存资源就越高。最小缓存是指写磁盘的累积量，比如设置为 8MB，也就是当数据积累到 8MB 将开始向硬盘进行写操作。最大缓存则设置用户从系统中提供多少 MB 给迅雷作为缓存使用。要特别注意的是，迅雷的磁盘缓存是所有任务共用的，这两项设置影响的是所有任务的磁盘缓存，而非单个任务。

既然最小缓存决定所有任务缓存写入磁盘的阈值，最大缓存决定所有任务缓存的大小，那么，如果希望减少迅雷的写磁盘频率，可以增大“最小缓存”；如果希望减少迅雷的内存占用，可以减少“最大缓存”（不能小于最小缓存的 1 倍）。不过，现在硬盘的缓存大了，内存也大了，而且更便宜了，所以大家可以将其设置得更大一些，这样也可以得到最佳的下载效果。

2. 任务默认属性

此项属性主要进行下载目录及任务方面的设置，可以通过“浏览”将下载路径修改为自己电脑上的任意路径，需要点“应用”后才生效，如图 6-16 所示。

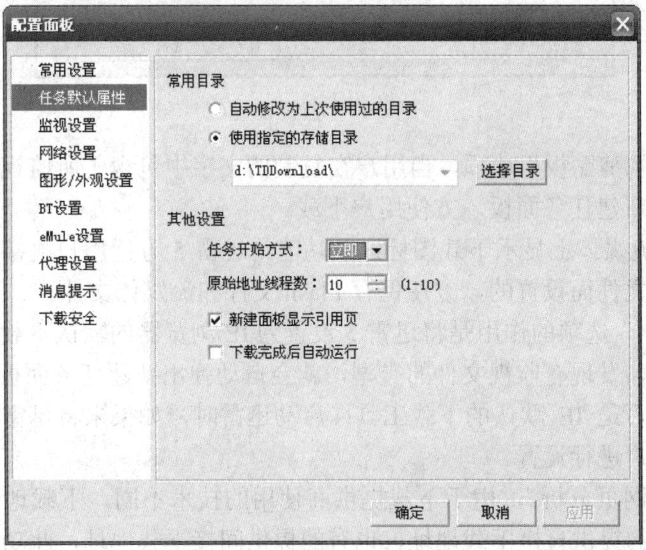

图 6-16　对任务默认属性进行设置

"原始地址线程数"即用户电脑与该文件下载服务器间可以建立的线程数。此数值建议设置在2～5之内，否则过多的原始连接，有可能被服务端屏蔽，因此在下载前能了解到一个下载网站对下载线程数的限制，就能更好地来设置此项目，以获得更理想的下载效果。

"新建面板显示引用页"功能是用户对一些新建任务手动添加引用页的设置，勾选后，当新建下载任务时，引用页就会显示出来，否则就没有该项属性。

一般的下载步骤是找到某网站后，由网站提供下载地址，这样的操作就不存在没有引用页的情况；但是因为越来越多的网络行为，使用户可以先知道下载地址，此功能就是保证在先知道下载地址的情况下，还能获得引用页。

3. 监视设置

"监视设置"选项主要是对监视对象和监视下载类型进行设置，如图6-17所示。

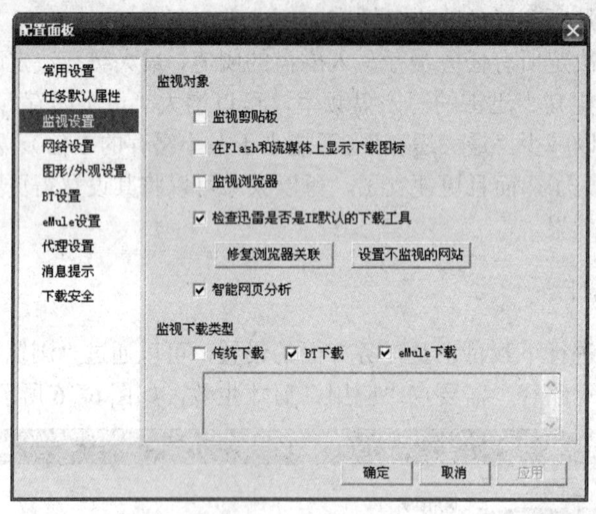

图6-17 监视设置

如勾选"监视剪贴板"选项，当用户在复制的文字中包含了所监视文件类型的下载地址，就会弹出新建任务面板，方便用户下载。

在Flash和流媒体上显示下载图标：此功能是迅雷5方便用户直接下载网页中未给出明确下载地址文件而设置的，方便保存Flash文件和流媒体文件。

"监视浏览器"选项的作用是将迅雷5设置为IE浏览器的默认下载工具，单击浏览器中的某些链接，发现有监视文件的类型，就会自动弹出新建任务面板。

检查迅雷是否是IE默认的下载工具：启动迅雷时，如果未将迅雷设置为默认下载工具，会提示用户进行设置。

对于"智能网页分析"，由于下载提供商使用的技术不同，下载地址的提供方式也会有所不同，有的提供直接下载地址，也有的提供间接下载地址，此功能将这些间接下载地址分析得到直接下载地址，并完成下载任务。

在“监视下载类型”选项组中，可设置需要进行下载的文件类型，是传统下载、BT下载还是 eMule 下载，还是这些类型都监视。

4. 网络设置

网络设置对话框中可对下载模式和连接管理进行设置，如图 6-18 所示。

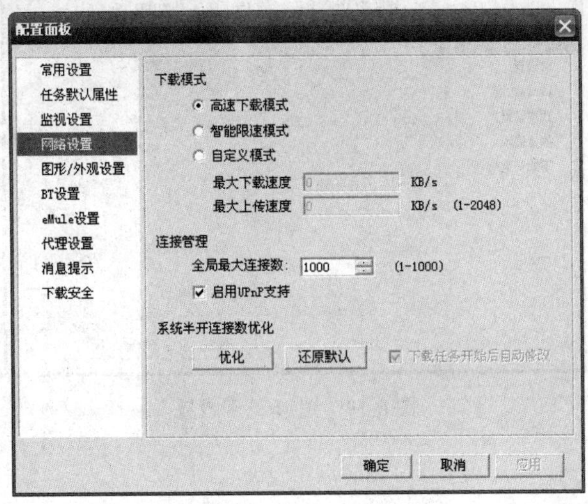

图 6-18　网络设置

迅雷 5.9 提供了高速、智能和自定义三种下载模式可供选择，应根据自己所使用的网络带宽来进行选择。如果电脑是专门用于下载的，不做太占带宽的事情，则最好选择高速下载模式。

全局最大连接数：是迅雷下载时可以连接的最大下载及上传连接数之和，不过一般的下载任务连接数不会超过 1000，但是如果连接数过小，比如 20 或 50 等，就会造成下载的资源通道数减少，从而严重影响下载速度。

启用 UPnP 支持：UpnP 的英文全称是 Universal Plug and Play，即通用即插即用协议，是为了实现电脑与智能的电器设备对等网络连接的体系结构。而内网地址与网络地址的转换就是基于此协议的，因此只要我们的路由器支持 UPnP，并且我们使用支持此协议的 XP 操作系统，那么就可以借此提高点对点传输速度。

系统半开连接数优化：半开连接数是解除微软对系统的 TCP/IP 协议限制的，默认的 TCP/IP 协议只支持同时打开 10 个连接，也就是说，在可能的情况下，这个数值越大（前提是内存够大）下载时越不容易卡机（即打开网页的速度不会因为下载而变得很慢——前提是你的带宽不是非常小），最好选择“优化”一下，以提高下载的速度。

5. 图形/外观设置

此部分设置主要是设置迅雷悬浮窗的属性，如勾选“仅显示全局速度”则显示总体

下载速度，否则显示每个正在进行中的任务。速度显示比例是指当悬浮窗显示的文件下载速度达到全满时的最小速度，如图 6-19 所示。

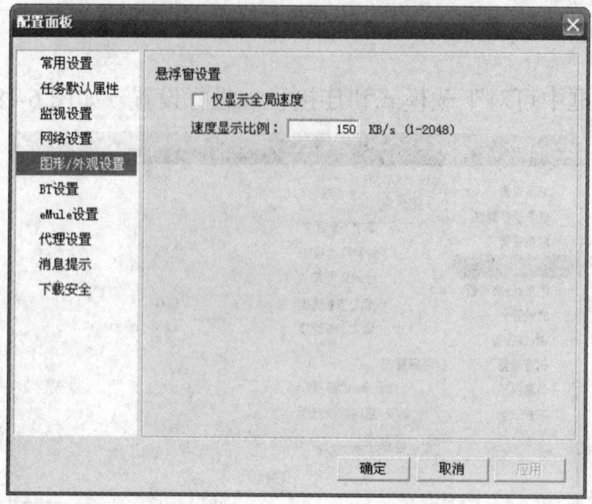

图 6-19　图形/外观设置

6. 其他设置

BT 设置、eMule 设置和代理设置是针对使用 BT、电驴及使用代理服务器时的一些设置。

消息提示设置是对一些操作的确认提示，如图 6-20 所示，也可单击“更多消息提示”按钮来设定更多的消息提示，如图 6-21 所示。

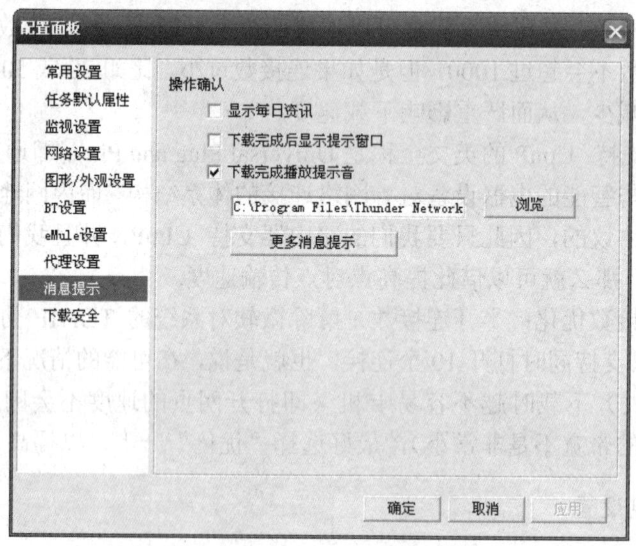

图 6-20　消息提示设置

下载安全设置中可设置用于下载后自动杀毒的选项和查杀的文件类型，如图 6-22 所示。

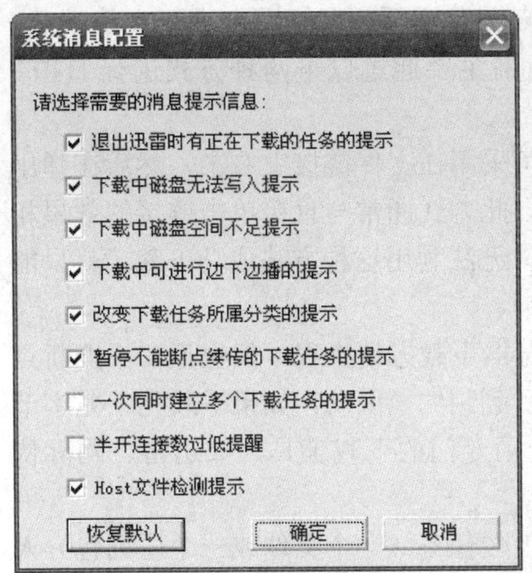

图 6-21　系统消息配置

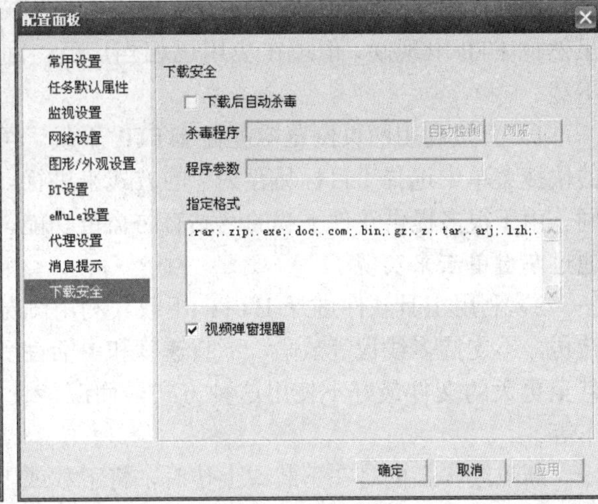

图 6-22　下载安全设置

1. 文件下载与上传

如果想要享用 Internet 上的各类共享软件和免费资源，学会使用各类下载方法和软件是很必要的。下载（DownLoad）是指将文件从服务器上通过网络复制到本地计算机上，下载可以显式或隐式地进行，只要是获得本地计算机上所没有的信息的活动，都可以认为是下载，如在线收看等。

文件上传（Upload）可看作是文件下载的逆过程，也就是把本地计算机上的文件通过网络复制到其他计算机上。

2. 常用文件下载方式

随着网络技术的不断发展，网络文件的下载方式从最初的 FTP、HTTP 下载发展到现在的 P2P 下载，Internet 带宽的不断提升和网络技术的发展使得网络下载方式更加灵活、方便。文件下载已成为人们网络生活中的一项基本操作。目前使用最多的主要有以下几类下载方式。

（1）FTP 下载

作为一种最古老的下载方式，在 WWW 出现以前，FTP 就已经被广为使用了，下载需要登录到 FTP 服务器来进行。为了方便用户，很多服务器提供了匿名 FTP 服务，用户不需帐号和密码即可进入 FTP 服务器浏览和下载所需的资源。当然也可以使用专门

的 FTP 工具软件进行文件的下载和上传，可获得更加丰富的功能服务。

（2）HTTP 下载

HTTP（超文本传输协议）的主要工作是用来浏览网页，也能用来进行文件下载，虽然比 FTP 出现晚，但现在应用已相当广泛。目前主要通过以下两种方式进行 HTTP 下载。

1）直接利用网页浏览器进行 HTTP 下载。可采用在文件链接上右击，然后在弹出的快捷菜单中选择“目标另存为”的方式来进行。此方式通常与直接单击链接的效果相同。由于很多提供软件下载的网站有防盗链功能，无法利用这种方法成功下载，就只能通过左键单击来实现了。

2）利用工具软件进行 HTTP 下载。利用浏览器下载方便直观，但也存在不能断点续传，不支持多线程等缺陷，下载速度和灵活性受到制约。因此，如果下载几十兆字节甚至更大的文件最好不使用这种方式，而应该使用专门的下载工具，如迅雷、网际快车等。

断点续传指的是在下载或上传时，将下载或上传任务（一个文件或一个压缩包）人为地划分为几个部分，每一部分采用一个线程进行上传或下载，如果碰到网络故障，可以从已经上传或下载的部分开始继续以后未上传下载的部分，而没有必要重新开始，这样可以节省时间，提高速度。

有时用户上传下载文件需要历时数小时，万一线路中断，不具备断点续传的 FTP 服务器或下载软件就只能从头重传；比较好的 FTP 服务器或下载软件通常都具有 FTP 断点续传能力，允许用户从上传或下载断线的地方继续进行，这样大大减少了用户的烦恼。IE 浏览器默认下载方式不支持断点续传。常见的支持断点续传的软件有：QQ 旋风、迅雷、Web 迅雷、影音传送带、网际快车、BitComet、电驴 eMule、哇嘎 Vagaa、RF（RaySourse/RayFile）等。

（3）P2P 下载

P2P 是英文 Peer-to-Peer（对等）的简称，又被称为“点对点”。“对等”技术，是一种网络新技术，依赖网络中参与者的计算能力和带宽，而不是把依赖都聚集在较少的几台服务器上。它是下载术语，意思是在你下载的同时，自己的电脑还要继续做主机上传，这种下载方式，人越多速度越快。但缺点是对硬盘损伤比较大（在写的同时还要读），对内存占用较多，影响整机速度。但随着计算机技术和网络带宽的提升，使用 P2P 的用户越来越多，常用的 P2P 下载工具有 BT、eMule（电骡）、易载 ezpeer 等。

BT 是一种互联网上新兴的 P2P 传输协议，全名叫“BitTorrent”，中文全称“比特流”，现在独立发展成一个有广大开发者群体的开放式传输协议。普通的 HTTP/FTP 下载使用 TCP/IP 协议，BitTorrent 协议是架构于 TCP/IP 协议之上的一个 P2P 文件传输协议，根据 BitTorrent 协议，文件发布者会根据要发布的文件生成提供一个.torrent 文件，即种子文件，也简称为“种子”。下载者要下载文件内容，需要先得到相应的.torrent 文件，然后

使用BT客户端软件进行下载。

一般的HTTP/FTP下载，发布文件仅在某台或某几台服务器上，下载的人太多，服务器的带宽会不负重荷变得很慢。而BitTorrent协议下载的特点是，下载的人越多，提供的带宽也越多，种子也会越来越多，下载速度就越快。

常用的BT下载软件有BitComet、BitTorrent Plus、比特精灵Bit Spirit、超级BT下载等，都是基于BitTorrent协议的P2P软件。

3. 迅雷产品

迅雷于2002年底由邹胜龙先生及程浩先生始创于美国硅谷。2003年1月底，创办者回国发展并正式成立深圳市三代科技开发有限公司（三代）。由于发展的需要，“三代”于2005年5月正式更名为深圳市迅雷网络技术有限公司（迅雷），暨“迅雷”在大中华区的研发中心和运营中心。对其几款主要产品介绍如下。

1）迅雷5。是迅雷的主打产品，是目前因特网上使用最多的资源下载工具之一，现在发布的较新版本是5.9.16.1306。

2）迅雷看看播放器（原迅雷影音）：更好地整合了迅雷网页看看的特性，支持本地播放与在线视频点播，不断完善的用户交互和在线产品体验，让工作与生活充满乐趣。

3）网页迅雷。（原Web迅雷）沿用了迅雷5成功的下载引擎，使用创新的全网页化操作界面。在保持高速下载的同时，让用户拥有更良好的下载体验，即操作简便流畅，界面清爽干净。

4）迷你迅雷。是迅雷在下载领域的又一力作。通过与浏览器结合的模式，它能在保持高速下载的同时，也能流畅上网。并且，将网页搜索与资源搜索结合在一起，搜网页找资源，一并进行。

5）狗狗搜索。是互联网上最大的资源搜索引擎之一。

6）迅雷在线。迅雷官方主页（http://www.xunlei.com）。提供迅雷旗下所有软件的资源、服务、活动和在线观影等。

7）迅雷游戏大厅。（原迅雷游游）是迅雷针对广大游戏用户推出的综合游戏娱乐平台，为用户提供全方位的游戏娱乐服务。

8）迅雷软件助手。是一款系统增强工具，集成软件下载、安装、升级、卸载、备份等功能，全部采用一键式的操作，向用户提供全新一站式的软件管理体验。

9）光影魔术手：是一个照片画质改善和个性化处理的软件。其特点是简单、易用，每个人都能制作精美相框、艺术照、专业胶片效果，而且完全免费。

4. 雷友与会员

（1）雷友

迅雷用户通过迅雷窗口进行简单的个人资料注册就可以成为其注册用户，成功注

册的用户，我们称之为“雷友”。当然不注册也没关系，仍然可以免费使用迅雷进行下载。

注册后可在迅雷软件上登录帐户，可以通过在线和下载获得积分和升级。注册迅雷雷友可以获得比普通用户更多的资源，下载更快速。而不同的积分对应相应的迅雷等级，不同的等级（军衔）对应不同的下载资源，累计积分和等级将有机会参加迅雷推出的各项活动和享受相关的优惠服务，而不会影响迅雷的正常使用。等级越高，迅雷返回的资源就越多，下载速度就越快。用户的等级图标会显示在软件客户端的左下角，用户的级别变化等级图标也会随之变化。除此之外，迅雷还会统计下载了多少个文件、节省了多少时间、解决了多少死链等，所有这些功能完全都是免费的。

（2）迅雷 VIP 会员

这是迅雷向广大雷友提供的增值服务，在免费享受迅雷提供的高速下载及资源搜索服务之外，VIP 会员还可享受更多功能及特权，包括个性昵称、专属迅雷客户端、专属安全特权等。

迅雷向广大雷友提供的高速下载及资源搜索服务仍将免费高质量提供，不会因为是否具有 VIP 身份而产生任何差别。

当然，会员也会享有很多特权，如会员独享、离线下载、高速通道、升级加速、个性昵称展示、会员专属论坛、去除广告、游戏特权、五折通票，尊享大片等。

现将开通迅雷会员的途径介绍如下。

第一步：登录迅雷会员中心，使用迅雷帐户在登录框进行登录，如果还未开通迅雷帐号，可单击开通会员按钮进行免费申请。

第二步：登录成功后，显示登录帐户的昵称及会员开通状态，当前状态为未开通。

第三步：单击开通会员，进入会员开通页面，选择要开通的会员有效期和支付方式，可以通过雷点直接支付会员费用，也可以通过支付页面选择银行卡、声讯电话或者手机来进行支付（详细开通支付方式请见支付途径帮助说明），无论选择哪种支付方式，都可以轻松享受迅雷所提供的增值服务。

第四步：开通成功，马上可以享受尊贵的 VIP 服务了。

迅雷会员独享“会员成长值”，保持会员有效即可累积成长值积分和会员等级。随着会员成长值的上升，VIP 等级也将相应提高并尊享更多特权和优惠。

任务二　使用 FTP 软件

虽然现在基于 HTTP 和 P2P 的下载工具软件很多，但 FTP 下载作为一种传统的文件上传和下载方式，以其方便灵活的特点，仍被广泛使用。特别是在做网站维护，

进行 Web 站点文件的维护更新时，很多管理人员还是通过 FTP 软件连接到服务器来进行。

一、使用 FTP 站点

1. 搜索 FTP 站点

如果对 FTP 站点不是很熟悉，我们可用百度等搜索引擎搜索常用的 FTP 站点，如图 6-23 所示。

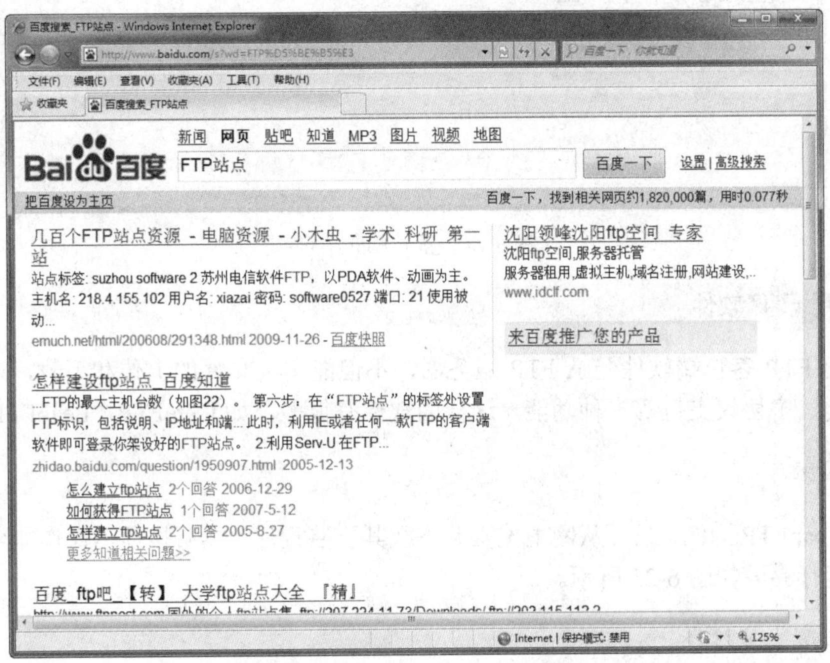

图 6-23　搜索 FTP 站点

2. 登录 FTP 站点

在浏览器的地址栏中输入搜索到的 FTP 地址或已知的 FTP 地址，即可登录 FTP 网站，如输入 ftp://ftp.pku.edu.cn，即可进入北京大学 FTP 站点，如图 6-24 所示。

3. 下载 FTP 资源

成功登录 FTP 站点后，只要有足够的权限，就可以像访问自己计算机上的文件夹一样访问上面的资源，甚至对文件及文件夹进行复制、粘贴等操作。

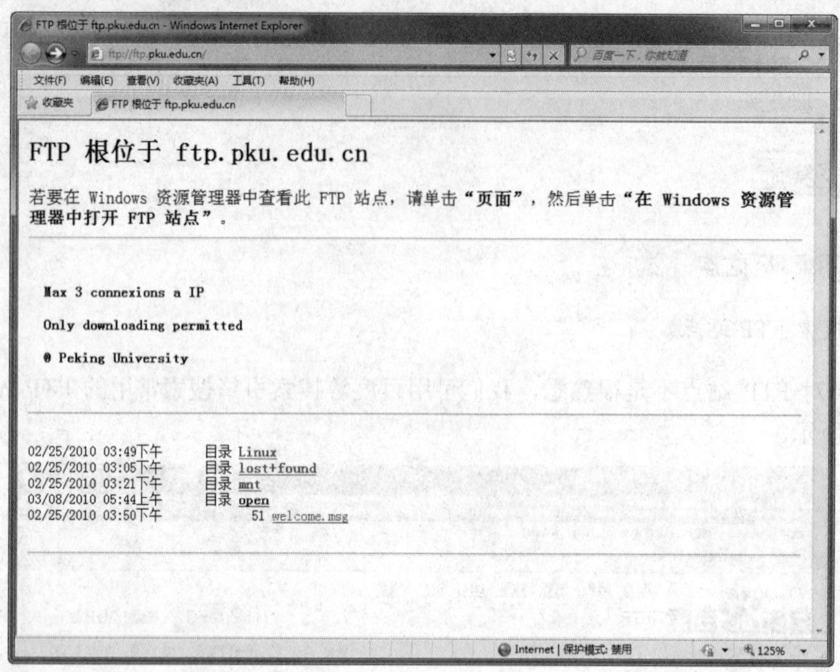

图 6-24　登录 FTP 站点

二、使用 FTP 软件

使用 FTP 客户端软件登录 FTP 服务器，不但能实现文件的上传和下载，还能得到断点续传、多协议支持等多种功能。这样的软件有很多，如 CuteFTP、LeapFTP 等。

1. 安装

以 LeapFTP 为例，只要从网上搜索并下载其安装程序，然后按提示操作即可完成其安装，运行界面如图 6-25 所示。

2. 设置本地路径

单击窗口左侧窗格的下拉箭头可选择设定本地上传或下载文件的存储位置，如图 6-26 所示。

3. 登录 FTP 服务器

在软件窗口的 FTP 服务器文本框中输入 FTP 服务器的地址，用户名和密码框中输入登录的帐号和密码（如果是匿名登录则不用输入），然后单击工具栏最左边的"连接到服务器"按钮，即开始连接服务器，登录成功后，在右侧窗格中显示 FTP 服务器根目录下的文件列表，如图 6-27 所示。

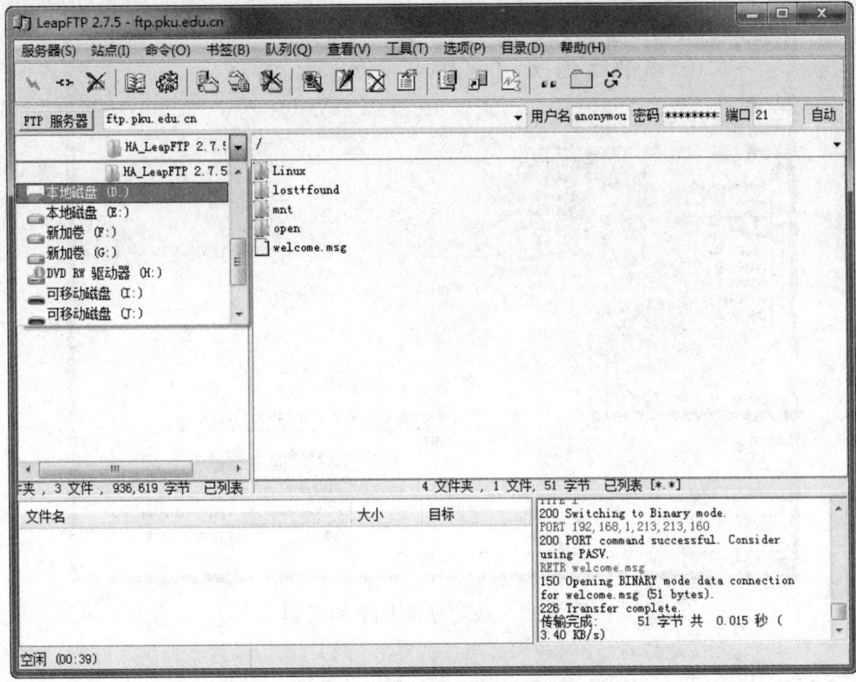

图 6-25　LeapFTP 软件窗口

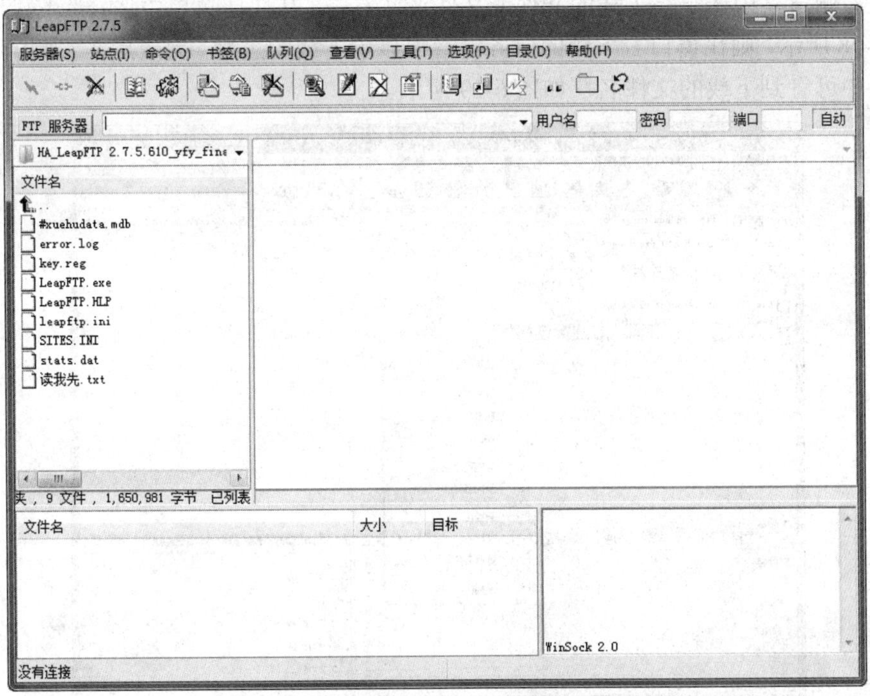

图 6-26　设置本地路径

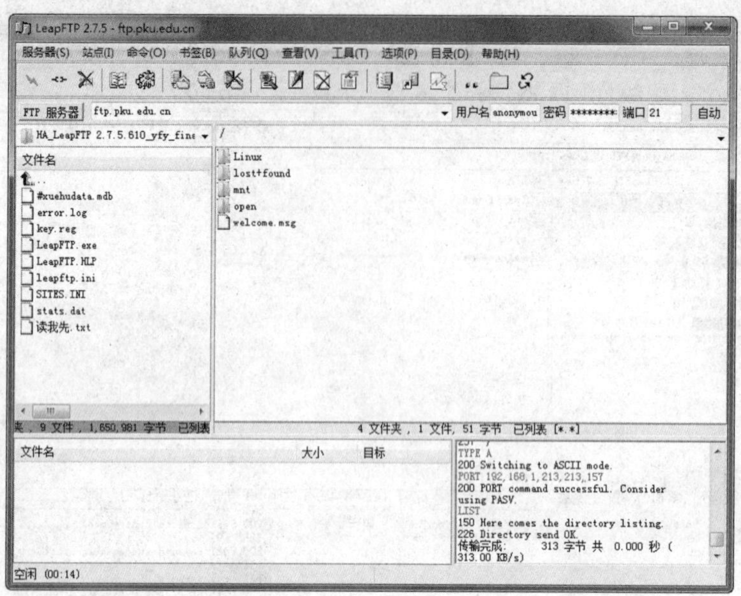

图 6-27　成功登录 FTP 服务器

4. 下载文件

在右侧窗格中选定需下载的文件或文件夹并右击，从快捷菜单中选择“下载”命令，如图 6-28 所示，则在窗口右下角的任务窗格中显示下载的进程，完成后在左侧的本地资源窗格中可看到下载的文件名，如图 6-29 所示。

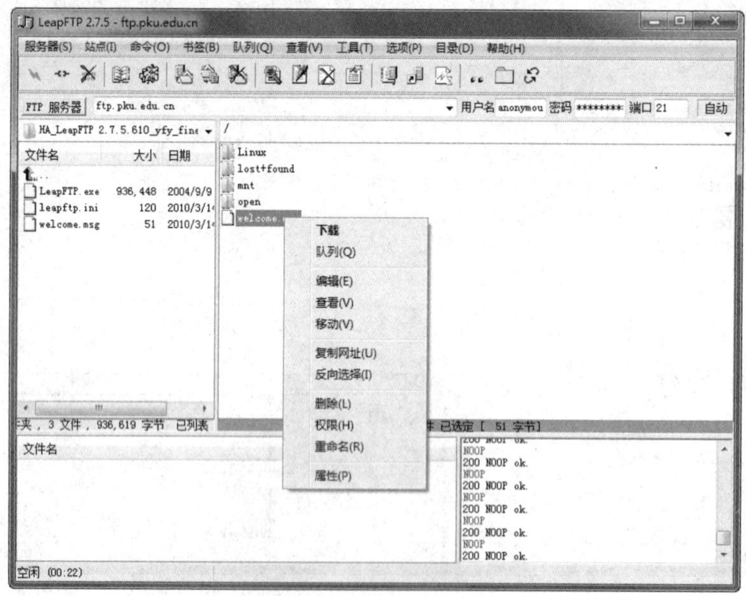

图 6-28　文件下载

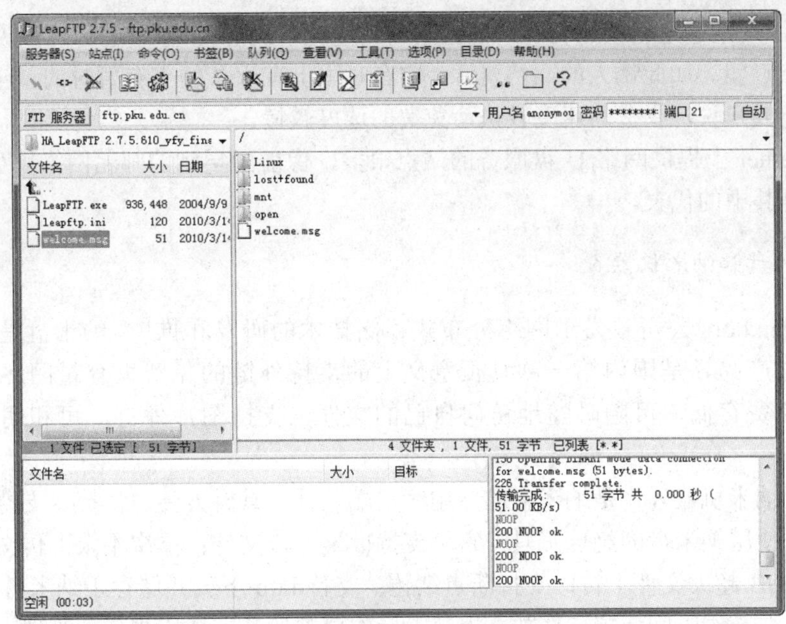

图 6-29　下载成功

5. 文件上传

上传的过程就是将本地计算机上的文件复制到远程服务器上，在左侧窗格中选定要上传的文件，然后从其快捷菜单中选择“上传”，或通过命令菜单上的上传命令、工具栏上的上传按钮均可，也可以直接将要上传的文件从左侧窗格直接拖放到右侧窗格中。

小提示

上传时要注意看服务器是否限制了上传功能，没有上传权限的用户是无法上传文件的。上传时服务器上存放上传文件的路径一定要选择正确。

1. 网络 U 盘

网络 U 盘也叫网络硬盘，顾名思义就是可以提供文件的存储、访问、备份、共享等文件管理功能的远程存储器。我们可以把它看成一个放在网络上的硬盘，不管是在家中、单位或其他任何地方，只要连接到因特网，就可以管理、编辑网盘里的文件，类似于自

己的 U 盘，只不过是远程控制的，而且它的功能比自己的 U 盘多些。可以说，只要有网络，就有 U 盘，如此诱人的网络资源，它在时限上有永久的也有暂时的，速度上也有快有慢。一般来说，收费的速度较快，免费的速度较慢。

在 Internet 上提供网络 U 盘服务的站点很多，像前面学到的邮箱网络硬盘、QQ 网络硬盘就是其中的代表。

2. 纳米盘和纳米机器人

NamiPan.com 公司致力于网络分布式存储技术的研发和推广，纳米盘是公司推出的网络硬盘产品，是国内第一款真正意义上的支持外链的免费大容量网络硬盘。利用纳米盘免费存储，可随时随地访问自己的文件，支持图片外链，可和朋友分享照片等。

米人（纳米机器人）是纳米盘的专用客户端软件，具有方便、快捷、支持断点续传等优点，是使用纳米盘的绝佳工具。它可支持批量上传文件；单次不限上传文件数及大小；支持 4GB 超大文件上传；支持断点续传；支持 http 下载并储存于纳米盘；下载/上传速度更快，节约时间；支持拖放式上传，操作更方便；支持历史任务管理；新版米人含有“SkyDrive 组件”，可实现意义上的永久储存。

项 目 小 结

Internet 应用的普及使信息资源的下载成为网络用户经常进行的操作，学习网络资源下载和上传的知识和方法，掌握迅雷、FTP 软件等下载工具的使用是本项目学习的主要内容，也是学习和应用网络的一项基本技能。

思考与练习

一、选择题

1. 下列下载方式不支持断点续传的是（　　）。

   A. 电驴　　B. FlashGet　　C. Bitcomet　　D. IE 浏览器直接下载

2. 以下不具有网络文件传输功能的工具是（　　）。

   A. 迅雷　　B. QQ　　C. WinRAR　　D. CuteFTP

3. 匿名 FTP 是指（　　）。

   A. 在因特网上没有地址的 FTP　　B. 一种匿名信和名称

   C. 允许用户免费登录并下载文件的 FTP　　D. 用户间传送文件的 FTP

4. 以下不属于迅雷产品的是（　　）。

   A. 迅雷看看　　B. 纳米人　　C. 光影魔术手　　D. Web 迅雷

5. 为提高传输效率，在网上进行文件上传下载最常用的文件格式是（　　）。

A. RAR　　　B. EXE　　　C. BMP　　　D. DOC

二、实训题

1. 练习 FlashGet 下载工具软件的使用。
2. 利用 BT 软件进行资源下载。
3. 注册雷友，享受高速下载服务。
4. 到网上申请纳米盘，并注册会员，使用米盘功能存储文件。
5. 在 Mofile 网站（www.mofile.com）开通网络 U 盘。
6. 练习 Cute FTP 软件的使用。

项目七 网络信息交流与网络生活

7

知识目标：

1. 了解 Internet 即时通讯的相关知识。
2. 了解网络硬盘、远程协助的概念。
3. 熟悉博客方面的相关知识。
4. 了解网上购物的特征。

技能目标：

1. 掌握 QQ 的文件传送和远程协助功能。
2. 学会使用 QQ 进行屏幕截图。
3. 学会使用飞信。
4. 学会发布博客和管理评论。
5. 掌握网上购物的环节。

任务一　QQ 的高级应用

QQ 是基于互联网的即时通讯软件，在国内注册用户超过 5 亿，在线人数达 1 千万，是目前使用最广泛的聊天工具之一。QQ 支持在线聊天、视频电话、并可与移动通讯终端等多种通讯方式相连，实现互联网与互联网、互联网与手机、手机与手机之间的即时通讯功能，这些常用功能早已为人们所熟知。而 QQ 的点对点、断点续传文件、共享文件、网络硬盘、远程协助等功能是多数人不常用的，这些功能对我们的工作也是非常有帮助的。

QQ 号码的申请、QQ 软件的安装，QQ 好友的添加以及 QQ 聊天大家都已很熟悉，我们就不再赘述。

一、QQ 的文件传输功能

1. 发送文件给对方

1）要把文件或文件夹传送给好友，可以在与好友聊天状态下单击“传送文件”按钮右边下拉按钮，再选择“发送文件”或“发送文件夹”，如图 7-1 所示。

2）在弹出的“打开”对话框中选择要发送的文件或文件夹，单击“打开”按钮，如图 7-2 所示。

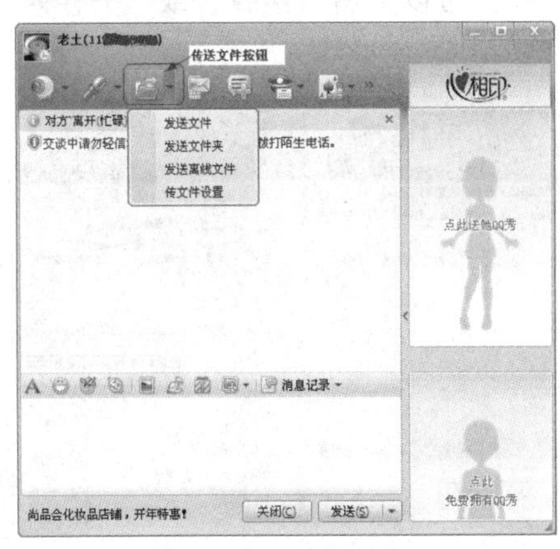

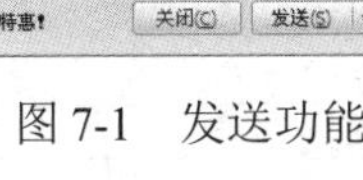
图 7-1　发送功能

图 7-2　选择文件

3）在选定文件后，如果好友不回应我们的发送或不在线，可以单击“发送离线文

件”，文件会发送到QQ的服务器，等好友上线之后，会有提示，如图7-3所示。

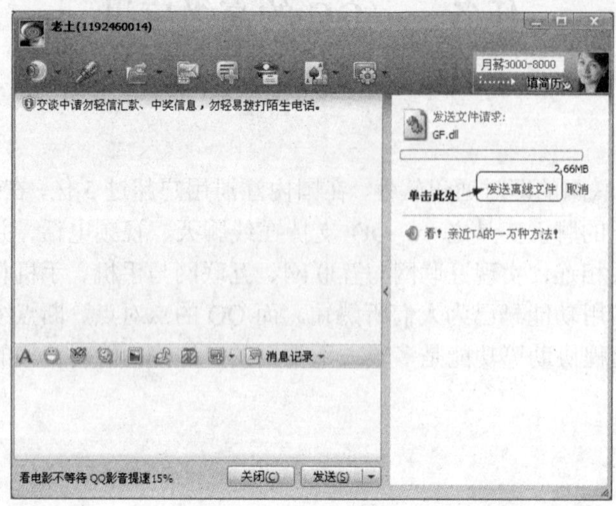

图7-3　发送离线文件

2. 接收好友发送的文件

（1）接收文件

1）当好友发送文件时，在聊天窗口会出现“收到文件”请求，如图7-4所示。 如果单击“接收”，文件将进行传送，并且实时显示传送进度，如图7-5所示。

2）如果单击“另存为”将会让我们选择改变默认的存放接收文件的位置，选择新的存放位置即可。

3）如果好友选择的是发送离线文件，QQ 会提示：“对方已选择使用离线文件发送‘XXX.txt’……，右边会提示：“收到离线文件”，我们可以单击“接收”或“另存为”，来从QQ服务器上接收文件。

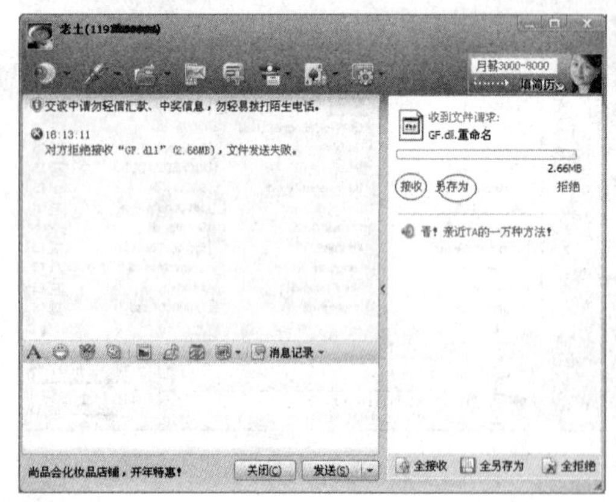

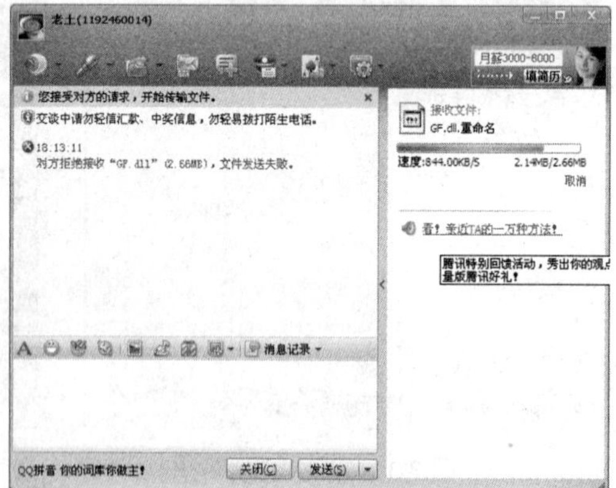

图7-4　收到文件　　　　图7-5　确定接收

（2）接收文件位置设置

已经接收了好友发送的文件后，那么这些文件默认的存放位置在什么文件夹下呢？如何更改默认文件夹呢？单击“传送文件”按钮右边下拉菜单中“传送文件设置”，如图 7-6 所示。

“更改目录”前面就是默认的文件夹，单击可以重新选择默认的存放文件夹。如果单击“更改安全等级”按钮，则会弹出如图 7-7 所示对话框，可以看到，在“文件传输安全”选项组下有三个单选按钮。如果选定“安全级-高”，则好友将无法发送文件，如果选定“安全级-中”，像扩展名为 DLL 等某些类型的文件将无法接收，如果选定“安全级—低”则好友可将任何文件发送。

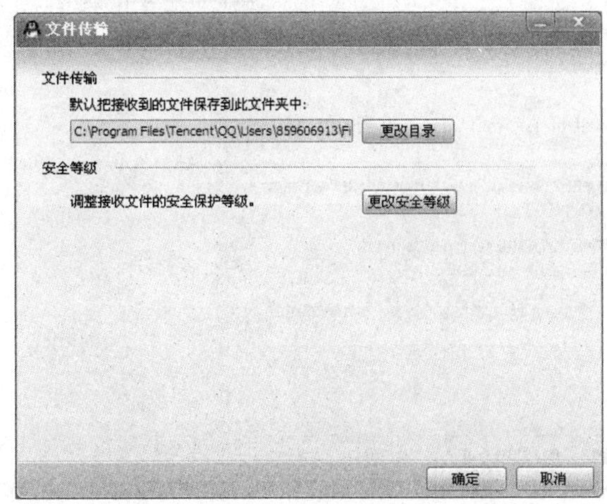

图 7-6　传送文件设置

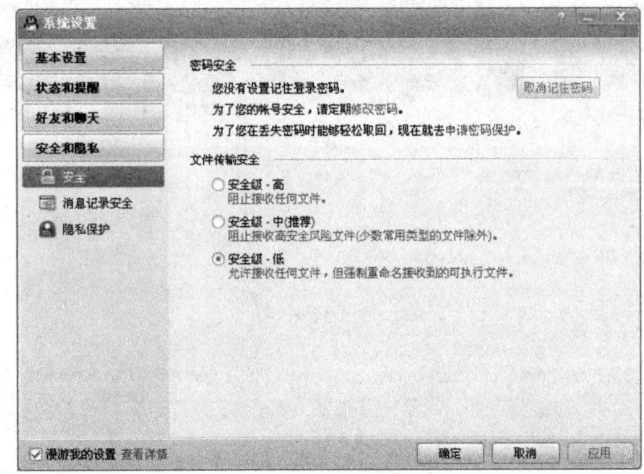

图 7-7　设置安全级别

二、远程协助

在计算机的操作过程中，可能会遇到不熟悉的步骤，如果会操作的好友在身边，可

以让他来演示；如果好友不在身边，而在很远的地方，他同样可以通过 QQ 的远程协助来帮我们操作。

1. 请求远程协助

在与好友聊天时，单击“应用”按钮右边下拉菜单中的“远程协助”，如图 7-8 所示。然后等待好友确认是否远程协助你，如图 7-9 所示。

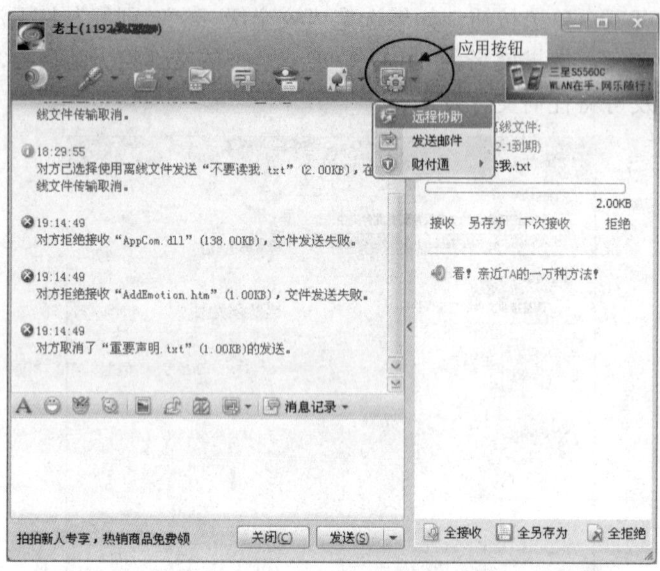

图 7-8　选择远程协助

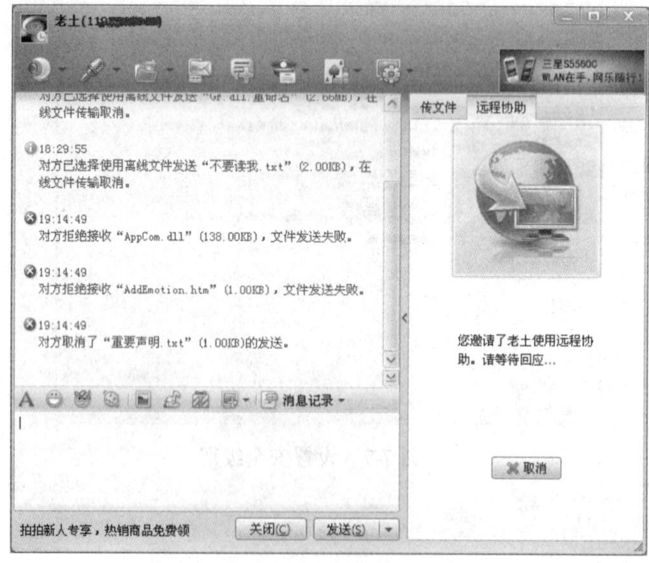

图 7-9　等待确认

2. 远程协助别人

1）当好友请求远程协助时，我们窗口的右侧显示“XXX 邀请您连接至其计算机使用远程协助，请选择接受或拒绝该邀请”，如图 7-10 所示。

2）单击“接受”，发出请求的好友将会显示：“XXX 已经接受您的远程协助邀请，并且准备好连接到您的计算机，您确认让 XXX 查看你的屏幕吗？”如果他单击“确定”，在我们的窗口右侧将看到好友的桌面，以帮助他分析出现的问题，如图 7-11 所示。

图 7-10　显示请求

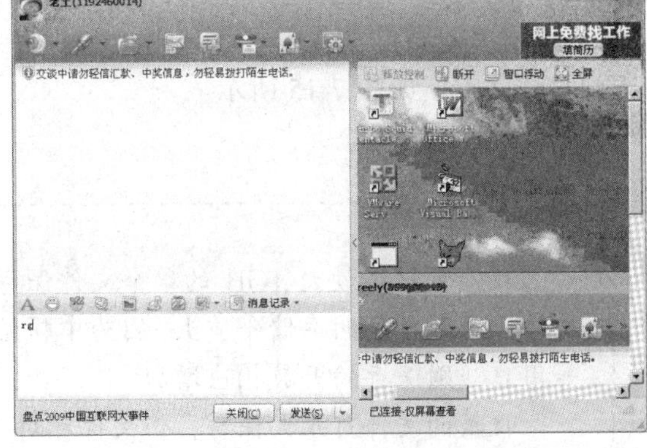

图 7-11　显示远程桌面

3）在好友的右侧接着会出现“申请受控”，我们会收到控制邀请，如图 7-12 所示单击“是”，在聊天窗口的右侧出现好友的计算机桌面。这时就可以像操作自己的计算机一样操作好友的计算机，并且这些操作会在好友的计算机屏幕上实时显示，实际上就是远程遥控操作好友的计算机。

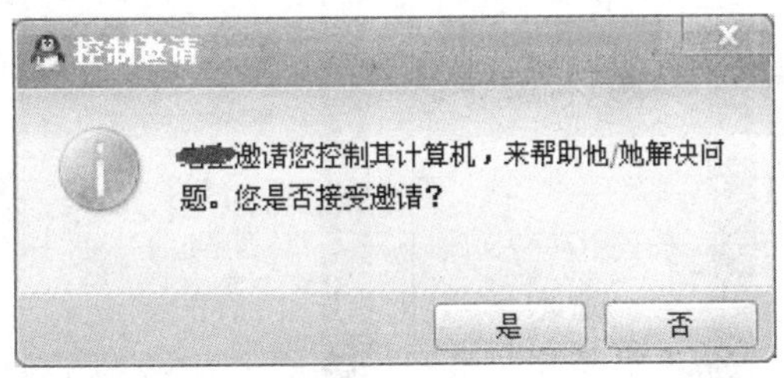

图 7-12　选择是否接受邀请

4）如果单击右侧上方的“释放控制”，则只能看好友的操作。单击“断开”，则停止本次远程协助。

三、网络硬盘的使用

当使用别人的计算机或在公共场所使用计算机时，手边又没有 U 盘等存储介质，

可以将我们找到的资料或文件保存在 QQ 的网络硬盘上，就像随身携带 U 盘一样方便。

1. 上传文件

1）单击 QQ 右侧的“网络硬盘”按钮，如图 7-13 所示。

2）在弹出的窗口中我们可以看到两个标签，一个是“中转站文件”，另一个是“收藏的文件”，如图 7-14 所示。

3）选中“中转站文件”，再单击“上传”按钮，可以把我们选定的文件上传到 QQ 的中转站。

4）单击“收藏的文件”标签，再单击“收藏”下拉菜单中的“上传”可以把文件传送到收藏夹中，如图 7-15 所示。

吴!

小提示

我们可以将最大 1GB 的单个文件保存到中转站，7 日之内应把中转站中的文件保存到自己的存储介质上，因为中转站只保留 7 日。如果升级为 VIP2、VIP3 等用户，则保存的天数相应增加。

收藏的文件可永久保存，但文件相对要小得多。

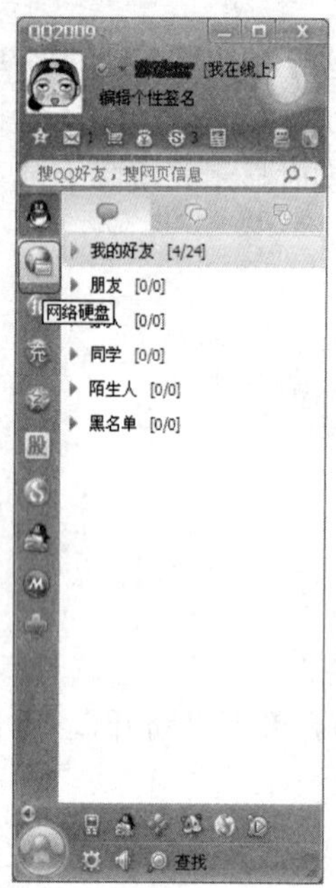

图 7-13　网络硬盘功能

图 7-14　上传文件

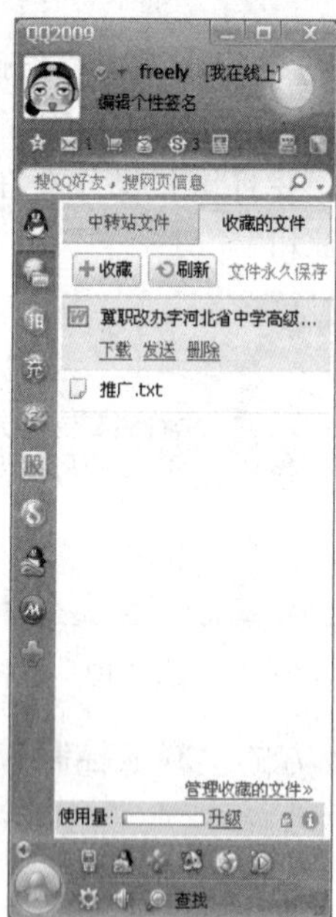

图 7-15　收藏文件

图 7-16　下载文件

2. 下载文件

可以把一些常用的文件放入 QQ 的网络硬盘，当需要用到这些文件时，可以从 QQ 网络硬盘中下载到正在使用的计算机中。操作方法如下。

1）打开 QQ 网络硬盘，选择“中转站文件”或“收藏的文件”，单击需要下载的文件，如图 7-16 所示。

2）在选定的文件下有了“下载”、“发送”和“删除”三个链接，单击“下载”可以将文件下载到本地计算机中，如果选择“发送”，将打开 QQ 邮箱并作为新邮件的附件，输入收件人邮箱，可以把文件发送给其他人。

1. 远程协助

远程协助使用的是远程控制技术，是在网络上由一台电脑远距离地去控制另一台电脑的技术。通过远程控制可以轻松地实现远程办公、远程技术支持、远程维护和管理。实现远程控制的方法很多，如可以通过 Windows 的远程桌面实现，不过要进行较为复杂的系统设置才能实现。而 QQ 的远程协助实现起来比较方便。

2. 手机 QQ

在智能手机上安装手机版的 QQ 软件或使用内置的 QQ 软件，在手机上登录 QQ，实现 QQ 在线，就可以与其他通过手机或电脑登录 QQ 的好友进行聊天，只需支付通讯费用即可。

QQ 屏幕截图

QQ 提供了屏幕截图功能，使用该功能可以对操作屏幕的任一区域进行抓图操作。

1）单击工具栏中的“屏幕截图”按钮，如图 7-17 所示。这时整个计算机屏幕显示将变灰，从某一点 A 开始按住鼠标左键进行托动至点 B 松开左键，这样就抓取以 AB 为对角线的一块区域，双击左键，捕捉的区域以图片的形式粘贴在输入窗口，如图 7-18 所示。可以把这个图片发送给好友，也可在图片上右击，选择“另存为”保存到本地磁盘。

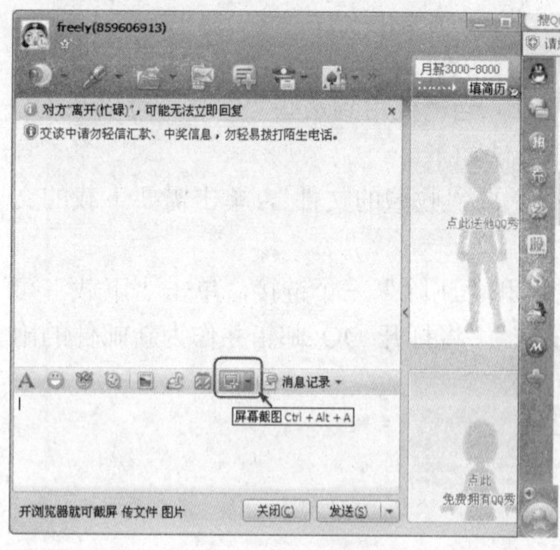

图 7-17　屏幕截图

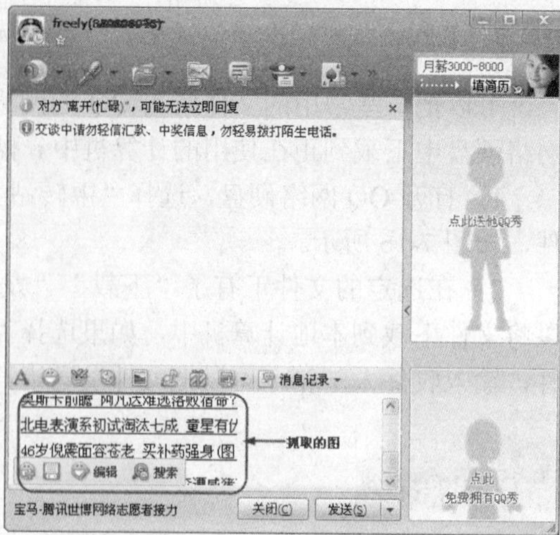

图 7-18　粘贴的图

2）捕捉视频图像。可以将观看的视频中的某一场景作为一张图片保存下来，在播放视频时，单击“屏幕截图”右边的下拉按钮，再单击菜单中的“捕捉视频图像”，然后双击视频窗口，视频的这一场景便以图片的形式粘贴在输入窗口，同屏幕截图能一样可以把这个图片发送给好友，也可以保存在本地硬盘。

任务二　使 用 飞 信

任务描述

你是不是收到过这样的短信：“我是尊敬的（XXXXX），正在用中国移动飞信业务，想加你为好友。同意回复“是”，不同意不回复，拒收对方消息回“拒绝”，详询 10086”。这是怎么回事呢？这就是中国移动的飞信。

飞信全面支持手机和电脑等多终端登录以及应用时的任意切换，保证用户永不离线，飞信好友如果不在线，信息将以短信形式自动转发到对方手机上，保证信息及时到达不丢失。飞信通过连接互联网与移动网，实现多平台多网络无缝沟通，已成为现代办公、发送通知的重要平台之一。

任务实施

要想使用中国移动的飞信功能，通过飞信客户端软件 Fetion2008 登录飞信，实现飞信在线，可以在计算机上安装飞信客户端软件，也可以在手机上安装飞信客户端软件，就像可以通过计算机或手机使用 QQ 一样。

下面学习在计算机上使用飞信的方法。

一、安装飞信软件 Fetion

1）下载飞信软件。登录中国移动飞信首页 http://www.fetion.com.cn，如图 7-19 所示，单击“下载”下拉菜单下的“PC 客户端”，进入如图 7-20 所示页面，单击“免费下载”，下载飞信软件。

图 7-19　飞信首页

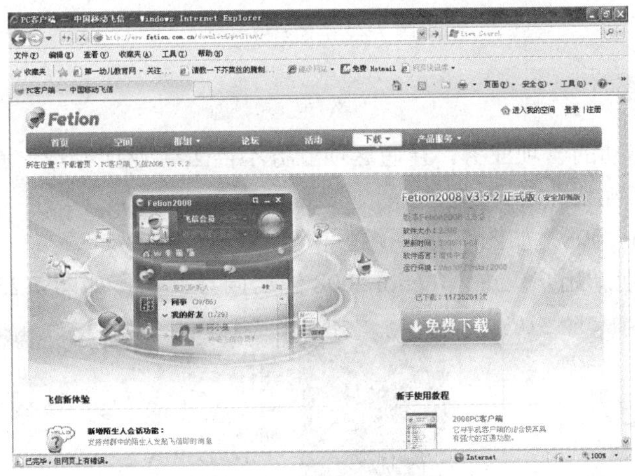

图 7-20　飞信软件下载

2）安装 Fetion2008。双击下载的 Fetion2008 安装程序，弹出如图 7-21 所示窗口，单击“下一步”，输入安装路径，如图 7-22 所示。再单击“安装”，系统将自动完成安装过程。

安装完成后出现如图 7-23 所示窗口，如果不想立即运行软件，可以单击“运行 Fetion2008”前面复选框，去掉“√”，然后单击“完成”，即完成软件的安装。

图 7-21　开始安装

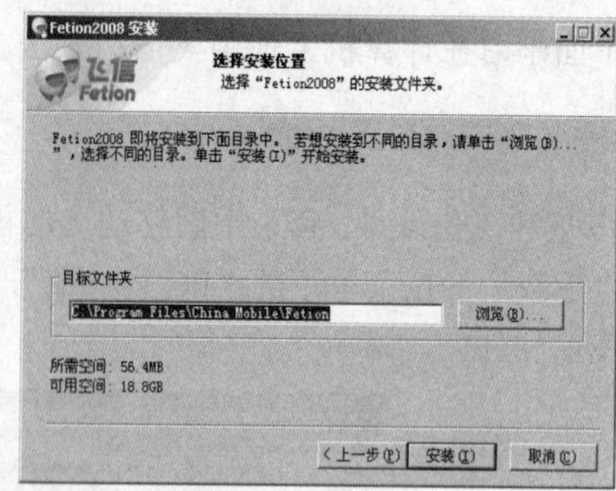

图 7-22　选择路径

图 7-23　安装成功

二、开通飞信业务

飞信是中国移动的一项业务，开通这项业务不需去营业厅办理，通过客户端软件联网，配合手机短信确认即可开通。

1）运行 Fetion2008，如图 7-24 所示。

2）单击“注册新用户”进入 Fetion2008 注册向导窗口，如图 7-25 所示。

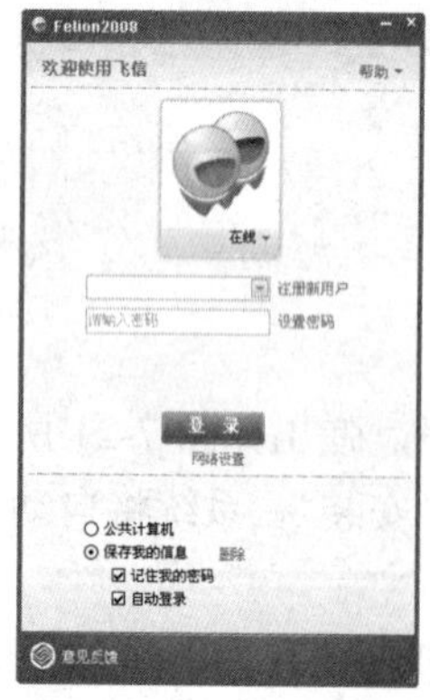

图 7-24　运行飞信

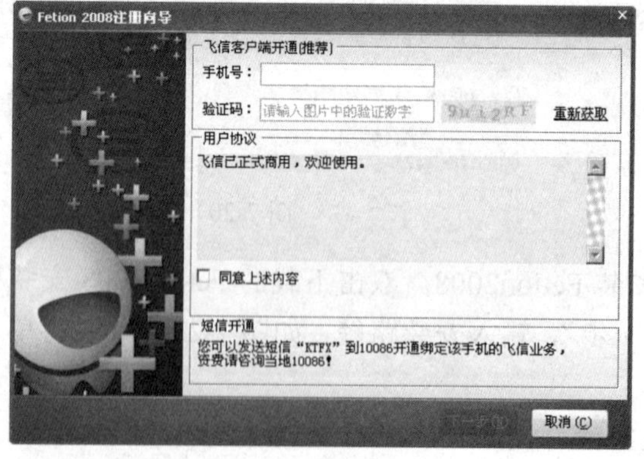

图 7-25　注册新用户

3）首先填写好手机号，必须是中国移动的手机号码，再根据验证码右边的图片显示填写正确的验证码，然后选中“同意上述内容”前面的复选框，最后单击“下一步”，如图 7-26 所示。

4）这时将收到中国移动 12520 发送的短信，告诉短信验证码，填写短信验证码，设置飞信用户密码，然后单击“下一步”，如图 7-27 所示，接着会收到中国移动 12520034 发送的短信，告诉飞信号，还会收到中国移动 10086 发送的短信，提示已经定置中国移动飞信。

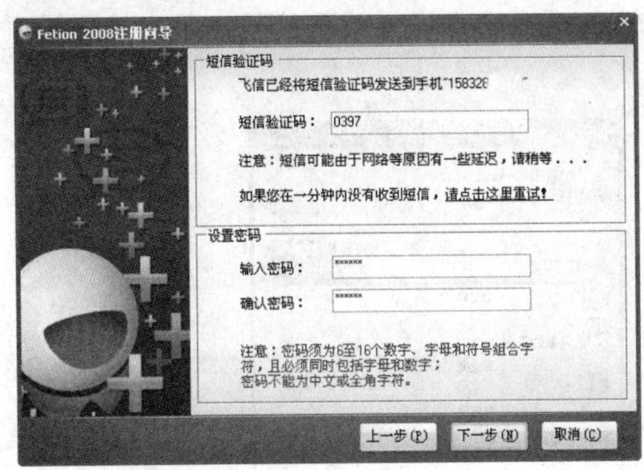

图 7-26　短信验证

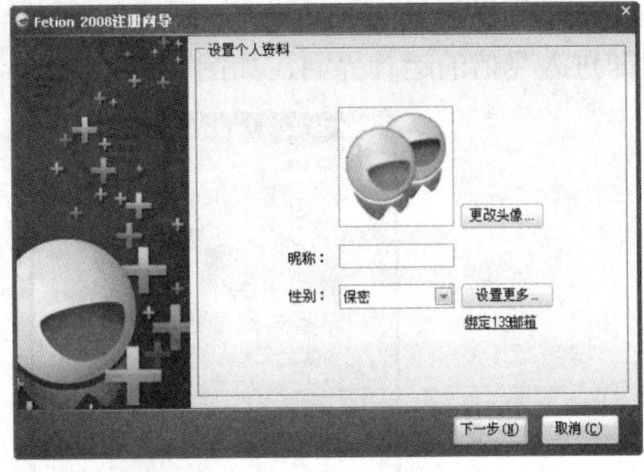

图 7-27　设置个人资料

5）输入昵称、性别，还可以单击“设置更多”进行其他设置，最后单击“下一步”，出现如图 7-28 所示对话框，注册向导提示获得的飞信号。

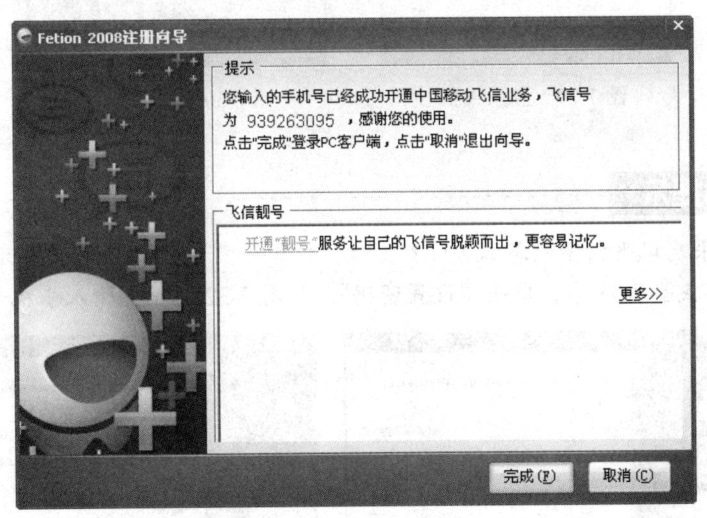

图 7-28　获得飞信号

6）单击“完成”，即完成飞信用户的注册。

错误!

小提示

因为飞信是中国移动的一项业务，仅限中国移动的手机用户使用，中国联通和中国电信的用户是无法使用的，即无法注册飞信。

三、使用飞信

运行飞信 Fetion2008，如图 7-29 所示。输入正确的手机号或飞信号，单击“登录”即进入飞信的运行界面，如图 7-30 所示。

图 7-29　登录飞信

图 7-30　飞信界面

小提示

如果忘记飞信密码怎么办呢？

1）在图 7-31 中，单击“设置密码”，如图 7-32 所示，输入手机号和验证码，

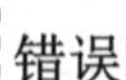

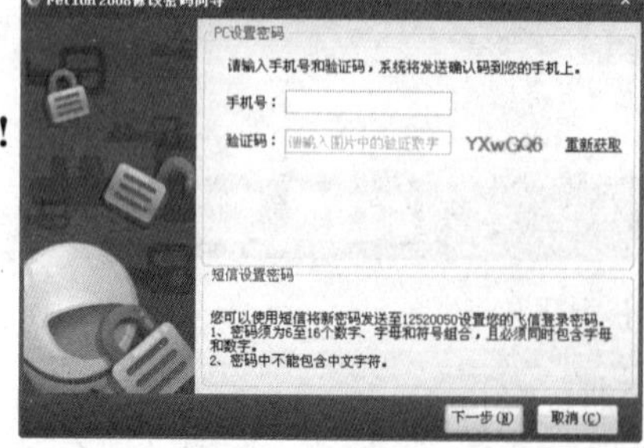

图 7-31　设置密码

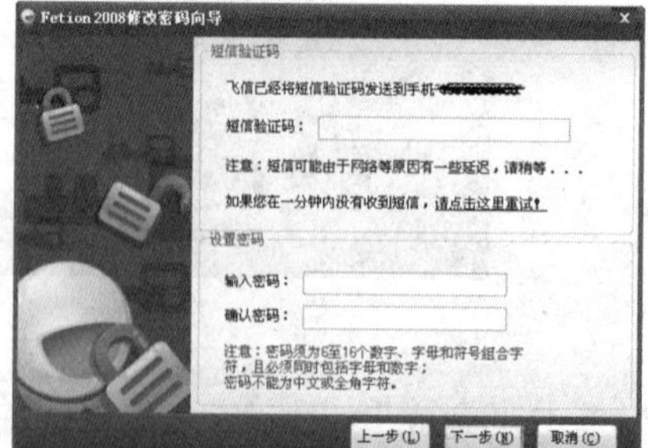

图 7-32　短信验证

单击“下一步”。

2）这时将收到中国移动12520发送的验证码，在如图7-32所示的页面中输入短信验证码、密码、确认密码后，单击“下一步”，这时系统提示密码修改成功，如图7-33所示。

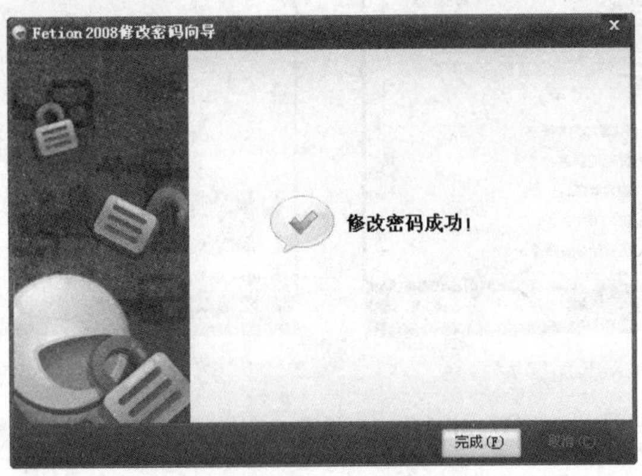

图7-33　修改密码成功

1. 添加好友

1）单击左下角的“菜单”→“好友”→“添加好友”，弹出添加好友对话框，如图7-34所示。

2）在“对方手机号”后的文本框中填入好友的手机号，在“我是”后面文本框中输入自己的名字，然后再选中某个单选项，例如选中“飞信挺好用的，我想加你为好友”，最后单击“确定”。

3）随后好友将收到中国移动发出的短信：“我是XXX（手机号码的前四位＋XXXX＋手机号码后四位），飞信挺好用的，我想加你为好友。同意回“是”，不同意不回复，拒收对方消息回“拒绝”，详询10086”。你的好友如回复“是”，他（她）将成为你的飞信好友，同时如果对方也注册了飞信，你也成为对方的好友。

2. 与好友聊天

双击某个好友的图像，如图7-35所示，可以和好友进行聊天，如果好友不在线，消息将以短信形式发送到对方手机。

3. 群发短信

通过飞信群发短信不仅操作简单快捷而且中国移动不收取费用。操作如下。

单击左下角的“菜单”→“操作”→“群发短信”，如图7-36所示，选中好友，输入要发送的信息，单击右下角“发送”，消息将群发给好友。

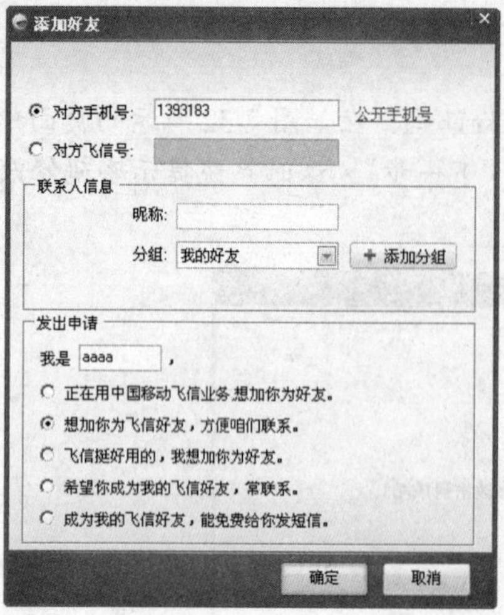

添加好友
对方手机号：1393183 公开手机号
对方飞信号：
联系人信息
昵称：
分组：我的好友 添加分组
发出申请
我是 aaaa，
正在用中国移动飞信业务 想加你为好友。
想加你为飞信好友，方便咱们联系。
飞信挺好用的，我想加你为好友。
希望你成为我的飞信好友，常联系。
成为我的飞信好友，能免费给你发短信。
确定 取消

图 7-34　添加好友

图 7-35　飞信聊天

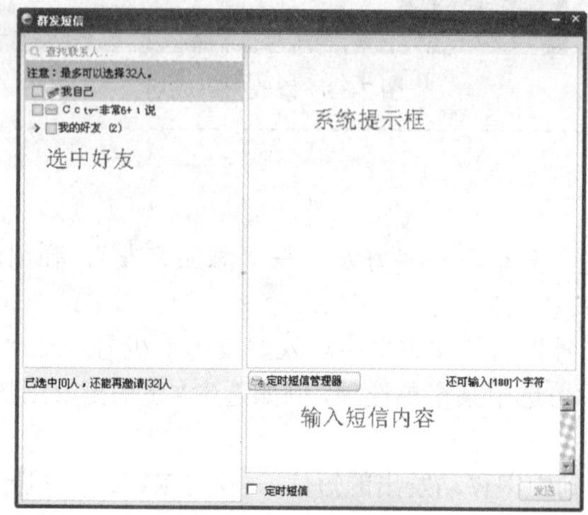

图 7-36　群发短信

小提示

单位下发通知时可以使用飞信的群发功能，不仅操作便捷，而且使用飞信群发短信是免费的。

小提示

在使用计算机通过飞信向飞信好友发送短信时，不收取任何费用，通过这个功能，在中国移动用户之间实现了免费发送短信的服务。如果通过手机登录飞信，向飞信好友发送短信时是按流量收费的。

1. 校讯通

校讯通也称校信通，是中国移动为教育行业量身定做的信息化产品。它综合手机短信、互联网和语音技术，为学校提供校务管理平台；为老师、家长、学生提供高效的家校沟通平台。校信通专注传播先进的教育理念、推广科学的教育方法；校信通网站还为用户提供专业而丰富的教育资讯和教育资源。例如校讯通可以群发短信，为发放通知提供极大的便利。

2. 网络电话

网络电话，就是使用网络电话软件通过互联网拨打对方的固定电话和手机，和对方实现语音通话。网络电话可以实现计算机到计算机、计算机到电话、电话到电话的功能。网络电话的资费一般都比较低。目前，常见的免费网络电话是计算机到电话，但一般都是限时的，天下没有免费的午餐，要想稳定地使用网络电话，需要支付一定的费用。要想使用网络电话，我们的电脑必须有话筒和音箱或者是耳麦。中华通网络电话是国内受欢迎的网络电话品牌之一，操作简单，音质清晰，目前最新版本是中华通正式版 2.0 版。下载地址为 http://www.zhcall.com/download/，新用户注册赠送 5 分钟通话时间。Skype 网络电话甚至提供手机版软件，可以安装在相应品牌型号的手机上，通过手机上网实现网络电话功能。

小提示

有时接听对方电话时，发现对方的电话号码很特殊，不是移动电话号码或固定电话号码，有两种情况最可能，一是从国外打来的，另一种就是网络电话。

任务三　网 上 购 物

网上购物，可以足不出户而购得天南海北甚至国外的各种商品，还可以坐在家中价比百家，使购得的商品价格更便宜。因为互联网的普及，越来越多的生产厂家及销售商把自己的商品发布在互联网上，消费者通过浏览互联网发现自己中意的商品，和厂家或销售商取得联系后，通过电子银行付款，厂家或销售商通过快递把商品送到消费者家中。

这种购物方式使交易成本降低，交易不受地域限制。目前网上购物大有超过传统购物方式的趋势。

任务实施

对于第一次网上购物的人来说，坐在计算机前，通过简单地敲击键盘和鼠标，几天甚至几个小时后，自己所需要的商品被送到家中时，那种心情是既兴奋又有成就感的。下面我们就以购买一个金士顿 U 盘为例，体验一下网上购物的过程。

一、通过互联网检索商品

可以通过搜索引擎搜索金士顿 U 盘。如图 7-37 所示，打开搜索链接，可以发现同一网站有很多金士顿 U 盘销售商及报价，这是因为在这一网站有很多人开有网店。这样的网站可以比作市场，而网店则可以比作商贩。在买东西时更乐意去人气旺又专业且假货少的市场。这样的购物网站有很多，例如：淘宝、拍拍、当当、卓越、京东、新蛋、红孩子等。其中淘宝网（WWW.TAOBAO.COM），注册会员已达 1.45 亿，2008 年实现年交易额 999.6 亿人民币，是亚洲最大的网络零售商圈。

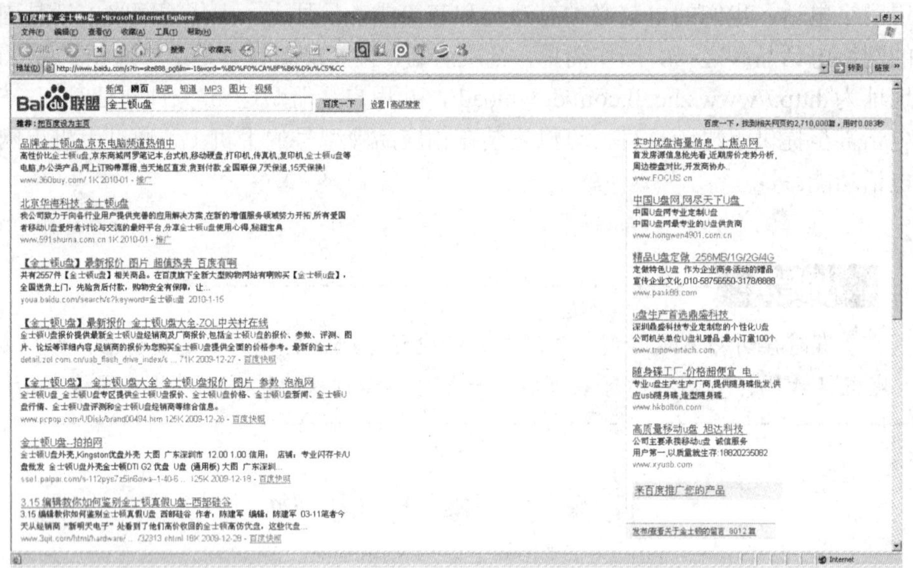

图 7-37　商品搜索

1）登录淘宝网，如图 7-38 所示。

2）在搜索栏中输入金士顿 U 盘，单击“搜索”，如图 7-39 所示，我们可以看到卖家的报价、运费、消费者保障及所在地等。

3）找到自己比较中意且便宜的商品，单击左侧链接便可进行购买。

图 7-38　淘宝网

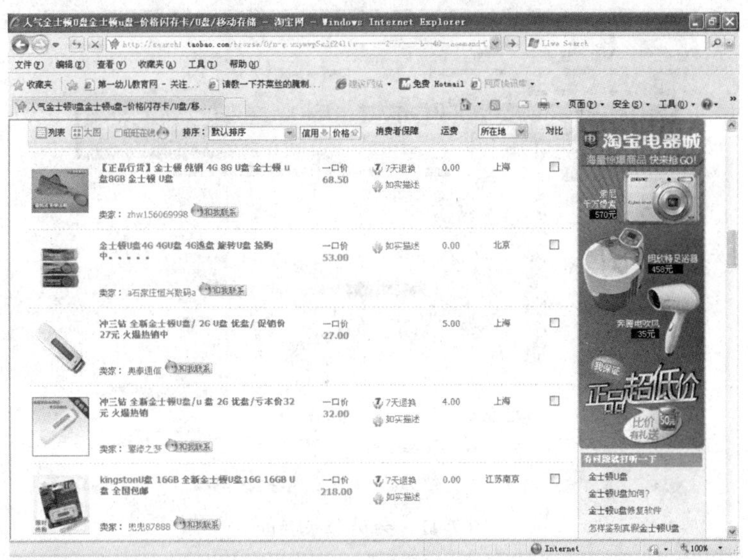

图 7-39　商品搜索结果

二、购买商品

按前面的操作找到中意的商品后，就可以进行购买。例如，选中卖家为“石家庄恒兴数码”，打开链接，如图 7-40 所示。

1）在该网页中，可以看到“宝贝详情”、“评价详情”、“成交记录”、“付款方式”等链接，通过这些介绍可以更多地了解商品及卖家的一些信息，决定是否购买该商品。

图 7-40　打开商品链接

2）在确定购买该卖家商品后，可以单击“立刻购买”，如果在进入淘宝网时，没有进行会员登录，这时会要求会员登录，如图 7-41 所示。

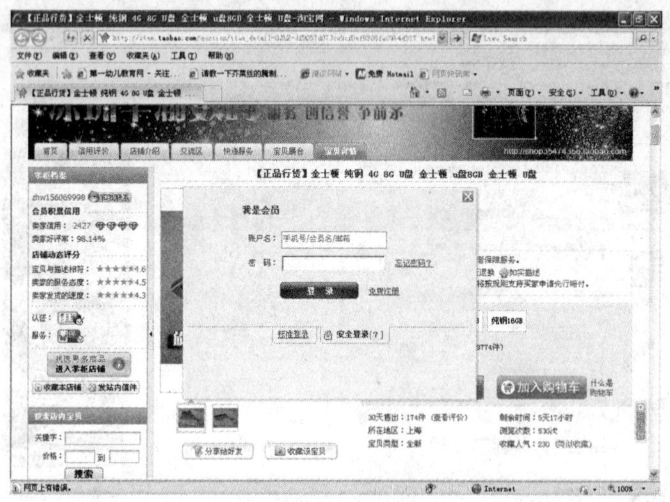

图 7-41　会员登录界面

3）输入在淘宝网注册的用户名及密码，单击“登录”，如图 7-42 所示。

这时要求输入收货人的姓名、地址等信息，填好后单击“确认无误，购买”即可。

小提示

在购买商品时，要注意商家所卖商品的照片是他自己照实物拍摄的还是使用别人的照片，对商品的详细描述的各种指标是否正确，是正品还是仿品，是行货还是水货，有无发票，是否保修等。

图 7-42　用户登录

三、付款

当确定购买之后，就要进行付款了，如图 7-43 所示。付款方式可以选择“支付宝余额付款”、“网上银行付款”等多种付款方式。比如选择了“网上银行付款”，接下来显示要付的钱数，并有一个“去网上银行付款”的链接，将链接至相应的网上银行页面，如图 7-44 所示。

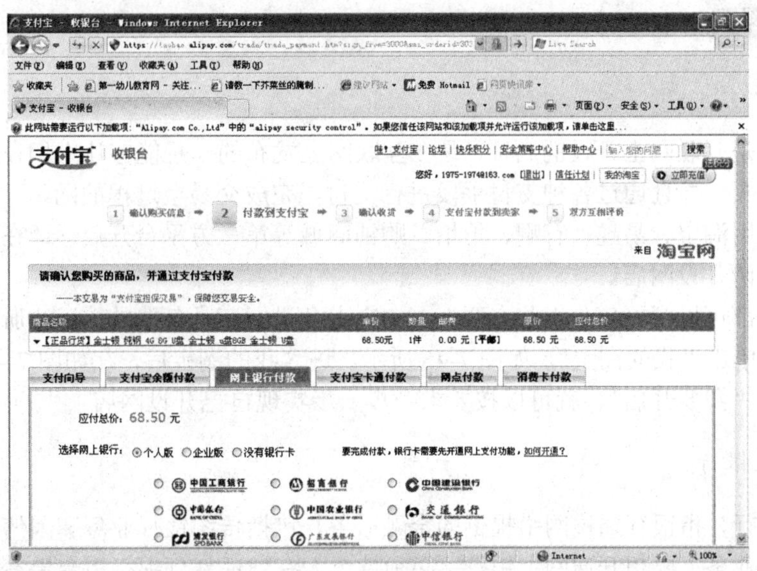

图 7-43　付款

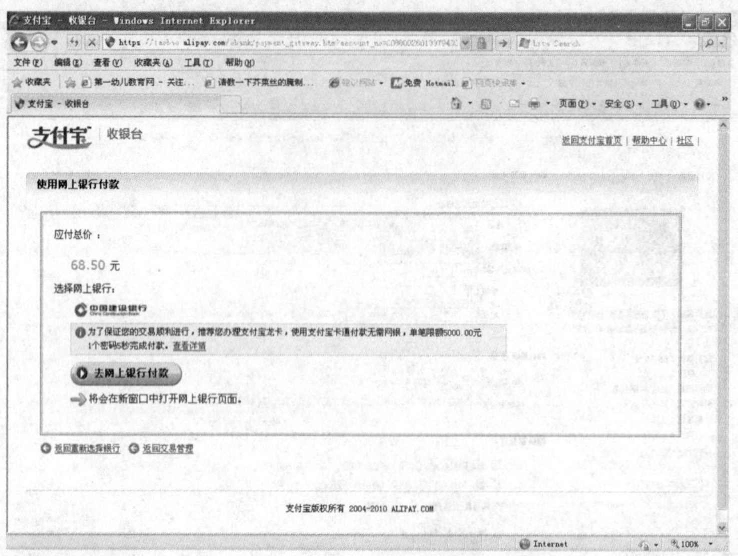

图 7-44　网上银行付款

四、收货

几天后，快递公司的快递人员将购买的货物送到家中，进行签收之后整个交易结束。

在整个购物过程中挑选货物、支付货款、收到货物等行为，我们都是坐在电脑前完成的，既方便又快捷，省去了传统购物的很多环节。

知识探究

1. 网店

网店就是互联网上开设的店铺，是在互联网上发布的一种能够让人们在浏览的同时进行实际购买，并且通过各种支付手段进行支付，完成交易全过程的网站。目前网店大多数都是使用淘宝、易趣、有啊、拍拍、购铺商城等第三方平台开启，即在淘宝网、易趣等网站申请开设网店。

每个人都可以开网店，卖些东西。在淘宝上开设网店是免费的，以注册的用户名登录淘宝网，单击“我的淘宝”，如图 7-45 所示。进入我的淘宝后，在如图 7-46 所示窗口选择左侧的“我要开店”，就可以按要求一步一步实现自己开设网店。

2. 网上银行

网上银行，指银行通过网络提供的金融服务，包括传统银行业务和因信息技术应用带来的新兴业务。要想开通网上银行，必须持个人有效证件到银行柜台申请开通网上银行业务。开通网上银行后，就拥有了一个帐号和密码，一般还要购一个类似 U 盘的 U

盾，在进行交易时必须使用U盾，以保证资金安全。

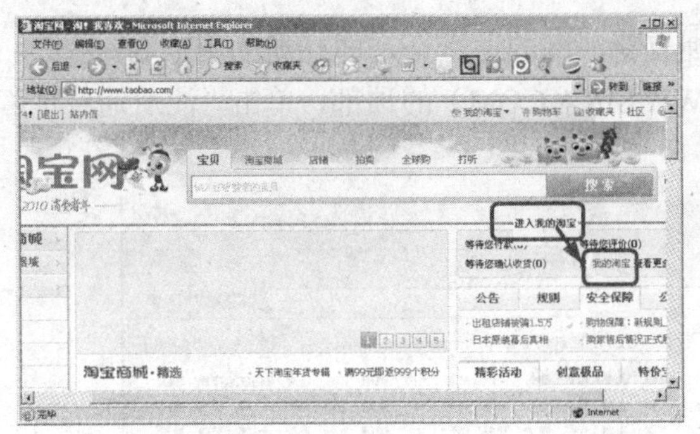

图 7-45　我的淘宝

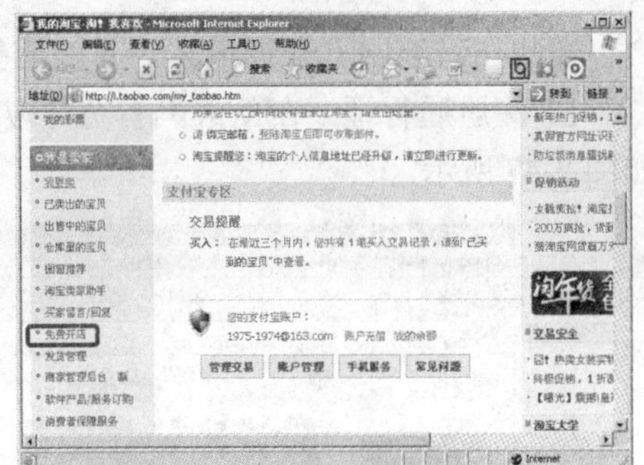

图 7-46　开网店

3. 第三方支付

随着电子商务的蓬勃发展，网上购物、在线交易对于消费者而言已经从一个新鲜未知的事物变成了日常生活的一部分。如果采用货到付款方式，给商家带来了一定风险，如果采用款到发货，又给消费者带来一定的风险。第三方支付平台的应用，有效地避免了交易过程中的退换货、诚信等方面的危险，为商家开展企业对企业、企业对个人、甚至个人对个人交易等电子商务服务和其他增值服务提供了完整的支持。第三方支付采用购买者首先把资金划到第三方，商家确定第三方已收到货款，而买家在收到货物，确定质量没问题时通知第三方付款，如果有问题，通知第三方不付款。有些第三方支付甚至提供在以后的消费过程中出现质量问题，提供先行赔付。如“支付宝”、“安付通”等都是第三方支付的常用工具。

任务四　申请和开通博客

博客，又称为网络日志，在博客中，我们可以写出对当前实事的见解，对社会热点问题的一些观点，也可以是自己的游记、家庭的流水账、学习笔记、照片、求助，甚至是自己一些高兴的事和不高兴的事。总之，只要是愿意与人分享，可以让别人知道的都能发布在博客中。当别人看到你的博客时，他可以发表对你的博客的看法，分享你的感受。博客就是以网络为载体，实现人与人交流的一个平台。

很多网站都提供了博客板块或功能，下面我们就在新浪网上开通和发表我们的博客。

一、注册通行证

要想在新浪网上开通博客，首先应拥有新浪网的通行证，即注册的用户名。

1）注册通行证。在新浪网首页（WWW.SINA.COM）的顶部，单击“注册通行证”，如图 7-47 所示。

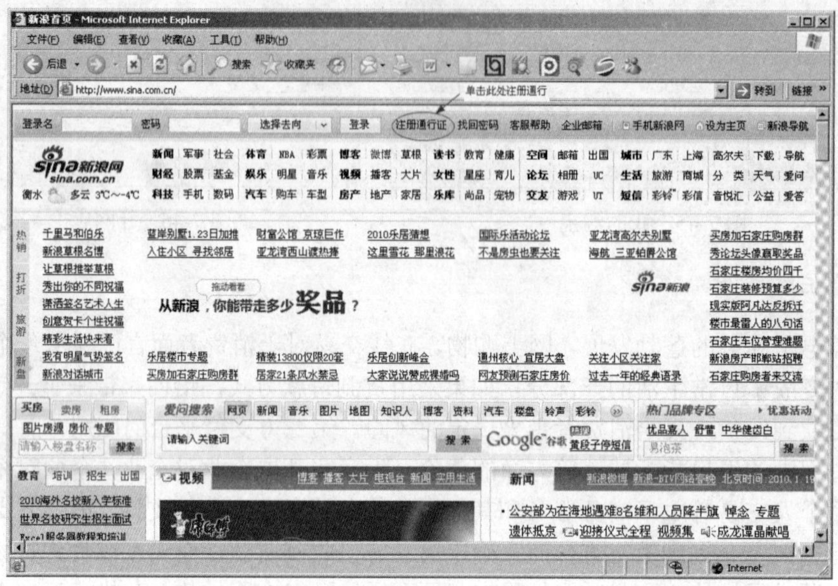

图 7-47　新浪网主页

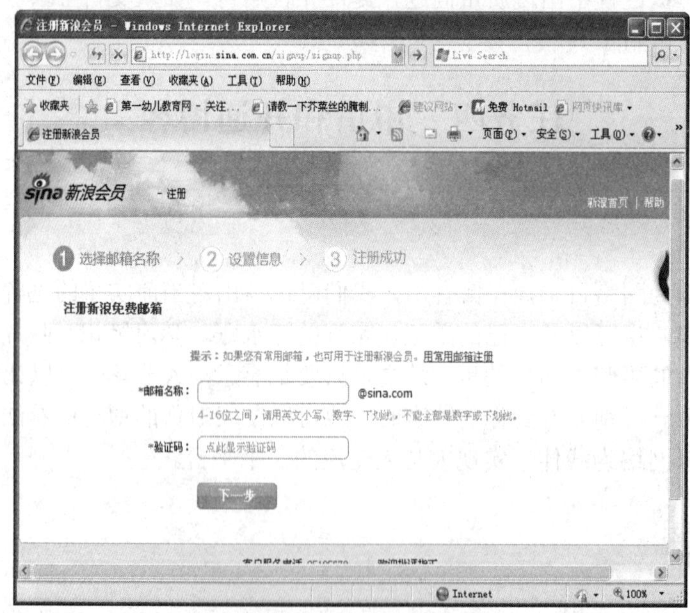

图 7-48　注册通行证

2）单击通行证后，弹出注册 Sina 邮箱的窗口，如图 7-48 所示，其实邮箱就是 Sina 的通行证。如何注册邮箱，在此不再赘述。

二、开通博客

在新浪网首页顶部的栏目分类有“博客”一项，单击即打开新浪网博客，如图 7-49 所示。在此页面上，我们可以浏览很多人在新浪网上的博客。

下面我们来开通自己的博客。

1）登录博客。在如图 7-49 所示的博客登录处输入新浪通行证和密码，即新浪邮箱，例如邮箱为 ABCED123@SINA.COM”，则通行证为“ABCED123@SINA.COM”，再单击“登录”。

2）登录成功后，弹出如图 7-50 所示窗口，单击“我的博客”。

图 7-49　输入通行证

图 7-50　登录博客

3）开通博客。由于没有开通博客，这时会提示“你的博客尚未开通”，如图 7-51 所示，单击“立即开通”后，如图 7-52 所示。

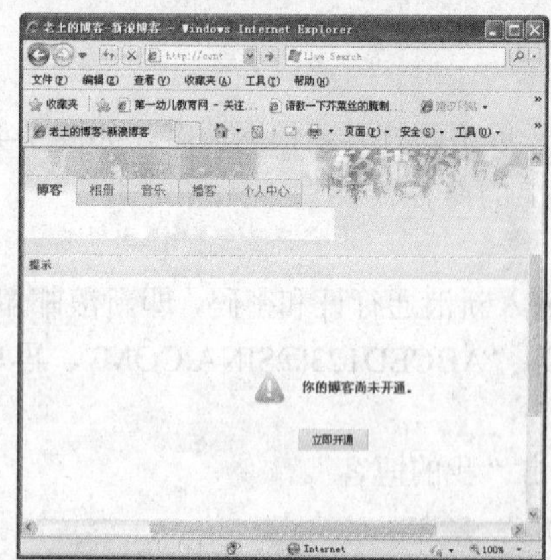

图 7-51　未开通博客

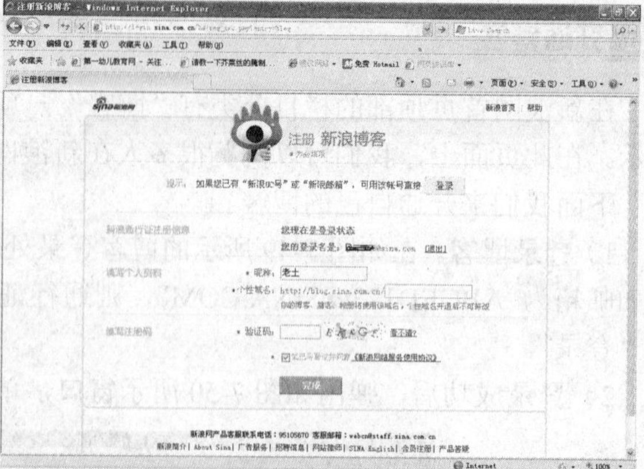

图 7-52　开通博客

4）输入昵称、个性域名和验证码，例如域名部分输入的是“bcttt123”，以后可以在浏览器地址栏中直接输入“http://blog.sina.com.cn/bcttt123”来浏览和管理自己的博客，然后再单击“完成”，就看到了自己的博客，如图 7-53 所示。

那别人浏览到的又是什么样呢？单击顶部的“退出”，就是别人浏览到的。如图 7-54 所示，前者为登录状态，后者为浏览状态。前者较后者多了“发博文”、“管理评论”和“页面设置”三个功能。在浏览状态，单击顶部“登录”，输入通行证和密码可进入管理状态。

图 7-53　登录自己的博客

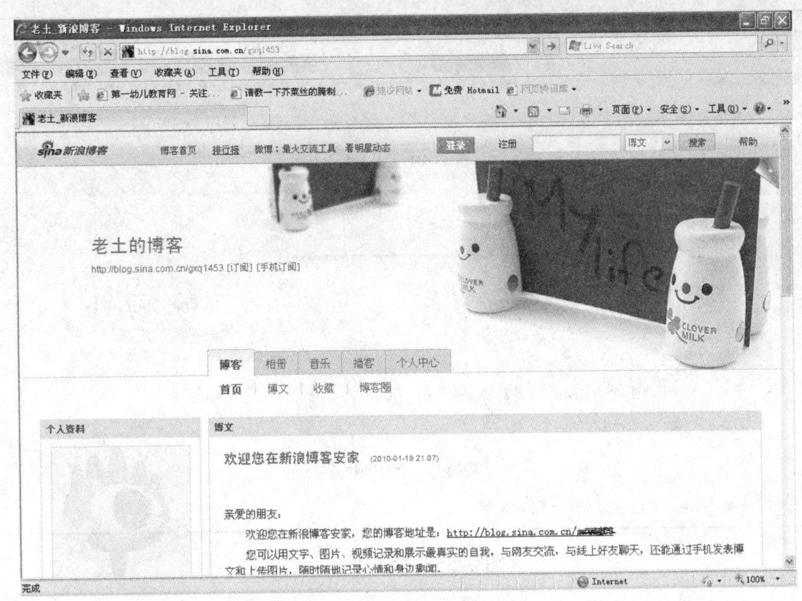

图 7-54　别人看到的博客

三、管理博客

1. 撰写博文

在浏览刚开通的博客时，发现新浪网站已代写了一篇博文，并发表了一个评论。那如何写自己的博文呢。

1）首先登录博客，可以像开通博客那样登录，也可以在浏览器地址栏中输入域名后登录。

2）在登录状态下，单击“发博文”，然后就可以创作自己的博文了，如图 7-55 所示。

3）在发博文表单的标题处填入标题，在文本区域撰写我们博文的正文。正文如同 Word 文档，可以输入文字，设置字体的颜色、大小、格式，如果单击工具栏右边的“切换到更多功能”，还可以设置字体。同时在文本中还可以插入图片、视频和表情，做到图文混排，声情并茂。

4）在“归类”处选择博文属于哪一类，还可以创建自己的分类。在“设置”处，可设置是否允许别人评论。在“权限”处确定这篇博文是公开还是仅自己可见。单击“预览博文”可以查看效果。最后单击底部的“发博文”，一篇博文便大功告成。

2. 管理评论

当别人看到博文时，如果能引起一些共鸣，可能发表评论，可以回复评论，也可以删除不想看到的评论。

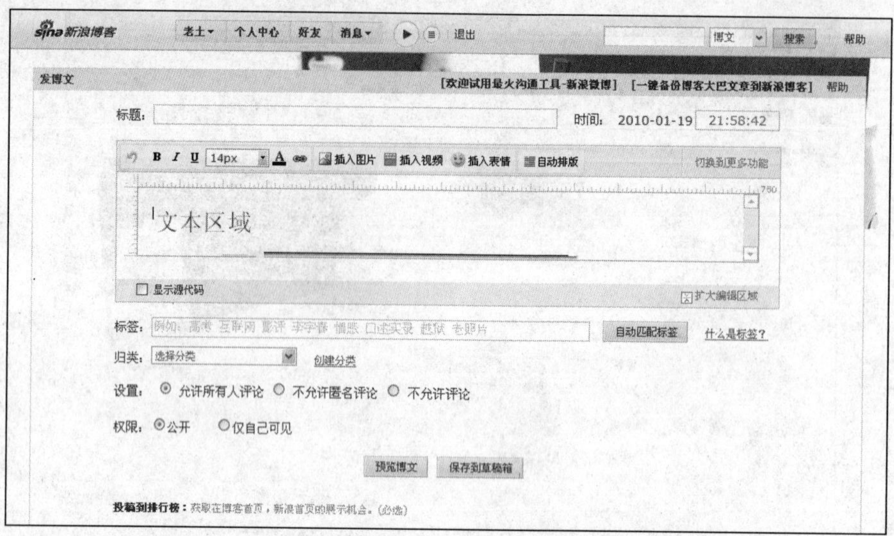

图 7-55　撰写博文

1）在登录状态下，单击“管理评论”，如图 7-56 所示。

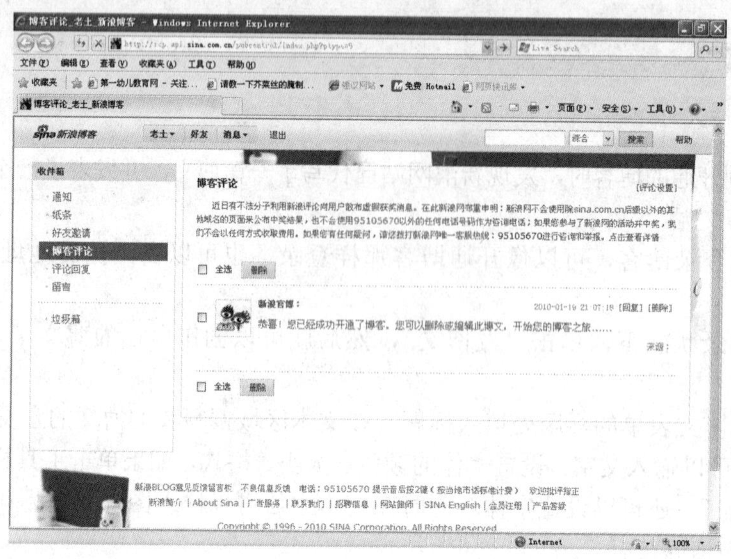

图 7-56　管理评论

2）在图中看到“新浪官博”发表的评论：“恭喜！您已经成功开通了博客。您可以删除或编辑此博文，开始您的博客之旅……”，单击右侧的“回复”，可以回复评论。单击“删除”可以删除这条评论。

3. 改变博客的风格

1）在登录状态下，单击右侧的“页面设置”，新浪网站提供了很多博客模板，如

图 7-57 所示。

2）单击左侧的模板分类，再单击右侧的具体模板，可以选择系统提供的一种样式。也可以单击左侧的“自定义风格”，上传自己喜欢的头像和背景图片来设计自己与众不同的博客风格。

图 7-57　选择样式

4. 收藏

当发现别人写的一篇博文比较好，为了下一次阅读方便，可以单击博文下面的“收藏”，如图 7-58 所示。下一次阅读时，进入个人博客，单击“收藏”，如图 7-59 所示，在收藏列表中就有相应的链接，单击该链接，就可以打开相应的博文。通过这种方法，方便了用户的阅读。

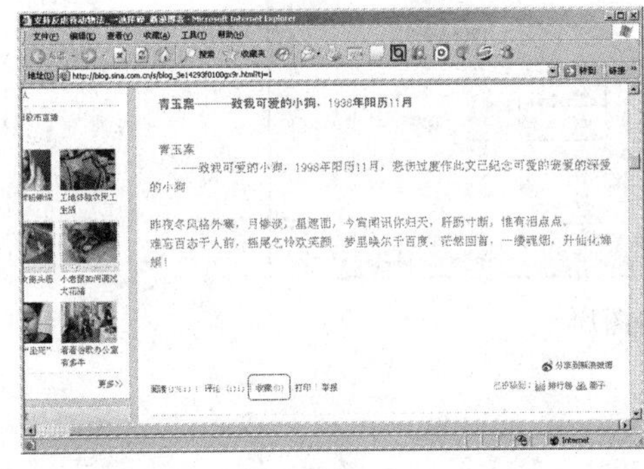

图 7-58　收藏博文

图 7-59　阅读收藏的博文

四、使用 Sina 博客的网络相册

1）打开新浪博客，进入个人中心，单击“相册”，如图 7-60 所示。

2）在打开的相册中，单击“上传图片”，如图 7-61 所示。

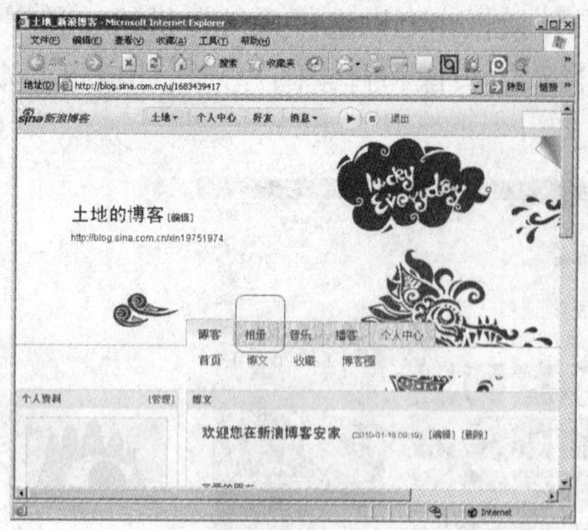

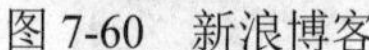
图 7-60　新浪博客

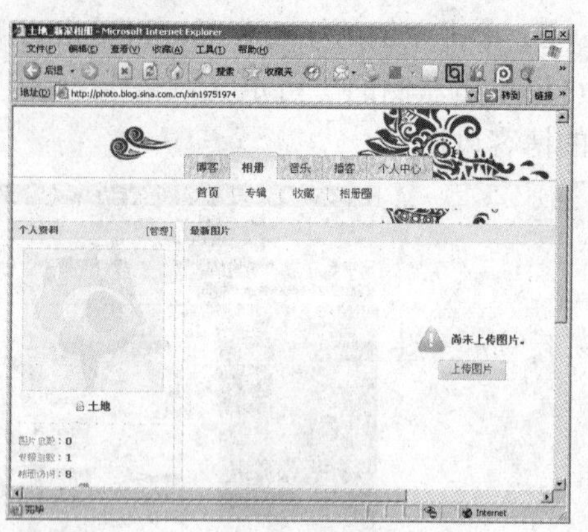

图 7-61　上传图片

3）在打开的网页中，单击“浏览”添加上传的照片，如图 7-62 所示。最后，单击“开始上传”即可以把照片保存至博客的相册中了。

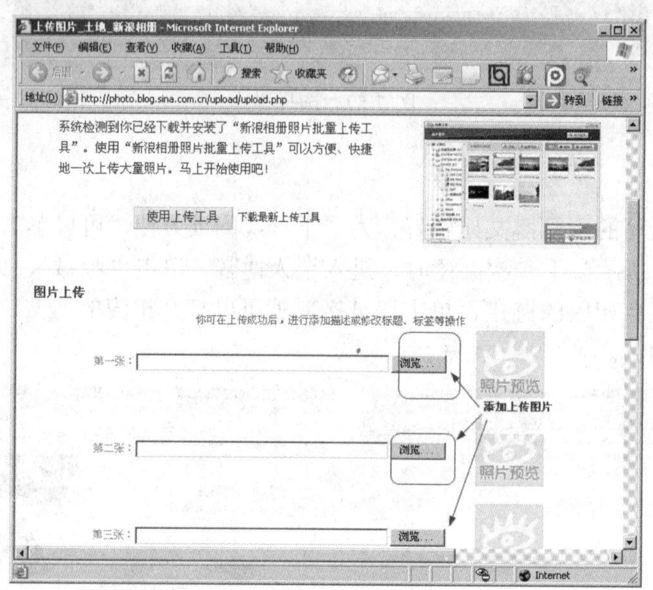

图 7-62　上传图片

知识探究

认识远程教育

远程教育是学生与教师、学生与教育组织之间主要采取多种媒体方式进行系统教学和通信联系的教育形式，是将课程传送给校园外的一处或多处学生的教育。

现代远程教育则是指通过音频、视频（直播或录像）以及包括实时和非实时在内的计算机技术把课程传送到校园外的教育。现代远程教育是随着现代信息技术的发展而产生的一种新型教育方式。计算机技术、多媒体技术、通信技术的发展，特别是因特网（Internet）的迅猛发展，使远程教育的手段有了质的飞跃，成为高新技术条件下的远程教育。现代远程教育是以现代远程教育手段为主，兼容面授、函授和自学等传统教学形式，多种媒体优化组合的教育方式。

远程教育由于信息传送方式和手段不同，其发展经历了三个阶段，第一是以邮件传输的纸介质为主的函授教育阶段；第二是以广播电视、录音录像为主的广播电视教学阶段；第三是通过计算机、多媒体与远程通信技术相结合的网上远程教育阶段。随着电视、电话、计算机、互联网的逐步普及，网上远程教育离我们已越来越近。

目前，参加网校学习的人员正在逐渐增多，按学习的目标不同分为学历学位、职业培训、网上充电等三种类型。学习方式目前主要分为集体开班和个体学习两种。另一方面，在互联网上各种各样的网校也到处可见，有正规大学开办的经过教育部认可其学历的攻读本科、研究生课程的网校；有全国知名重点中学在网上创办的针对高考辅导的以应试教育为主的网校；还有一些商业网站针对网上充电者举办的一些职业技术培训的网校等。

远程教育平台在全国范围内陆续兴起，然而真正有含金量的平台，目前在国内仍然少之又少。希赛 IT 教育研发中心（以下简称“希赛教育”）是希赛公司属下的一个专门从事 IT 教育、教育产品开发、教育书籍编写的部门，在 IT 教育方面具有极高的权威性。特别是在 IT 在线教育方面，稳居国内首位，希赛教育的远程教育模式得到了国家教育部门的认可和推广。

远程教育的形式较多，比如：环球职业网校，游学网，101 网校，北京四中网校，黄岗网校，新华网校、华图网校、新东方网校、中华会计网校、东奥会计在线等是针对在校学生，上网人员进行技术学习的，而一些教育网则是代替课堂教育的，形式可谓多种多样。

项 目 小 结

本项目主要学习了 Internet 上即时通讯工具 QQ 和中国移动的飞信，以及与生活密切相关的网上购物、简单的情感表白和交流平台网络博客的使用。这些都是与我们的网络生活息息相关的。当然，基于网络的应用还有很多，远程教育、网上求职以及网络游戏等也是网络生活的重要组成部分，大家可以自己去体会。

思考与练习

一、简答题

1. 如何使用 QQ 的远程协助？

2. 如何使用飞信群发短信？

3. 怎样开通新浪博客？

4. 成为陌生人的飞信好友可能产生什么危害？

5. 什么是第三方支付？

二、实训题

1. 尝试在互联网上卖一件商品。

2. 将一段音乐通过 QQ 传送给朋友。

3. 尝试在互联网上开通自己的博客。

4. 尝试在互联网上使用微博。

5. 尝试博客的使用。

6. 自主探究 QQ 中发送离线文件。

项目八

网络安全管理

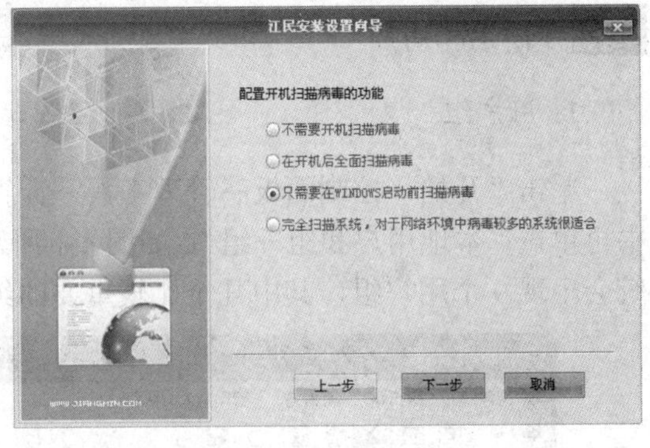

知识目标：

1. 了解计算机系统的组和用户的相关知识。
2. 了解系统漏洞的相关知识。
3. 熟悉计算机病毒的概念和分类。
4. 了解系统漏洞和系统安全相关知识。

技能目标：

1. 熟悉系统用户和组的管理。
2. 学会系统更新和漏洞修复的方法。
3. 学会杀毒软件的安装、设置和使用。
4. 掌握360安全卫士的安装和使用方法。

任务一　帐户与密码安全

任务描述

计算机无论安装什么操作系统，Windows XP、Windows Vista 还是 Windows 7，都离不开 Windows 操作系统的用户帐户。用户帐户定义了用户可以在 Windows 中执行的操作，如果系统的用户帐户和密码没有进行过任何修改，这些用户帐户对任何人都是透明的，默认的密码都为空，这样对系统安全造成了很大的威胁。所以，我们有必要对系统的用户帐户和密码进行安全设置。

任务实施

一、了解组和用户

1. 用户组

单击“开始→控制面板→管理工具→计算机管理”命令，在打开的计算机管理窗口中再单击“本地用户和组→组”，如图 8-1 所示，可以看到在安装好 Windows XP 后，系统会出现 9 个用户组，其中几个比较重要的组分别如下。

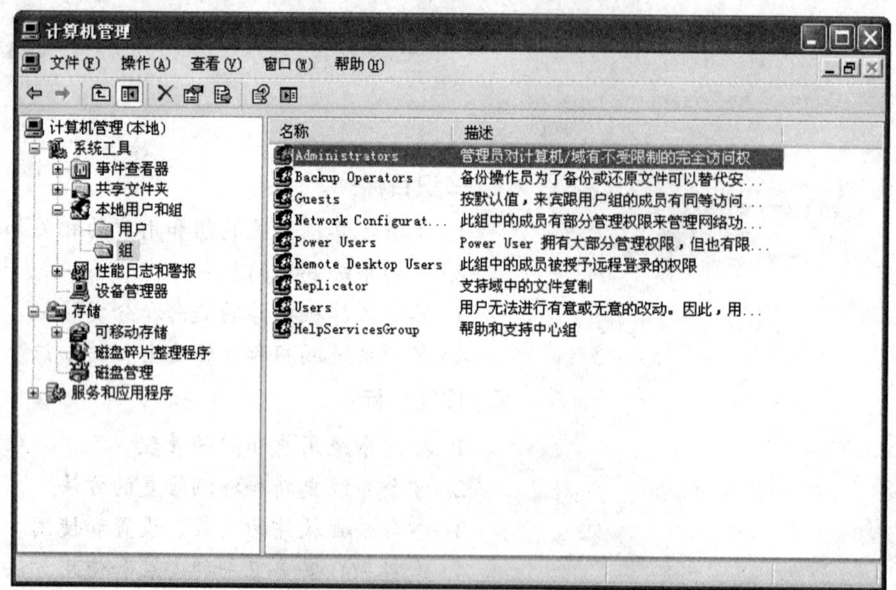

图 8-1　用户组

1）Administrators 组：管理员组，该组成员对本地计算机具有完全的控制权，它是系统中唯一被赋予所有内置权限和能力的组。

2）Backup Operators 组：备份操作员组，该组成员可以备份或恢复计算机中的文件，它可以登录或关闭系统，但不能更改任何安全设置。

3）Power Users 组：即标准用户组，该组用户可以更改计算机设置和安装程序，但不能查看由其他用户创建的文档。

4）Users 组：即受限用户组，该组用户可以运行程序并保存文档，但不能更改计算机的设置、安装程序以及查看由其他用户创建的文档。

5）Guests 组：来宾工作组，该组允许临时用户使用 Guests 帐号登录计算机，他们被赋予极小的权限。Guests 组中的用户可以关闭系统。

2. 用户

在计算机管理窗口中再单击“本地用户和组→用户”，如图 8-2 所示，我们可以看到在安装好 Windows XP 后，系统自动创建有两个用户帐号，即 Administrator 和 Guest。

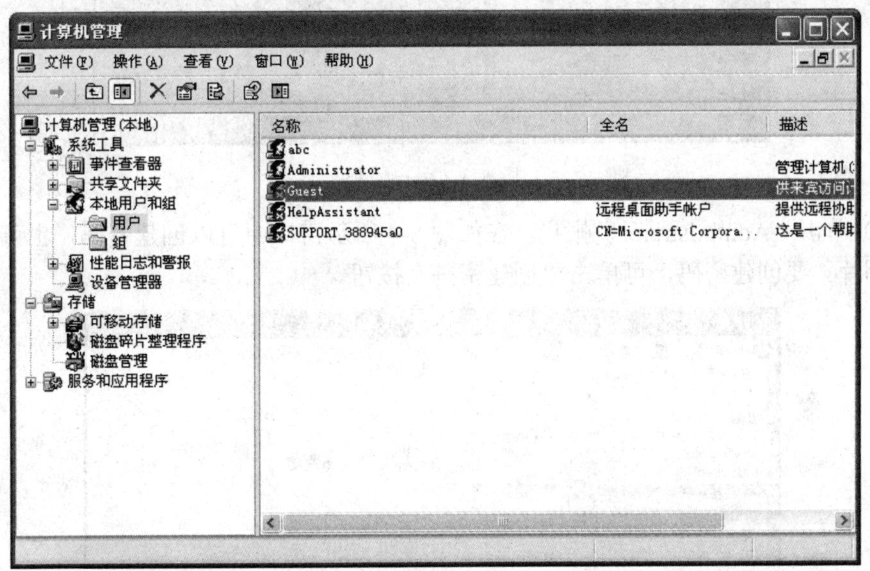

图 8-2　用户

Administrator 为管理员帐号，隶属于 Administrators 组，具有本地计算机上的最高权限，对本地计算机有绝对的控制权。

Guest 是为系统中没有自己帐号的用户设置的，该帐号只具有较小的权限。所以，要在本机上创建本地用户需要由 Administrator 或者说具有与之相当权限的用户进行。

一个用户组下可以建立多个用户，这些用户拥有相同的权限。我们在建立用户时，这个用户属于不同的组，就拥有不同的权限。

二、更改 Administrator 帐户密码

Administrator 帐户是在安装系统时自动创建的，密码一般为空，且这个帐户拥有最高权限，这无疑对系统的安全造成很大的威胁。我们很有必要对这个帐号创建密码。

1）单击“开始→控制面板→用户帐户”命令，打开如图 8-3 所示窗口。

图 8-3　用户帐户

2）单击“Administrator”帐户，在如图 8-4 所示窗口中可以创建密码，也可以修改帐户图片。要创建密码，可单击“创建密码”按钮。

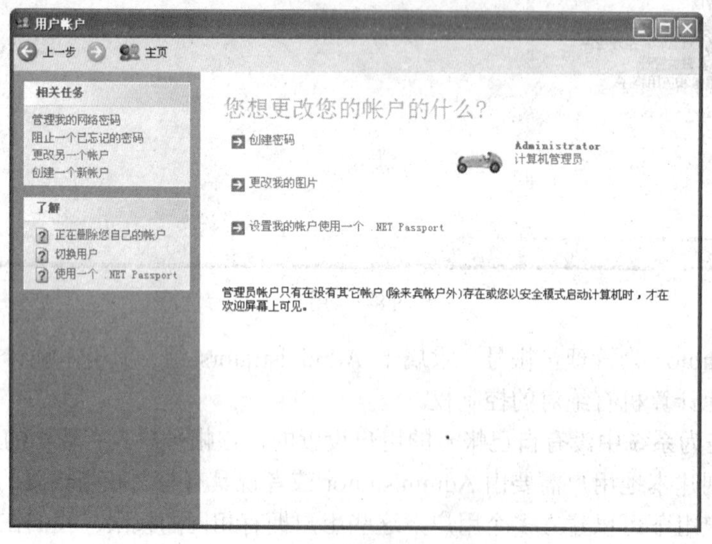

图 8-4　准备修改帐户密码

3）在创建密码时，首先输入一次密码，再一次输入确认密码后，单击“创建密码”按钮，如图 8-5 所示。

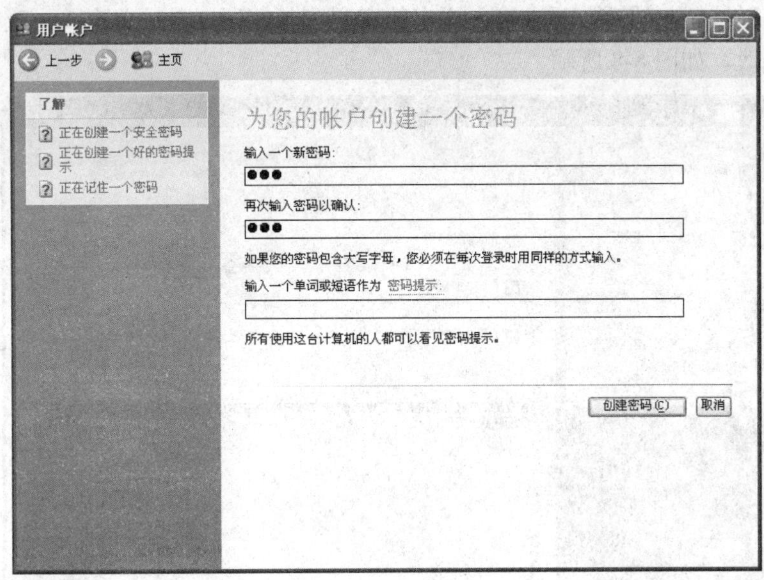

图 8-5　修改密码

4）这时会提示“要将您的文件和文件夹设为私有吗？”如果单击“是，设为私有”其他受限用户将无法访问私有文件夹，如图 8-6 所示。

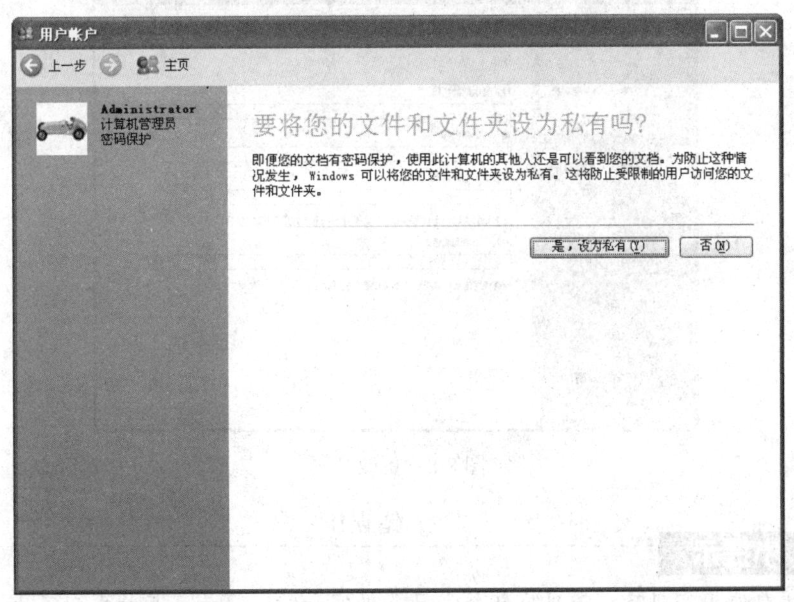

图 8-6　选择私有文件夹

5）如果已经创建了帐户密码，只是想修改。在用户帐户窗口中，单击要修改密码的用户，将会出现“更改我的密码”而不会出现“创建密码”，如图 8-7 所示。单击“更改我的密码”按钮，然后按要求输入原来的密码和新密码，最后单击“更改密码”即完成密码的修改，如图 8-8 所示。

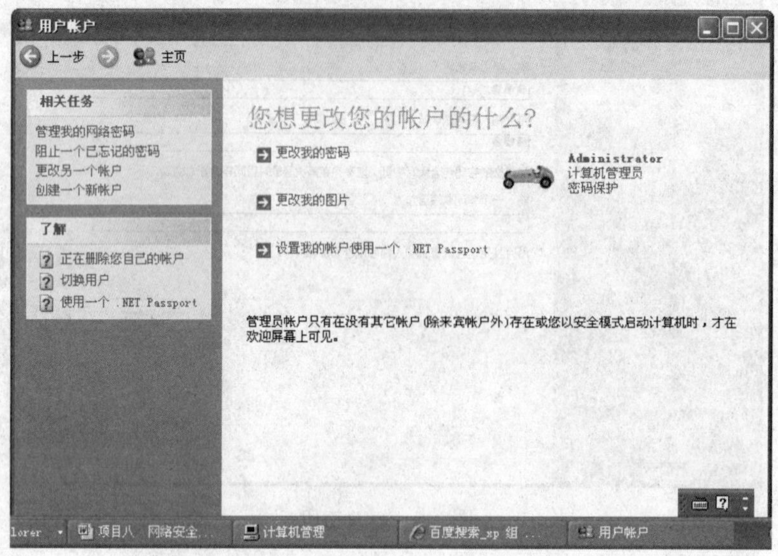

图 8-7　帐户更改窗口

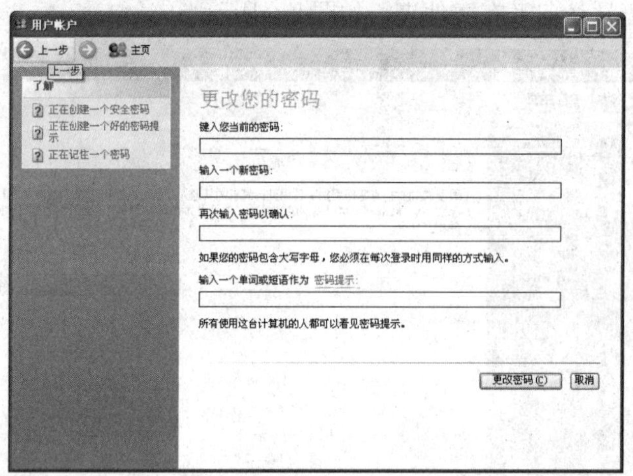

图 8-8　更改密码

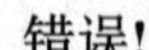
错误!

小提示

在使用密码时，密码应包含字母、数字和特殊符号，其长度应不少于 6 位，这样密码不容易被破解。同时，密码应定期更换。

三、删除用户

在 Windows XP 中，要防止本地用户在本机登录，可以停用或者删除其帐号。只有隶属于 Administrator 组的用户才有权限删除用户。

1）按照上面的方法打开“计算机管理”对话框，并在“本地用户和组”项中展开“用户”选项。

2）双击需要停用的用户帐号，打开其属性对话框，选中“帐号已停用”复选框，单击“确定”按钮即可。此时，会发现在被停用的帐号图标上，将会出现“×”标记，以表明该用户帐号已停用。若要重新启用该用户帐号，只需取消该复选框即可。

3）若要删除某个用户帐号，请右键单击需要删除的用户帐号，在快捷菜单中选择“删除”命令，在弹出的提示框中单击“是”按钮即可删除用户帐号。

小提示

Guest 作为一个来宾帐户，经常是网络攻击者使用的一个帐户，最好删除或停用 Guest 帐户。

四、改变登录和注销方式

登录计算机有两种方式，一种方式是“欢迎屏幕”，如图 8-9 所示。这种方式最快且最方便。只需单击帐户名并输入密码即可登录。如果只有一个 Administrator 用户且没有密码，直接进入 Windows，不显示登录过程，如果除了 Administrator 外还有另外一个用户且该用户没有密码，则以另一个用户直接进入 Windows。另一种登录方式为“传统的登录方式”，如图 8-10 所示，这种方式是最安全的登录方法，它要求输入用户名和密码。

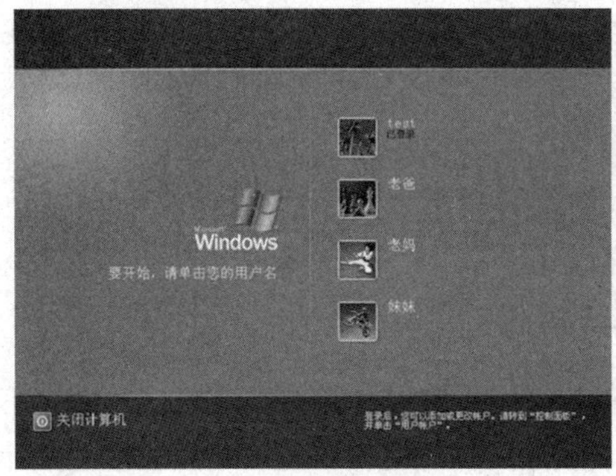

图 8-9　欢迎屏幕登录

图 8-10　传统登录

小提示

在“欢迎屏幕”登录方式下，如果除了 Administrator 用户外还有其他用户，则在欢迎屏幕中不出现 Administrator 用户，也就是无法登录到 Administrator 超级用户。

改变登录方式的方法如下。

1）打开“用户帐户”，单击“更改用户登录或注销的方式”，如图 8-11 所示。

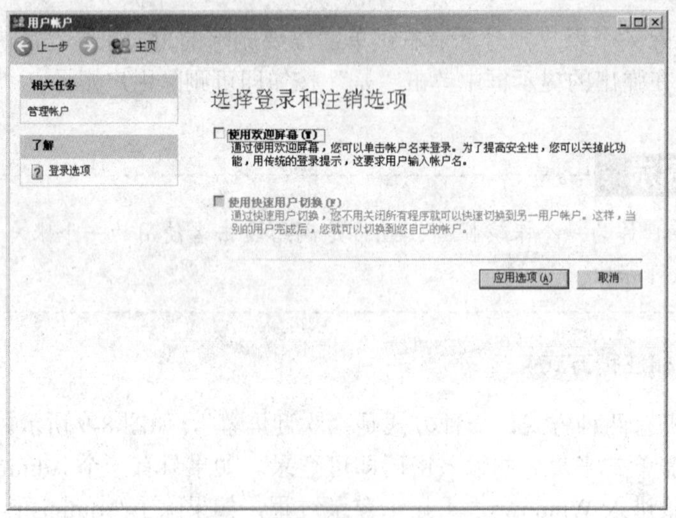

图 8-11　更改登录方式

2）当“使用欢迎屏幕”前面没有“√”，即不选定时为“传统的登录提示”，当有“√”时为“欢迎屏幕”登录方式。

3）当使用“欢迎屏幕”登录方式时，还可以选择“使用快速用户切换”，当选定了“使用快速用户切换”时，切换用户时不关闭所有应用程序，否则应用程序将被关闭。

知识探究

了解帐户及其权限

Users 用户不能更改计算机的设置、安装程序以及查看其他用户的文档，平时当不改变计算机的设置和安装程序时，就可以使用 Users 用户，这样就能防止入侵者改变计算机的设置，同时也可以分配给其他人使用。拥有超级用户权限的帐户同时可以删除其他用户。这样做极大地保证了计算机系统的安全。

任务二 修复系统漏洞

系统漏洞是指应用软件或操作系统软件在逻辑设计上的缺陷或在编写时产生的错误，这个缺陷或错误可能会被不法者或者电脑黑客利用，通过植入木马、病毒等方式来攻击或控制整个电脑，从而窃取电脑中的重要资料和信息，甚至破坏电脑系统。计算机系统漏洞是造成计算机网络不安全的重要原因之一，减少计算机系统漏洞，是保障计算机网络安全的根本。

针对系统漏洞，计算机软件公司往往会及时推出补丁程序对软件进行升级，例如微软公司不定时在其网站上发布 Windows XP、Windows Server 2000 等操作系统的补丁程序。对 Windows 操作系统进行升级的方法有如下几种。

一、设置自动更新

1）单击“开始→控制面板”命令，打开控制面板窗口，如图 8-12 所示。

2）在“控制面板”中单击“自动更新”，打开自动更新窗口，如图 8-13 所示。

在“自动更新”对话框中，单击“自动”前面的单选按钮，同时还可以设置自动更新的时间，可以是一周中的某一天的某一时间，也可以是每天的某一时间。在设置的时间，系统将会自动到微软网站去查找最新补丁程序。

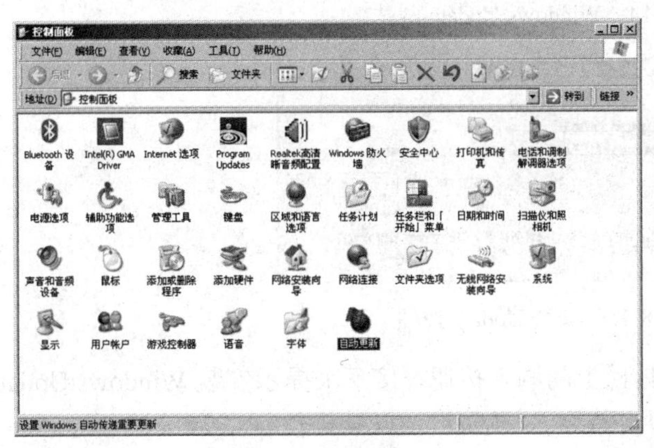

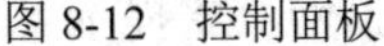
图 8-12 控制面板

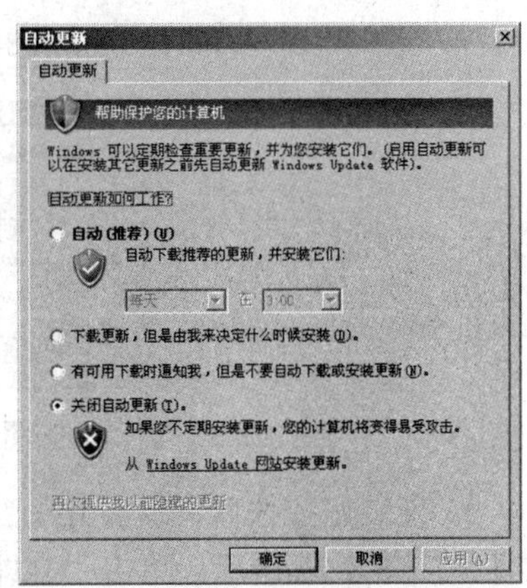

图 8-13 选择更新

如果在选中“下载更新，但是由我来决定什么时候安装”前面的单选按钮，系统在连接到 Internet 时自动搜索并下载更新补丁程序，当下载完成后，提示我们是否把补丁

程序安装到计算机操作系统中。

如果选中的是第三个单选按钮，操作系统在发现更新程序后，提示我们是否下载并安装补丁程序。如果取消自动控制更新，则单击关闭自动更新按钮。设置完成后单击“确定”按钮即可。

如果设置了自动更新，由于操作系统会在规定的时间通过 Internet 到微软网站去搜索并下载安装更新程序，有时还需要重启操作系统，可能影响正常工作。因此，希望能够在空闲时再去更新补丁程序，这就是手动更新。

二、手动更新

1）连接到 Internet，单击“开始”菜单下的“所有程序”下的 Windows Update，那么浏览器将打开微软自动更新网站，如图 8-14 所示。Windows Update 网站从该网站上更新时需要“Windows Update” ActiveX 控件，而 IE 浏览器阻止该控件。单击该处选择“安装控件”，这时需要确认是否安装，如图 8-15 所示，单击“安装”。

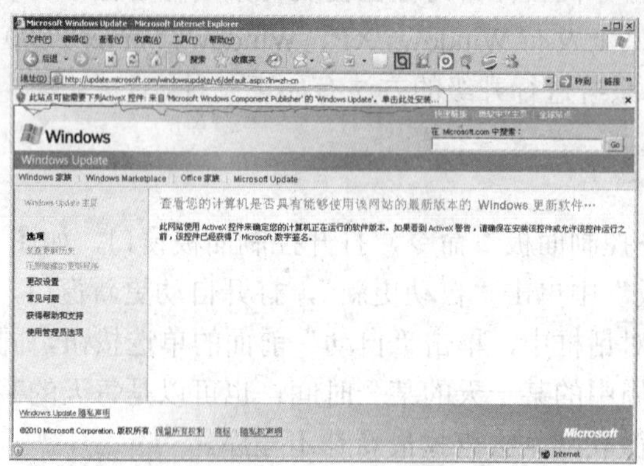

图 8-14　Windows Update 网站

图 8-15　安装 Update 控件

2）安装好控件后，单击 IE 工具栏上的刷新按钮，接下来提示安装 Windows Update 软件，如图 8-16 所示。单击“立即安装”，系统将自动安装控件。

3）在 Windows Update 网页上可以选择“快速”，网页将提示“在查找适用于您计算机的最新更新程序…”，稍后将找到需要安装的更新程序，如图 8-17 所示。单击“立即下载和安装”，如图 8-18 所示。

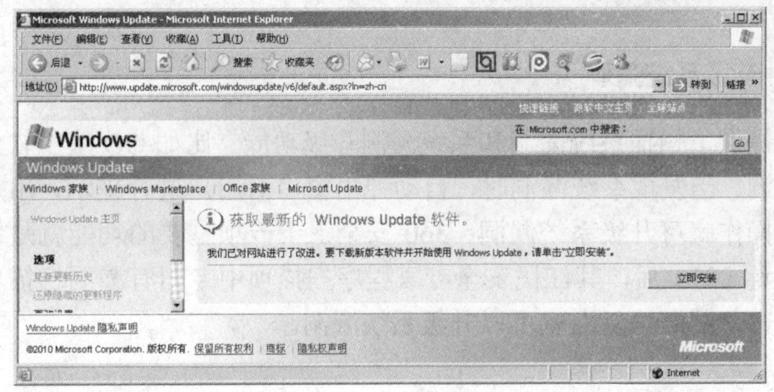

图 8-16　正在安装

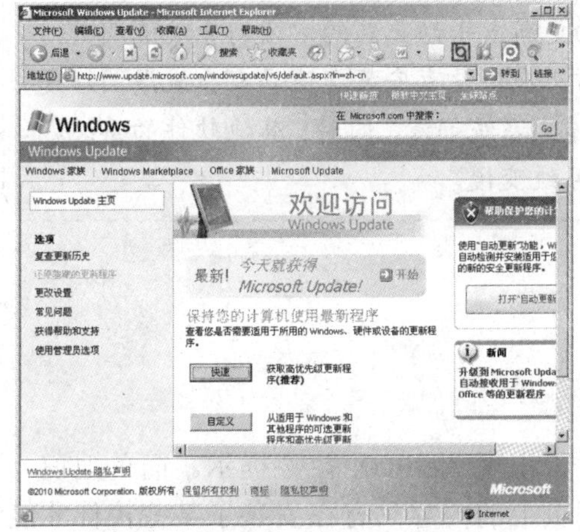

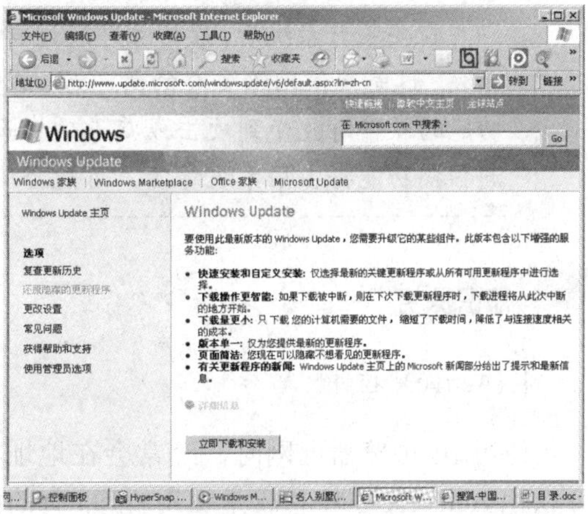

图 8-17　选择快速安装

图 8-18　查找更新

4）某些更新要求进行确认，如图 8-19 所示，可以进行选择是否安装。但只有安装了 Windows 的正版增值补丁程序后，才能下载安装其他补丁。

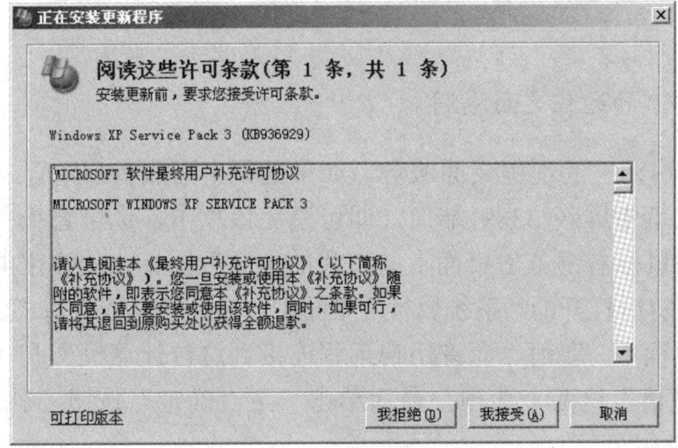
正在安装更新程序

阅读这些许可条款(第 1 条，共 1 条)

安装更新前，要求您接受许可条款。

Windows XP Service Pack 3 (KB936929)

MICROSOFT 软件最终用户补充许可协议

MICROSOFT WINDOWS XP SERVICE PACK 3

请认真阅读本《最终用户补充许可协议》（以下简称《补充协议》）。您一旦安装或使用本《补充协议》随附的软件，即表示您同意本《补充协议》之条款。如果不同意，请不要安装或使用该软件，同时，如果可行，请将其退回到原购买处以获得全额退款。

可打印版本　　我拒绝(D)　　我接受(A)　　取消

图 8-19　安装补丁

三、使用软件升级系统漏洞

很多软件提供了扫描系统漏洞和系统漏洞升级功能。比如QQ医生软件，该软件自动扫描系统漏洞，当发现系统漏洞时，自动弹出窗口对用户进行提示，用户只需根据提示进行简单的操作就可升级系统漏洞；360安全卫士一项重要的功能就是修复漏洞；在安装了江民杀毒2010后，其江民安全专家程序扫描项中专门有漏洞扫描功能，在完成漏洞扫描后单击“漏洞修复”就可以升级系统漏洞。

小提示

在安装好系统后，最好立即通过自动更新或手动更新的方法对系统漏洞进行升级，这是确保网络安全的第一步，以防止在还没有安装其他具有系统漏洞修复功能的软件时就受到攻击或病毒破坏而造成系统崩溃。同时，其他软件的系统漏洞扫描功能将占用系统资源，可能会使系统变慢。

知识探究

1. ActiveX控件

使用IE浏览器上网时，经常会在地址栏下出现ActiveX控件提示。简单地说，可以把ActiveX控件看成是应用程序，有的网页上的内容只有在安装了某些控件才能被完全显示。某些控件和插件会对系统造成不安全影响，所以要清楚控件是否是恶意控件。

如何让浏览器自动安装控件呢？单击IE的菜单栏上的“工具”→“Internet选项”→安全选项卡”→“自定义级别”按钮，找到Activex控件，选定启用即可，如图8-20所示。

2. Windows XP的远程桌面漏洞

XP系统默认启动它的远程桌面服务。如果远程桌面服务启动，就可能会遭到远程攻击。只需在防火墙中屏蔽3389端口，即可避免该攻击。也可直接关闭系统的远程桌面功能，只要先用鼠标右键单击桌面上的“我的电脑”图标，从弹出的快捷菜单中选中“属性”选项，在随后打开的“系统属性”界面中，单击“远程”标签，如图8-21所示，并在对应的标签页面中，取消“允许用户远程连接到这台计算机”和“允许从这台计算机发送远程协助邀请”这两个选项，最后单击一下“确定”按钮，就能达到屏蔽3389端口的目的了。

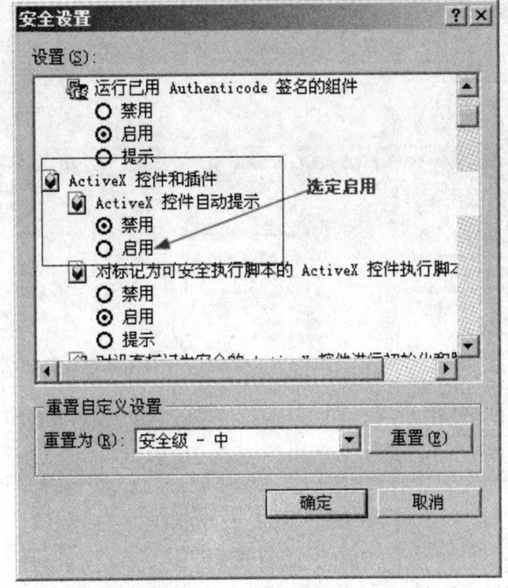

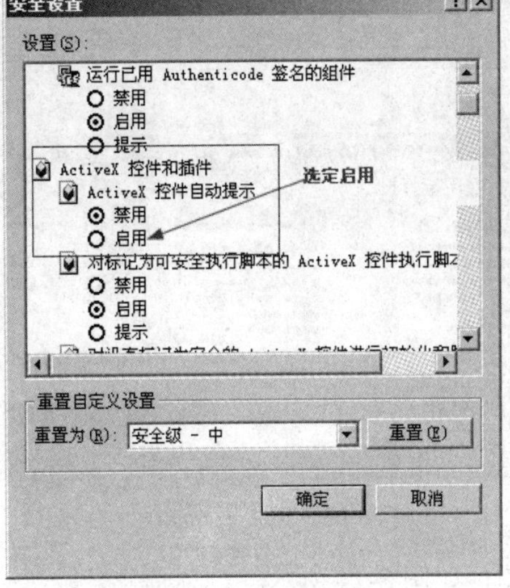

图 8-20　IE 安全设置

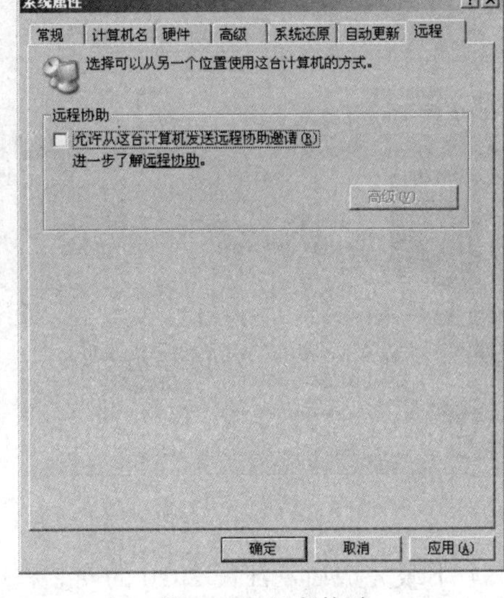

图 8-21　远程协助

任务三　计算机病毒及防范

由于经常使用 U 盘拷贝数据或连接网络，计算机极有可能感染病毒。防治病毒最基本最有效的方法就是安装杀毒软件。常见的杀毒软件有：江民杀毒软件、瑞星杀毒软件、金山毒霸、卡巴斯基、诺顿杀毒软件（Norton Antivirus）、NOD32 反病毒系统等。我们可以根据个人的使用习惯选择不同的品牌，江民杀毒软件是一种比较常用的防病毒和杀毒的软件，占用的系统资源比较少，也较少出现把某些文件当作病毒而被误删除的情况，使用起来比较方便。

一、江民杀毒软件的安装

我们可以到软件店购买或从网上下载杀毒软件。如果是购买的杀毒软件，只要把光盘放入光驱，双击光盘上的 SETUP 安装文件，然后按提示操作即可。下面介绍如何从网上下载并安装江民杀毒软件。

1）登录杀毒软件网站，如图 8-22 所示，单击“下载中心”。

2）在江民网站下载主页上单击“官方下载”后，开始下载文件，如图 8-23 所示。

图 8-22　江民网站

图 8-23　下载江民

3）下载完成后，江民 2010 的安装程序图标如图 8-24 所示。

4）双击安装程序安装江民 2010，如果已经安装了其他的杀毒软件，将会出现提示，如图 8-25 所示，计算机最好只安装一个杀毒软件，安装两个及多个杀毒软件不仅占用系统资源使计算机运行速度变慢，还有可能相互影响，把另一个杀毒软件的某些程序当成病毒，造成计算机死机，无法启动等故障。

图 8-24　江民安装程序

图 8-25　已安装杀毒软件提示

5）在安装过程中按安装向导提示单击“下一步”，如图 8-26 所示。安装许可协议处选择“是”，否则将不能进行安装。如图 8-27 所示。

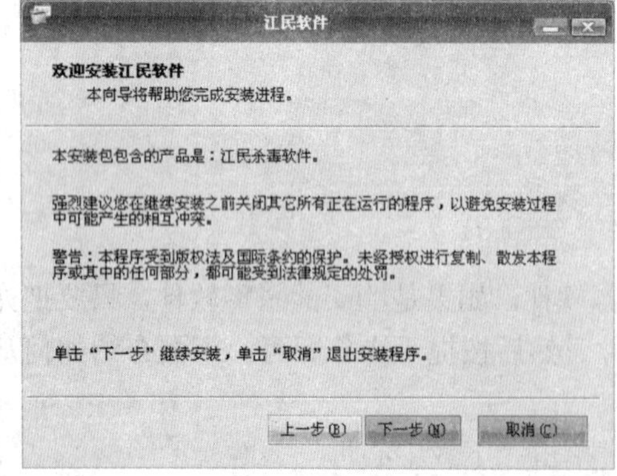

图 8-26　安装江民

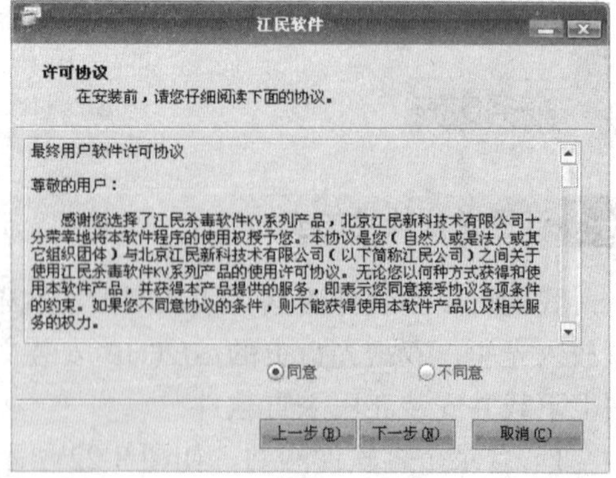

图 8-27　许可协议

6）在安装过程中会出现安装验证，如图 8-28 所示，要求输入序列号或授权文件、通行证。购买的方式在江民网站的主页上有详细介绍，如图 8-29 所示。

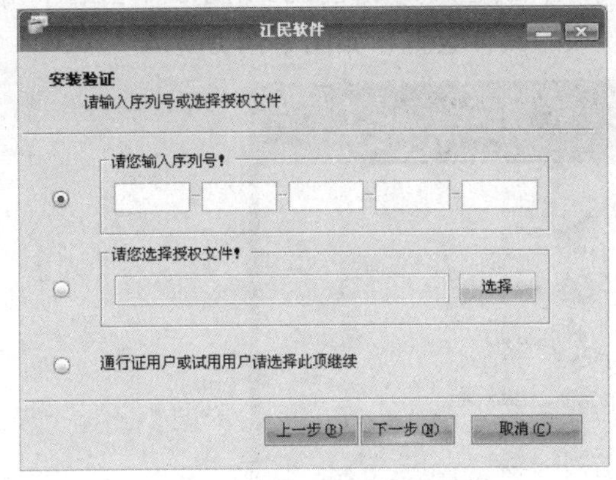

图 8-28　输入序列号

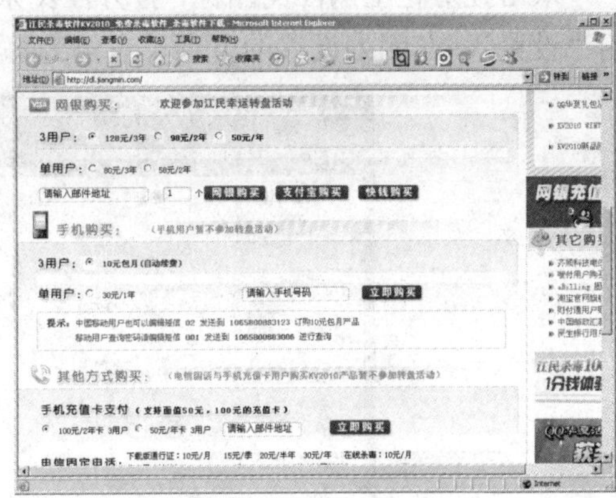

图 8-29　如何注册

7）当提示安装完成时，单击“完成”，如图 8-30 所示。

8）安装完成后，杀毒软件要求进行设置，如图 8-31 所示，如果不更改默认设置，都单击“下一步”即可。

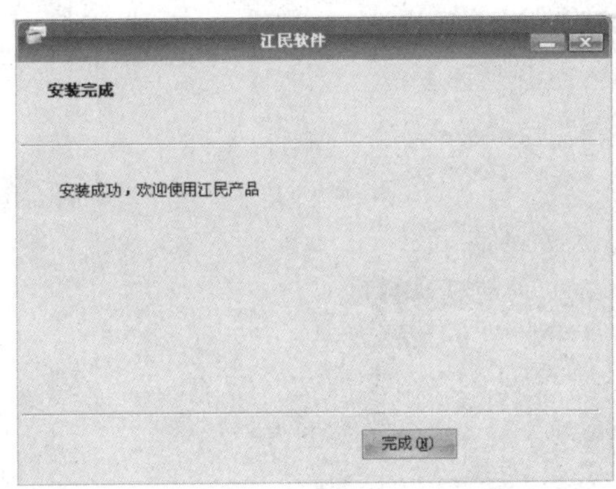

图 8-30　安装完成

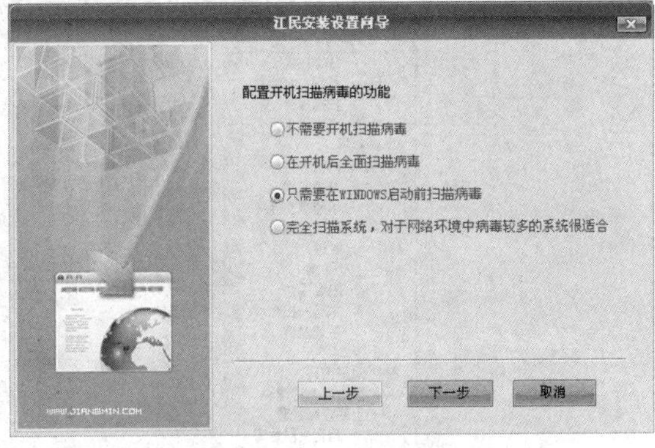

图 8-31　系统设置

9）设置完成后，江民防火墙自动运行，在任务栏中可以看到该图标，如图 8-32 所示。

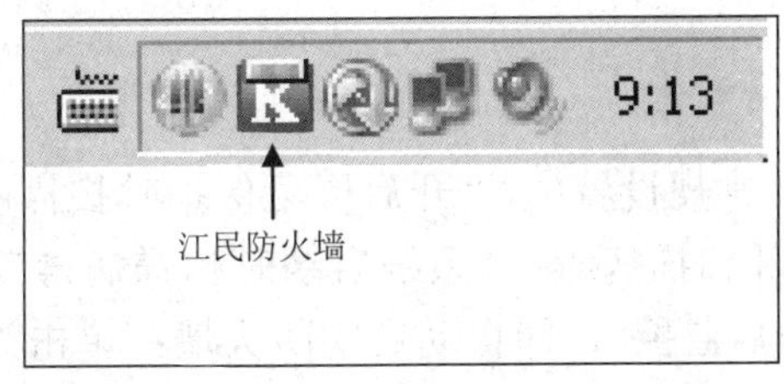

图 8-32　任务栏中图标

二、杀毒软件的设置

双击任务栏上的江民图标，打开江民杀毒软件的窗口，如图 8-33 所示。单击右下角的“设置”，左侧为设置的分项，右侧为每一项的具体设置，如图 8-34 所示。

图 8-33　江民程序窗口

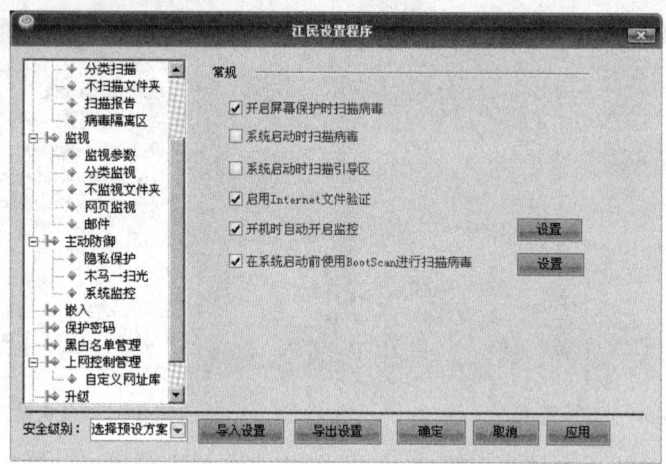

图 8-34　江民设置

1. 常规

单击左侧的常规，在常规设置中，“开启屏幕保护时扫描病毒”，即当屏幕保护程序运行时，江民杀毒软件扫描病毒；“系统启动时扫描病毒”，即操作系统运行前扫描病毒；“开机时自动开启监控”，即自动启动防火墙；单击“开机时自动开启监控”右边的设置，可以对监视进行设定，如图 8-35 所示。防火墙可以对文件、邮件、网

页、即时通讯和脚本进行监视，并在发现病毒时对处理方式进行选择，如自动清除病毒等。

2. 升级

由于新的计算机病毒不断出现，杀毒软件要不断地更新病毒特征码，即进行升级，才能有效地清除新的病毒和防止病毒感染计算机。单击左侧的升级，可以设置升级选项，如图 8-36 所示，可以设置检测到更新后立即升级等。如果关闭了自动升级，可以进行手动升级，在图 8-33 中单击右下角的“升级”，即可进行手动升级。

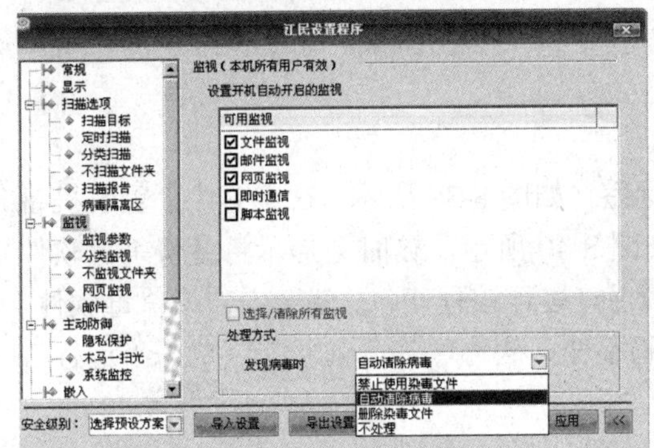

图 8-35　屏幕保护扫描

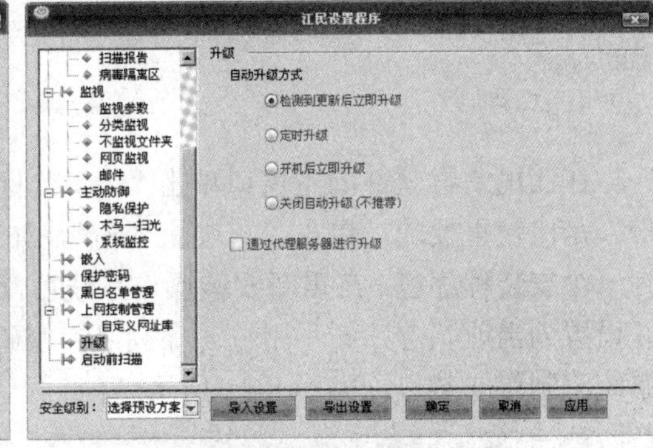

图 8-36　升级

小提示

很多杀毒软件都要使用系统日期作为升级和授权使用的依据，所以要注意系统日期的正确性。

3. 保护密码

单击左侧的保护密码，可以设置保护密码，如图 8-37 所示。首先选定在执行什么操作时需要输入密码。再单击右边的“修改密码”前面的复选项框，输入密码和重复密码即可，如图 8-38 所示。

小提示

设置保护密码后，其他人在使用计算机时关闭杀毒软件，或恶意插件自动关闭杀毒软件时，由于有了密码保护，为系统安全增加了一道屏障。

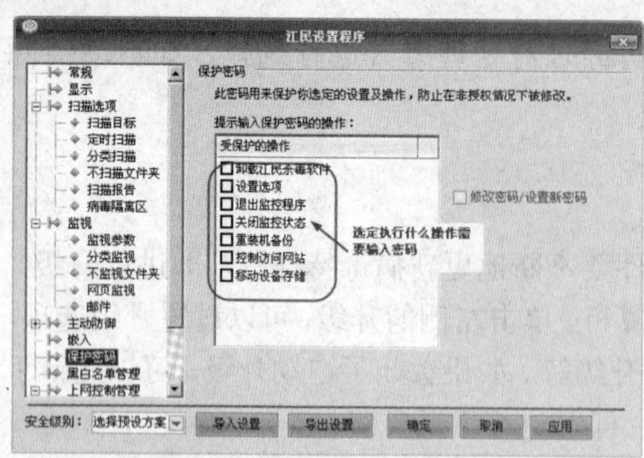

图 8-37　密码保护

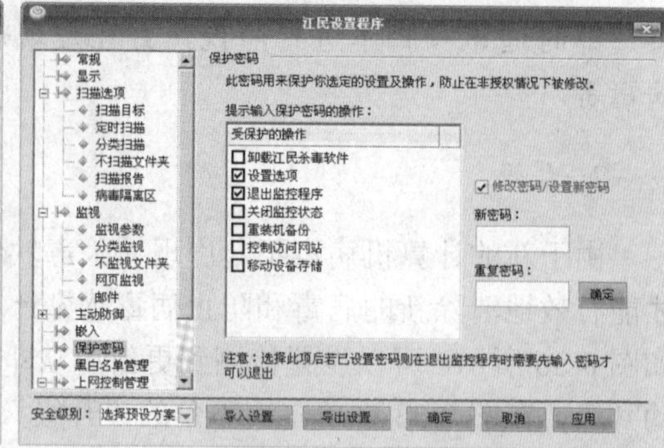

图 8-38　输入密码

4. 工具

在江民杀毒软件的主窗口单击“工具”标签，如图 8-39 所示。在工具中“重装机备份”是比较重要的。单击“重装机备份”，如图 8-40 所示，这时会提示将备份杀毒软件为一个安装程序包。在重新安装操作系统后，直接运行该程序包，就会安装该杀毒软件，并设置为当前状态，即不用输入序列号，密码不变，病毒库为当前状态。单击“运行”，系统将制作安装包，如图 8-41 所示。

图 8-39　江民工具

图 8-40　重装机备份

重装机备份

说明：您可以通过本程序为正在使用的产品制作备份安装包，其中包含了已经安装的组件、当前的设置、授权信息和自定义的其它数据。您仅可以出于备份的目的制作和使用本安装包。

保存路径：C:\Documents and Settings\All Users\桌面\KVInstall_20100128　浏览

制作　关闭

图 8-41　制作重装机备份

小提示

某些应用软件在使用时要关闭杀毒软件的实时监控，否则该应用软件可能无法使用。在关闭实时监控后，如果要启动，可以单击程序的快捷方式或双击安装文件夹下的防病毒软件的主程序。

1. 计算机病毒是什么

计算机病毒是指在计算机程序中插入的破坏计算机功能或者破坏数据，影响计算机使用并且能够自我复制的一组计算机指令或程序代码。计算机病毒不会由计算机硬件产生，也不会由于计算机软件使用不当而产生，它是计算机软件中被人为地蓄意插入的指令代码或程序段。

2. 计算机感染病毒后的症状

计算机感染病毒后有可能出现下面的一种或多种症状：

- 计算机系统运行速度减慢
- 计算机系统经常无故发生死机
- 计算机系统中的文件长度发生变化
- 计算机存储的容量异常减少
- 系统引导速度减慢
- 丢失文件或文件损坏
- 计算机屏幕上出现异常显示
- 计算机系统的蜂鸣器出现异常声响
- 磁盘卷标发生变化
- 对存储系统异常访问
- 系统不识别硬盘
- 键盘输入异常
- 文件的日期、时间、属性等发生变化
- 文件无法正确读取、复制或打开
- 命令执行出现错误
- 虚假报警
- Windows 操作系统无故频繁出现错误
- 系统异常重新启动
- 一些外部设备工作异常

但出现了某些症状不一定就是计算机感染了病毒，不出现症状也不一定没感染病毒。

3. 计算机病毒的特征

（1）隐蔽性

计算机病毒具有很强的隐蔽性，有的可以通过病毒软件检查出来，有的根本就

查不出来，有的时隐时现、变化无常。

（2）破坏性

计算机中毒后，可能会使计算机运行变慢或者正常的程序无法运行，也可能把计算机内的文件删除或受到不同程度的损坏。

（3）传染性

即计算机病毒能够自我复制到其他文件中。

（4）可触发性

病毒的触发机制就是用来控制感染和破坏动作的频率。病毒具有预定的触发条件，这些条件可能是时间、日期、文件类型或某些特定数据等。如果满足条件，启动感染或破坏动作，使病毒进行感染或攻击；如果不满足，病毒将继续潜伏。

4. 计算机病毒的分类

根据计算机病毒的破坏后果可以将计算机病毒分为良性病毒和恶性病毒。良性病毒就像恶作剧，比如显示一个图像或一个动画，发出声音或音响等，如早期出现的小球病毒；恶性病毒则可能删除程序、破坏数据、清除系统内存区和操作系统中重要的信息等。

根据计算机病毒的寄生部位可以分为引导型病毒、文件型病毒和混合型病毒，引导型病毒寄生于引导记录中，开机即装入内存，文件型病毒主要寄生在可执行文件中，当执行文件时病毒进入内存。混合型病毒集引导型和文件型病毒的特性于一体。按传播媒介可以将计算机病毒分为单机病毒和网络病毒，网络病毒的传播媒介不再是存储介质而是网络，这种病毒的传染能力更强，破坏力更大。

5. 计算机病毒的来源

计算机病毒传播途径主要有如下几条。

1）存储介质：包括U盘、光盘、移动硬盘等，当这些存储介质在计算机上使用时，就有可能使计算机病毒相互传播。

2）计算机网络：包括局域网及互联网。在网络上上传和下载文件以及发送邮件都有可能传播病毒。

吴！

小提示

最近可能大家都注意到360杀毒软件，并且是声称永久免费。各种杀毒软件的使用大同小异，大家可以下载试用。

6. 单机杀毒软件和网络版杀毒软件

单机杀毒软件只能安装在一台或几台计算机上，升级时每台机器都需要升级。而网

络版可以安装在同一网络环境中的多台计算机上，把软件的服务器端安装在一个服务器上，其他机器只安装客户端即可，当服务器升级时，其他机器将同步升级。

任务四　安装防护软件

任务描述

在使用浏览器上网时，有时会出现过这样的情况，不停地有很多网页弹出，这些网页关也关不了，在打开某些常用网页时，出现莫名其妙的页面打开，可用杀毒软件进行查毒却没有病毒。这有可能是浏览器遭到破坏，或者是被安装了恶意软件。出现了这种情况怎么办呢，怎么预防呢？安装防护软件可以有效地解决这些问题。如前面所讲的江民安全专家就有相应功能，而 360 安全卫士是当前功能最强、效果最好、最受用户欢迎的上网必备安全软件之一，它是一款永久免费的软件，还独家提供多款著名杀毒软件的免费版。由于使用方便、口碑好，目前 3 亿多中国网民中，首选安装 360 安全卫士的已超过一半以上。下面，我们简单介绍一下该软件的使用。

任务实施

360 安全卫士是一款功能强大的免费防护软件，可以从 360 网站（WWW.360.CN）下载安装。安装好 360 安全卫士后重新启动系统。下面介绍一下 360 安全卫士的使用方法。

一、常用

360 安全卫士的程序界面如图 8-42 所示。单击“常用”按钮，对应“常用”选项的有“电脑体检”、“清理插件”、“修复漏洞”、“清理痕迹”、“修复 IE”和“高级工具”6 个标签。

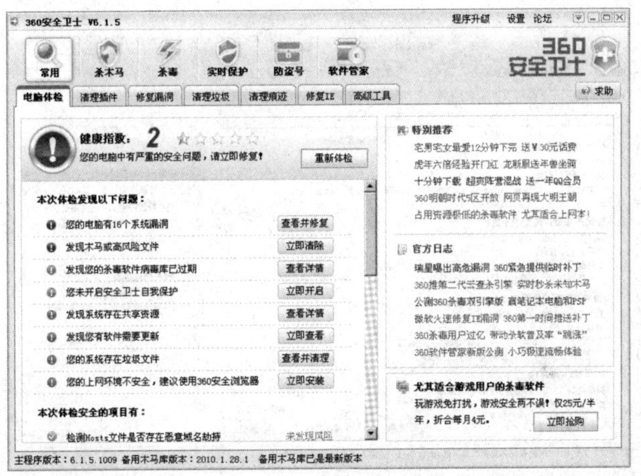

图 8-42　程序界面

1. 电脑体检

“电脑体检”可以综合地对电脑软件系统进行一次检测，可以查找计算机的漏洞、是否有木马、是否有需要更新的软件以及组策略是否被禁用等电脑防护设置等，对于发现的漏洞、木马等，可以单击右侧的“查看并修复”、“立即清除”等相应按钮进行修复和清除。

2. 清理插件

单击“清理插件”标签，如图 8-43 所示。单击“开始扫描”，360 安全卫士将查找插件并分类，提示系统中存在的插件数和恶意插件数，如图 8-44 所示。可以单击插件前面的复选项框进行选定，然后单击下面的“立即清理”对插件进行删除。

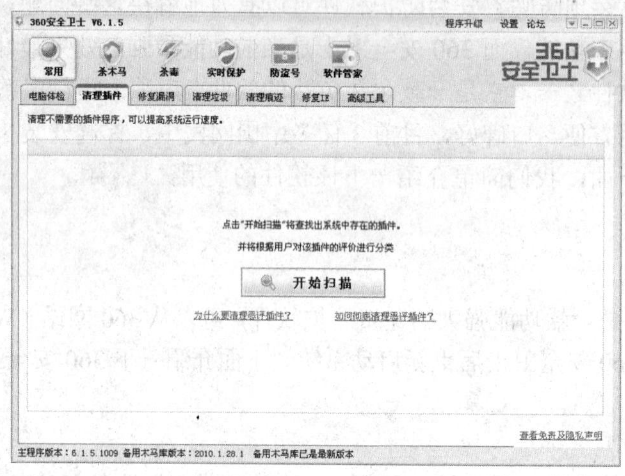

图 8-43 清理插件

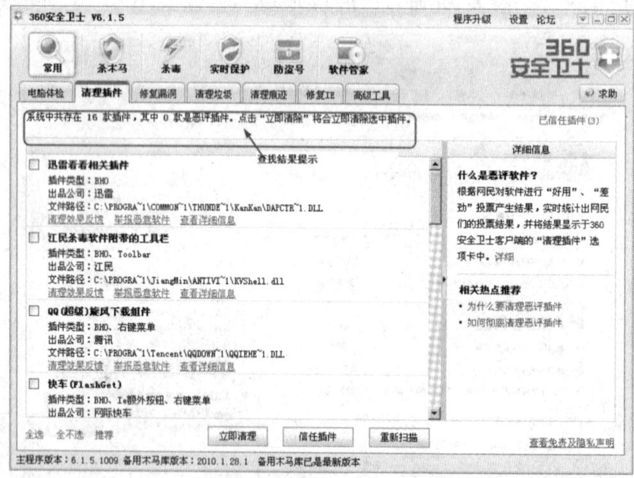

图 8-44 扫描插件结果

3. 修复漏洞

单击该标签，360 将查找系统的漏洞，使用 360 修复其速度将更快。

4. 高级工具

单击“高级工具”标签，再单击“开机启动管理”，如图 8-45 所示。开机启动管理统计出自动启动的项目数，开机时间，并且会建议哪些项目开机启动，哪些项目禁止，以及这些自动启动项目系统设置的状态。

5. 修复 IE

安全卫士对 IE 浏览器进行修复，如图 8-46 所示。可以修复 IE 的首页，修复被限制的功能等。

图 8-45　开机启动管理

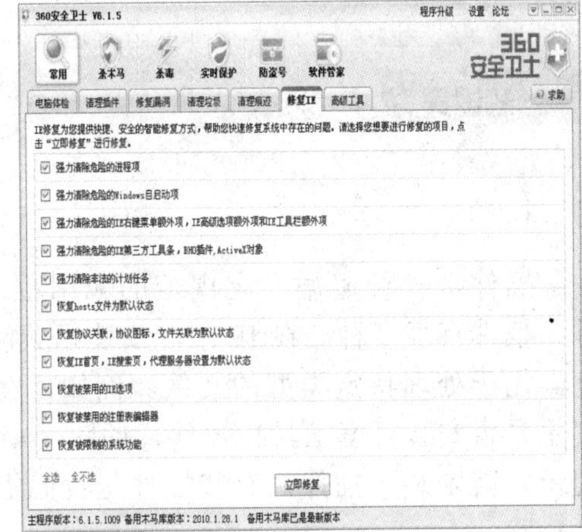

图 8-46　修复 IE

二、杀木马

单击 360 安全卫士主界面的上部的“杀木马”图标，如图 8-47 所示，可以查杀系统中所感染的木马。

三、软件管家

单击安全卫士 360 主界面的上部的“软件管家”，如图 8-48 所示。

通过“装机必备”项可以下载一些最常用的软件，并且这些软件也是比较安全的，省去了搜索软件的麻烦，通过“软件升级”按钮，自动地识别系统安装的软件是否需要更新，保证了应用软件升级最新补丁。单击“软件卸载”可以删除应用软件。通过“高级工具”，可以结束某些进程。

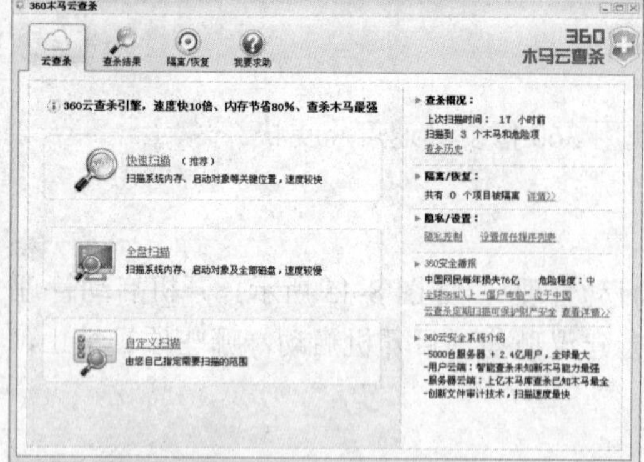

图 8-47　杀木马

图 8-48　软件管家

安全卫士 360 软件的功能非常强大，通过简单的操作可以完成比较全面的计算机系统防护，其他功能大家可以自己去试用。

知识探究

1. 插件

插件是一种遵循一定规范的应用程序接口编写出来的程序。很多软件都有插件，插件有很多种。在 IE 中，安装相关的插件后，Web 浏览器能够直接调用插件程序，用于处理特定类型的文件。例如，在安装极品五笔输入法时，在安装过程中会提示是否安装百度工具栏插件，如图 8-49 所示。有些程序在安装过程中可能不进行提示，就安装了插件，有些插件是我们需要的，但有些插件却是恶意的，需要用工具删除。

2. 开机启动

开机启动，就是开机的时候系统会在前台或者后台运行的程序。很多软件都自动设置开机启动，如 QQ，迅雷下载软件，杀毒软件等。有些软件需要开机启动，如杀毒软件。很多软件不需要开机启动，一是我们用不到，影响开机速度；二是有些软件占用资源或进行联网自动上传，影响正常的使用。

3. IE 首页修改

IE 首页，是指打开 IE 浏览器后，最先看到的网页。在正常情况下，IE 首页的修改可以通过 IE 工具栏里的“工具→Internet 选项→常规→主页”命令，进行修改，如图 8-50 所示。在地址文本框中输入作为首页的地址，单击“确定”按钮，即改变首页；但在很多情况下，由于受到恶意程序的控制，进入“IE 工具栏”也无法再把其改回来；有时“可

更改主页”的地址栏也变成了灰色，无法再进行调整；有时即使把网址改回来了，再开启 IE 浏览器，那个恶意网址又跑回来了。这种情况下我们应该怎么办呢？较通常的办法是找到相应的注册表文件，但是这个方法比较麻烦。而使用工具软件，如 360 安全卫士的 IE 首页修改功能就比较简单。

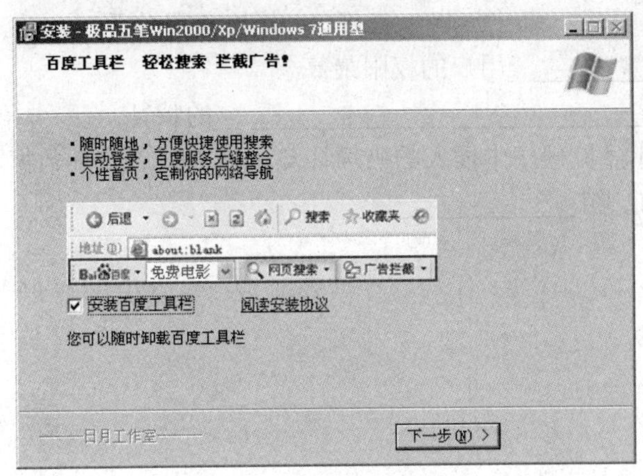

图 8-49 提示安装插件

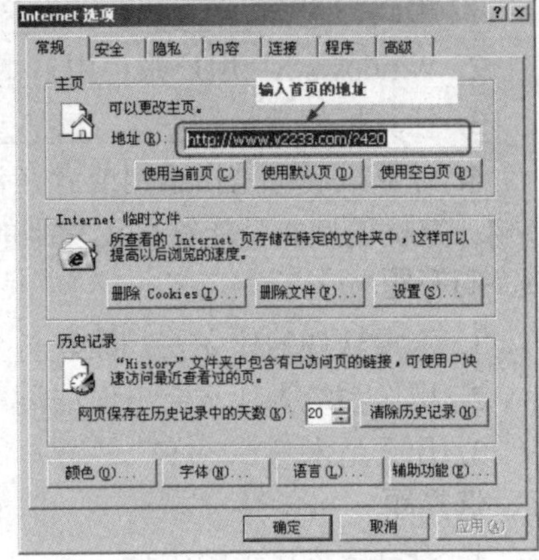

图 8-50 更改主页

4. 木马与“肉鸡”

木马，也称为木马病毒。是有隐藏性的、自发性的可被用来进行恶意行为的程序，通常不会直接对电脑产生危害，而是以控制为主。木马的传播方式主要有两种：一种是通过 E-Mail，控制端将木马程序以附件的形式夹在邮件中发送出去，收信人只要打开附件系统就会感染木马；另一种是软件下载，一些非正规的网站以提供软件下载为名，将木马捆绑在软件安装程序上，下载后，只要一运行这些程序，木马就会自动安装。远端的入侵者通过木马就可以知道你计算机的一些软/硬件信息，包括文件、密码、帐户信息，甚至控制你的计算机做一些非法的事，对于木马控制者来说，被控制的计算机就像他养的“肉鸡”。所以，被安装了木马程序的计算机被称为“肉鸡”。

项 目 小 结

本项目按使用计算机的过程，讲述了设置帐户和密码、升级补丁、计算机病毒以及安装防护软件的方法，介绍了保障计算机网络安全的一些基本的要求和做法。网络安全是一项系统工程，目前已成为国家安全的一部分，大家要增强安全意识，改变一些不良的上网使用习惯，让网络忠诚地为我们工作，尽量避免出现一些不必要的安全故障。

思考与练习

一、填空题

1. 密码应包含________、__________、________三部分，其长度不少于_____位。

2. Windows XP 用户帐户中，__________用户的权限最高。

3. 计算机病毒具有_____________________________________的特征。

4. 计算机病毒是指编制或者在计算机程序中插入的破坏计算机功能或者破坏数据，影响计算机使用并且能够自我复制的一组_______________。

二、简答题

1. 杀毒软件为什么要升级？

2. 操作系统为什么会出现漏洞？

3. 什么是木马？

三、选择题

1. 对已感染病毒的磁盘，应（　　）。

A. 用酒精消毒后可继续使用　　B. 用杀毒软件杀毒后可继续使用

C. 可直接使用，对系统无任何影响　　D. 不能使用只能丢掉

2. 防止病毒入侵计算机系统的原则是（　　）。

A. 对所有文件设置只读属性　　B. 定期对系统进行病毒检查

C. 安装病毒免疫卡　　D. 坚持以预防为主，堵塞病毒的传播渠道

3. 计算机感染病毒后，可能造成（　　）。

A. 引导扇区数据损坏　　B. 鼠标损坏

C. 内存条物理损坏　　D. 显示器损坏

4. 下列设备中，能在计算机之间传播病毒的是（　　）。

A. 扫描仪　　B. 鼠标　　C. 光盘　　D. 键盘

5. 发现计算机感染病毒后，如下操作可用来清除病毒（　　）。

A. 使用杀毒软件　　B. 扫描磁盘　　C. 整理磁盘碎片　　D. 重新启动计算机

四、实训题

1. 看一下你使用的操作系统有没有更新，如果没有更新则进行更新。

2. 上网搜索感染了“熊猫烧香”病毒，会出现什么样的症状。

参 考 文 献

程庆梅，韩立凡．2005．计算机网络实训教程．北京：高等教育出版社

付捷．2005．中小型局域网组网实训．北京：高等教育出版社

高晓飞．2008．网络工程技术．北京：高等教育出版社

王太冲，牛玲，宋映红．2006．局域网组建、配置和管理．北京：清华大学出版社

尹晓勇．2002．计算机网络基础．北京：电子工业出版社

祝朝映．2008．中小型局域网组建与实训．北京：科学出版社